路
则
权

山东汶上人，历史学博士。尼山世界儒学中心孔子研究院副研究员，济宁市"尼山学者"，海外儒学研究与传播中心副主任。主要从事儒学及传统文化、史学理论研究。近年来在《光明日报》《史学月刊》等刊物上发表论文30多篇。出版《美国华裔史家历史解释研究》《中国殡葬史 第二卷 秦汉》《安乐哲比较儒学哲学关键词》等著作，参编学术著作《儒家文化慈善思想研究》等；主持山东省社科规划研究重点项目"《大唐开元礼》校注研究"；参与国家社科基金重点项目《中国曲阜儒家石刻文献集成与研究》等。

尼山儒学文库
第一辑
总主编：杨朝明

在历史中发现儒学

路则权 著

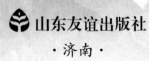
山东友谊出版社
·济南·

图书在版编目（CIP）数据

在历史中发现儒学 / 路则权著 . -- 济南：山东友
谊出版社 , 2022.1

（尼山儒学文库 / 杨朝明总主编 . 第一辑）

ISBN 978-7-5516-2391-9

Ⅰ . ①在… Ⅱ . ①路… Ⅲ . ①儒学—研究 Ⅳ .
① B222.05

中国版本图书馆 CIP 数据核字 (2021) 第 204535 号

在历史中发现儒学

ZAI LISHI ZHONG FAXIAN RUXUE

责任编辑：张倩昱

装帧设计：刘一凡

***

主管单位：山东出版传媒股份有限公司

出版发行：山东友谊出版社

地址：济南市英雄山路 189 号　邮政编码：250002

电话：出版管理部（0531）82098756

发行综合部（0531）82705187

网址：www.sdyouyi.com.cn

印　　刷：济南乾丰云印刷科技有限公司

***

开本：710 mm×1000 mm　1/16

印张：14.75　　　　　　字数：240 千字

版次：2022 年 1 月第 1 版　印次：2022 年 1 月第 1 次印刷

定价：56.00 元

编 委 会

总　序

2013 年 11 月 26 日，习近平总书记在考察孔子研究院时指出：世界儒学传播，中国要保持充分话语权；要"大力弘扬中国传统文化"，搞好"四个讲清楚"，要引导人们更加全面客观地认识历史的中国、当代的中国，使我国在东亚文化圈中居于主动。

多年来，孔子研究院牢记总书记嘱托，依托山东省泰山学者工程、济宁市尼山学者工程，全面开展儒学人才高地建设，重点引进了一批国内外著名儒学研究高端人才。他们齐聚孔子故里，围绕儒家思想的研究与阐发，深入思考"两创"时代课题，回应时代的重大关切；他们举办"春秋讲坛"、高端儒学会讲等学术活动，与新时代儒学研究发展同步；他们参加亚洲文明对话大会、尼山世界文明论坛、世界儒学大会等国内外重要学术会议，或登台演讲，或提交论文，在不同的舞台上发出了中华文化的时代强音，握牢了儒学研究领域的话语权；他们立足"原点"，开展儒学研究，提出了许多富有创新意义的学术观点，取得了一批具有时代高度的标志性成果，展现了当代儒学研究的前沿风貌。

尼山是儒学的发源地，也是中国传统文化的重要发祥地。就像孔子"元功济古，至道纳来"那样，尼山作为孔子出生地，同样具有极其重要的象征意义。她虽然"奇不过三山，高不过五岳"，但令人仰止。可以说，尼山是"一座震古烁今的文明之山"，是"一座弥高弥新的思想之山"，是

"一座栖息心灵的精神之山"，是"一座弦歌不辍的教化之山"，是"一座光耀四海的智慧之山"。2019 年 8 月，山东省整合力量，正式成立尼山世界儒学中心，确立了打造世界儒学研究高地、儒学人才集聚和培养高地、儒学普及推广高地、儒学国际交流传播高地的发展目标，新时代世界儒学的发展将从尼山再出发。

　　为认真解答"四个讲清楚"的重大历史与现实课题，深入做好"两个结合"文章，全面加强儒学思想文化研究，及时有效地回顾、总结、前瞻，我们将孔子研究院部分特聘专家近年来具有代表性的学术论文、研究报告、访谈演讲文稿、著作摘录等予以汇总，结集为《尼山儒学文库》（第一辑）。这些专家中，有山东省特聘儒学大家、泰山学者特聘专家、泰山学者青年专家，也有济宁市尼山学者，整体上以中国学者为主，旁涉美国、韩国学者，可以说具有很强的代表性。

　　《尼山儒学文库》注重思想性、学术性、时代性、普及性的统一，强调学者的学术观点和学术贡献，既有宏观的儒学元典研究，也有微观的专题思考，有助于读者了解当代儒学研究领域代表性学者之所思所想，把握新时代儒学研究的发展方向，进而反躬自省，浸润于中华优秀传统文化。我们希望读者在品读本套书的过程中，能够体悟经典、了解儒家文明，感触中华文化的独特魅力。

　　是为序。

杨朝明

2021 年 8 月 16 日

目　录

礼学、礼制、礼俗

儒家礼典的现代价值
——以《大唐开元礼》① 为中心的论述

"礼起于何也？曰：人生而有欲，欲而不得，则不能无求；求而无度量分界，则不能不争；争则乱，乱则穷。先王恶其乱也，故制礼义以分之，以养人之欲，给人之求，使欲必不穷于物，物必不屈于欲，两者相持而长，是礼之所起也。"（《荀子·礼论》）在荀子看来，儒家之礼的起源是为了处理人与人之间的利益冲突，也就是"礼"是作为一种社会价值秩序而存在的。尽管建构社会秩序的方式很多，但"礼"的秩序是以"仁"与"敬"为基石的。中华民族之所以和谐、和睦地生活了几千年，其中一个原因就是儒家之礼的重要作用。

① 学界对《大唐开元礼》的研究，多在研究礼制史时涉及，专门研究的论文论著较少。在日本影印的《大唐开元礼》中，刊载了池田温的《大唐开元礼解说》，再版时刊载了其《大唐开元礼第二版附记》。国内学界的相关论述有赵澜的《〈大唐开元礼初探〉——论唐代礼制的演化历程》，邱衍文的《唐开元礼中丧礼之研究》，张文昌的《唐代礼典的编纂与传承——以〈大唐开元礼〉为中心》等。

"礼"的存在还基于这样一个事实：有差别的区分。荀子说："君子既得其养，又好其别。曷为别？曰：贵贱有等，长幼有差，贫富轻重皆有称者也。"（《荀子·礼论》）儒家认为，这种事实上的社会区别可以通过"礼"实现"价值区别"。比如我们说的贵贱、贫富本身是社会区别，但由于"礼"的存在，贵者、贱者，贫者、富者就都在合乎"礼"的过程中完成了"道德价值"的平等与和谐。这样，"礼"就具有了积极的道德意义。

因此，"礼"的基本功能，从消极方面说，就是规定人们互动的程序，避免互动中产生混乱，被用来消除利益冲突；从积极方面说，由于对美德的关注及对道德品格的教育，其具有教育或转化人类基本情结的功能。这样，社会不再是一个人类的联合体，而是一个有道德意义的命运共同体。以"礼"为手段，创造差别有序、和谐相处的局面，是中国历代朝廷在构建社会、政治秩序时努力达成的目标。朝廷除了通过教育来培养人们的规范外，更主要的手段就是编撰国家礼典。

一、"礼典"的内涵

"礼典"一词最早出现在《周礼》中："大宰之职，掌建邦之六典，以佐王治邦国：……三曰礼典，以和邦国，以统百官，以谐万民。"郑玄注曰："典：常也，经也，法也。"这里的"典"应为"常道""法则"。此外，许慎在《说文解字》中说："典，五帝之书也；……庄都说，典，大册也。"这里的"典"应为"书""册"，《尚书·尧典》中的"典"也是这个意思。

魏晋南北朝时期，"礼典"一词被广泛使用，其意义有时指"礼书"或"法则"。"礼典"在正史中最早出现，应是在《三国志·卷四·魏书四·陈留王奂》中："十一月，燕王上表贺冬至，称臣。诏曰：'古之王者，或有所不臣，王将宜依此义。表不称臣乎！又当为报。夫后大宗者，降其私亲，况所继者重邪！若便同之臣妾，亦情所未安。其皆依礼典处，当务尽其宜。'"这里的"礼典"应指礼书中记载的法则。《三国志·卷五·魏书五·武宣卞皇后》中也出现了有关"礼典"的记载："黄初中，文帝欲追封太后父母，尚书陈群奏曰：'……案典籍之文，无妇人分土命爵之制。在礼典，妇因夫爵。秦违古法，汉氏因之，非先王之令典也。'"这里的"礼典"应为"礼书"，根据"妇因夫爵"一语，准确地说是指《礼记》。

将《礼记》称为"礼典"，在当时或许是一种普遍的做法。如，《后汉书·张曹郑列传·郑玄》载："玄……以书戒子益恩曰：'……入此岁来，已七十矣。宿素衰落，仍有失误，案之礼典，便合传家。'"李贤注曰："传家谓家事任子孙也。《曲礼》曰：'七十老而传。'"可知这里的"礼典"指的是《礼记》。《文心雕龙·谐谑第十五》曰："又'蚕蟹'鄙谚，'狸首'淫哇，苟可箴戒，载于礼典。""蚕蟹""狸首"的典故出自《礼记》，这里的"礼典"也指《礼记》。

当然，这一时期"礼典"更多时候泛指"礼法"。唐人颜师古注《汉书·古今人表》引张晏言曰："老子玄默，仲尼所师，虽不在圣，要为大贤，文伯之母达于礼典，动为圣人所叹，言为后世所则，而在第四。"这里的"礼典"应为"礼法"之意。张晏所处的年代，应在萧梁之前。《晋书·卷四十九·阮籍》载："性至孝，母终……楷吊唁毕便去。或问楷：'凡吊者，主哭，客乃为礼。籍既不哭，君何为哭？'楷曰：'阮籍既方外之士，故不崇礼典。我俗中之士，故以轨仪自居。'时人叹为两得。"这里的"礼典"应也为"礼法"之意。

"礼典"不论是"礼书"还是"礼法"，都说明魏晋南北朝时期尽管佛道盛行，但礼学在当时士族心目中仍占有很重要的位置。

到了唐代，礼学开始把礼仪规范完全落实到政治法律制度之中，此时的"典"普遍被看作记载礼法与制度的书册，如《唐六典》《通典》等。"礼典"被看作国家所颁行的礼书所载之文，成为世人共同遵循的礼法。

二、唐代之前的礼典编撰

记载国家礼制的典籍最早出现于何时？从先秦文献可知，除"三礼"之外，当时还没有出现记录各种礼仪的国家专书。当时的"礼书"一词或许指记载礼仪典制的个别篇章。到了秦代，理论上应该有国家礼仪，否则无法解释叔孙通何以采用秦仪制定汉仪。但截至目前，尚未发现秦代礼典。从文献记载看，要探讨国家礼典的编撰，应从汉代开始。

1. 汉代编撰礼典的努力

《汉书·礼乐志》载："王者必因前王之礼，顺时施宜，有所损益，即民之心，稍稍制作，至太平而大备。"认为在礼仪方面，王朝建立之初，不应大肆更张，应因旧制而行。叔孙通正是依此原则制定礼仪的。《汉书·叔孙通》载叔孙通言曰："礼者，因时世人情为之节文者也。故夏、殷、周礼所因损益可知者，谓不相复也。臣愿颇采古礼与秦仪杂就之。"当然，叔孙通所制定的"汉礼"事实上只是"仪法"，所以西汉虽欲重新议定礼仪者不断，如汉文帝时期的贾谊、汉武帝时期的董仲舒、汉宣帝时期的王吉、汉成帝时期的刘向等，但因种种原因，最终都没有成功。汉宣帝以后，礼制改革多集中在宗庙与天地山川的祭祀方面，对于"五礼"并未全面制定。汉宣帝之后的礼仪制定由后仓及其门生掌控，而后仓礼学是以今文经书《士礼》为基础的，除郊庙礼外，其他礼制并不受重视。到新莽时期，以《周礼》为国家礼典。但新朝时间很短，礼典并未真正推行。

由于西汉时没有修撰礼典，故到了东汉，人们围绕该问题多次展开讨论。东汉光武帝在建武三十二年（56年）封禅泰山时，其祝文中提到"修五礼"。汉章帝章和元年（87年），曾命传庆氏礼学的博士曹褒作"汉礼"。曹褒"依准旧典，杂以五经谶记之文，撰次天子至于庶人冠婚吉凶终始制度，以为百五十篇，写以二尺四寸简"（《后汉书·张曹郑列传·曹褒》）。但由于"众论难一"，撰成后并未实行。后来修纂礼仪的问题不断被朝臣提出。如：汉和帝永元年间，张奋曾几次上书请求制定礼仪；汉安帝永初年间，刘珍等也提出在东观编撰礼仪，并邀请张衡参加。这些提议因皇帝未同意而没有付诸实施。但汉代礼仪记录通过"故事"形式保存传承。也正因如此，汉代形成了注解礼仪的仪注。①

不过，西汉开的整理礼制之端，表明国家治理者已经意识到礼典对文明塑造的重要意义。汉代之所以没有完成礼典编撰，其中原因颇多，与国家组织制度、皇帝的态度、群臣的争议等均有关系。

2. 魏晋到隋代的礼典编撰

三国时期，各王朝为了寻求自身统治的合法性，都积极从事制礼的工作。《南齐书·志第一·礼上》记载："魏氏籍汉末大乱，旧章殄灭，侍中王粲、尚书卫颛集创朝仪，而鱼豢、王沈、陈寿、孙盛并未详也。吴则太史令丁孚拾遗汉事，蜀则孟光、许慈草建众典。"针对当时的实际情况，三国均对朝仪与"故事"进行了整理，但并没有真正编撰礼典。

最早有明确记载并且完整编撰国家礼典的时间应在曹魏末年。平定蜀汉后，司马昭在咸熙元年（264年）命荀颛制定礼仪。荀颛邀请羊祜等人协助"删改旧文"（《晋书·列传第九·荀颛》）。最后"因魏代前事，撰为新礼，参考今古，更其节文"（《晋书·志第九·礼上》），修成"百六十五篇"（《晋书·志第九·礼上》）。此新礼是历代第一次以"五礼"为体例编撰的国家礼典，但魏末并未实行。

晋武帝太康初年，尚书仆射朱整奏准将新礼交付尚书郎挚虞讨论。挚虞认为"颛所撰《五礼》……求速讫施行。又以《丧礼》最多疑阙，宜见补定。又以今礼篇见烦重，宜随类通合"（《晋书·志第九·礼上》）直到晋惠帝元康元年（291年）才呈上凡十五篇，获得惠帝颁行。但其后挚虞的续修工作并未完成。西晋永嘉之乱，晋室南渡后，晋元帝大兴二年（319年）刁协"始议立郊祀仪"获得元帝同意。刁协又与荀崧"共定中兴礼仪"，其体例应与西晋时之新礼大体相同。

---

① 东汉的《汉旧仪》和《独断》中有关于具体的礼仪的举行方式、服制等的整理记录。邢义田的《从"如故事"和"便宜从事"看汉代行政中的经常与权变》中有对"故事"的分析。

刘宋时期"因循改革",并未修纂礼典。[①]萧齐武帝永明二年（484年），再次编撰"五礼"："永明二年，太子步兵校尉伏曼容表定礼乐。于是诏尚书令王俭制定新礼，立治礼乐学士及职局，置旧学四人，新学六人，正书令史各一人，干一人，秘书省差能书弟子二人。因集前代，撰治五礼，吉、凶、宾、军、嘉也。"（《南齐书·志第一·礼上》）王俭是当时的礼学大家，由他来主持修礼是情理之中的事。但这次纂修并非一帆风顺。由于后来主持者去世和政局紊乱，新礼经过近二十年的时间也没有定稿，但此次修礼所设立的"修礼局"，是有开创性的。

在萧齐修礼的基础上，萧梁武帝时期完成了对"五礼"的编撰。梁武帝天监元年（502年），在前代主持修礼的何佟之，上奏请议萧齐时期的"修礼局"。尚书省以国家初建为由建议裁省，但梁武帝认为："礼坏乐缺，故国异家殊，实宜以时修定，以为永准。但顷之修撰，以情取人，不以学进；其掌知者，以贵总一，不以稽古，所以历年不就，有名无实。此既经国所先，外可议其人，人定，即便撰次。"（《梁书·列传第十九·徐勉》）不难看出，梁武帝主张修撰礼典是为了端正国政。修撰方式是五礼各设旧学士一人，每个旧学士各自举学士二人帮助抄写礼文，若有疑问，请皇帝裁决。开始由何佟之主持，但不久，何佟之去世，后继者有伏暅、沈约、张充、徐勉等人。天监十一年（512年），完成"五礼"仪注，共1176卷，8019条。普通五年（524年），校定完成，徐勉于普通六年（525年）将其呈梁武帝。后因梁末侯景之乱，亡佚严重。

陈朝立国后，因政局未稳，只是承袭了梁朝典制。陈文帝时虽然撰有"五礼"，但基本内容仍以梁朝"五礼"为根本。

永嘉之乱后的北朝各国，也有礼典修撰。尤其是北魏、北齐所修礼典，成为隋唐编撰礼典的最主要资料来源。北魏道武帝天兴元年（398年），就命董谧"撰郊庙、社稷、朝觐、乡宴之仪"（《魏书·太祖纪第二》）。也就是说，

---

① 尽管南朝宋元嘉十四年（437年），宋文帝曾将何承天修编的《礼论》交给傅隆参议，但当时并未编纂礼典。

北魏立国之初，就以西晋之礼仪为基准修撰礼仪。北魏真正大规模制定礼制是在魏孝文帝时期。孝文帝改革中礼制是重点内容。孝文帝进行朝仪、衣冠等方面的改革，前期主要用刘昶、蒋少游等人，后期主要用王肃、崔休、刘芳、崔光等人。

北齐立国后，相关的礼仪由崔昂与邢邵等人议定，后来由魏收等人参议吉凶之礼。西魏、北周也有修撰礼典的记载，其特点是依据《周礼》而撰。西魏大统年间，宇文泰命苏绰等依据《周礼》建六官为国家典章，到西魏恭帝三年（556年）才完成。

隋代在礼典编撰上，成就斐然。隋文帝代周后，于开皇元年（581年）即"易周氏官仪，依汉、魏之旧"（《隋书·帝纪第一·高祖上》）。在第二年的"开皇令"中规定了衣冠服色。开皇三年（583年），由牛弘主持编撰《开皇礼》，其原则仍是远宗《周官》、近取南梁和北齐之礼，到了开皇五年（585年）修成，共一百卷。开皇十年（590年），隋炀帝以晋王身份，以汉代的旧礼仪文为蓝本，编修完成了《江都集礼》。隋文帝仁寿二年（602年），命杨素等修定"五礼"，实际上仍由牛弘主持，完成《仁寿礼》，共一百三十卷。《仁寿礼》是在隋统一之后修定的，融合了南北礼学的精华。当然，整体而言，隋代礼典汇集了汉、魏、晋、南北朝以来"五礼"之大成。

三、现存最早的国家礼典——《大唐开元礼》

1.《大唐开元礼》编撰背景

唐代前期礼典是建立在隋代礼典基础之上的，有贞观年间的《贞观礼》、高宗时期的《显庆礼》及玄宗时期的《开元礼》（即《大唐开元礼》）。应该说，《开元礼》是有总结性意义的。

唐高祖李渊入关后，就命令"多识旧仪"的窦威裁定制度。同时，让温大雅与陈叔达参与。窦威是关陇集团成员，温大雅的父亲曾历仕于北齐和隋朝，而陈叔达是南朝陈帝的后裔。李渊用意显然是兼顾南北礼学。但唐高祖时期，局势未定，并没有全面修礼。

唐太宗即位后，"乃诏中书令房玄龄、秘书监魏征等礼官学士，修改旧礼"（《旧唐书·志第一·礼仪一》）。这里的"旧礼"应指《开皇礼》。贞观十一年（637年），房玄龄上呈《贞观礼》，太宗下诏颁行。《贞观礼》共100卷，其中，吉礼61篇，宾礼4篇、军礼20篇、嘉礼42篇、凶礼6篇、国恤5篇，共138篇。《贞观礼》总体上仍以调和南北礼学为原则，但超越了汉、魏，直接继承《周礼》，重塑唐代礼制。

永徽二年（651年），唐高宗诏太尉长孙无忌等人编撰新礼，勒成130卷，共229篇。显庆三年（658年）完成，高宗自为之序，并中外颁行。《显庆礼》以"天地各一，天尚无二"的观点，否定郑玄"六天"之说，目的是强调王肃的观点："天唯一而已，何得有六？"这显示出唐室借着强调天的唯一性来确立皇权至高无上地位的目的。这股潮流，与南学逐渐成为官方学术的主流。

《显庆礼》以"预凶事，非臣子之所宜言"（《唐会要·卷三十七》）为由删除了国恤礼。《显庆礼》颁布后引起许多非议，因"时许敬宗、李义府用事，其所损益，多涉希旨，行用已后，学者纷议，以为不及贞观"（《旧唐书·志第一·礼仪一》），上元三年（676年）又恢复使用《贞观礼》。这样，二礼并行。到了仪凤二年（677年），"又诏显庆新修礼多有事不师古，其五礼并依周礼行事。自是礼司益无凭准，每有大事，皆参会古今礼文，临时撰定。然贞观、显庆二《礼》，皆行用不废"（《旧唐书·志第一·礼仪一》）。

武则天在高宗时期及掌握政权后，通过权力运作影响礼仪的制定。如封禅礼，按旧礼武后无法直接参与祭祀，但她以前代皇帝封禅多为自己寻仙并非真心祭告天地为名，要唐高宗不必遵循古制，允许皇后率命妇参与。再如建造明堂一事。武后临朝之后，与北门学士商定，直接将东都乾元殿拆掉建造明堂，而且打破了与太常寺及博士等议定礼仪的运作惯例。唐中宗复位后，武三思、韦后及安乐公主干预朝政，皇帝大权旁落，礼制更加混乱。

开元初年，唐玄宗注重的不是宣扬礼仪，而是整饬吏治、重编律令、鼓励进谏以及戒除奢靡等，目的在于巩固国家统治。开元十年（722年），玄宗诏韦韬为礼仪使，专掌"五礼"。开元十一年（723年），玄宗北巡并州时，张嘉贞被罢中书令，同时，张说向玄宗进言：汉武帝曾祠祀后土，玄宗也应祈祀。玄宗同意张说之请。祭祀完毕后，玄宗封张说为中书令。九月，玄宗下诏："允备郊天之礼，所司详择旧典以闻。"（《全唐文》）十一月，玄宗亲享圜丘。开元十二年（724 年），群臣屡请玄宗封禅，张说扮演了极为重要的角色，玄宗同意第二年封禅泰山。在封禅的整个礼仪过程中，张说发挥了重要作用。开元十三年（725 年），玄宗把丽正书院改为集贤殿书院，想要把集贤殿书院变成天下贤士汇集之所。张说进一步要把集贤殿书院办成君主与学士讲道论治之地，使之成为辅佐君主施政的重要机构。在张说之后，集贤殿学士都由宰相来担任。后来张说与宇文融因结党相争，都被免去相位。开元十七年（729 年），张说复相。玄宗敬其有"修谒陵仪注功"，多加礼遇。后来，集贤殿书院成为编撰《大唐开元礼》的机构。

　　总之，唐玄宗吸取了"大业有缀旒之惧，宝位深坠地之忧"（《旧唐书·本纪第八·玄宗上》）的教训，并欲展示其盛世雄心，张说也有相应的措施，加之开元中叶国家安定富裕的社会环境，这一切都为《大唐开元礼》的编撰提供了良好的契机。

2.《大唐开元礼》编撰过程

　　对于《大唐开元礼》的编撰过程，《旧唐书·志第一·礼仪一》中有详细的记载："十四年，通事舍人王岩上疏，请改撰《礼记》，削去旧文，而以今事编之。诏付集贤院学士详议。右丞相张说奏曰：'《礼记》汉朝所编，遂为历代不刊之典。今去圣久远，恐难改易。今之五礼仪注，贞观、显庆两度所修，前后颇有不同，其中或未折衷。望与学士等更讨论古今，删改行用。'制从之。初令学士右散骑常侍徐坚及左拾遗李锐、太常博士施敬本等检撰，历年不就。说卒后，萧嵩代为集贤院学士，始奏起居舍人王仲丘撰成一百五十卷，名曰《大唐开元礼》。二十年九月，颁所司行用焉。"王岩请以《礼记》为参照制定当朝礼仪制度，张说则认为《礼记》为历代不刊之典，建议以《贞观礼》和《显庆礼》为基础进行删改。于是唐玄宗下诏由徐坚、李锐、施敬本等编修礼仪。张说去世后，开元十八年（730 年），宰相萧嵩任用对朝廷礼仪典章较熟悉的起居舍人王仲丘负责继续修撰，最终完成《大唐开元礼》，并于开元二十年（732年）在全国颁行。

3.《大唐开元礼》的内容

现存《大唐开元礼》全书共150卷，依次为：序例3卷（卷1—3），吉礼75卷（卷4—78），宾礼2卷（卷79—80），军礼10卷（卷81—90），嘉礼40卷（卷91—130），凶礼20卷（卷131—150）。杜佑在《通典·礼典·开元礼纂类一》中将"五礼"顺序调整为"吉、嘉、宾、军、凶"。

在《周礼》中，东汉郑众将"五礼"注解为"吉、凶、宾、军、嘉"。从汉代到隋代，国家礼典基本按这个顺序排列。唐太宗贞观年间的《贞观礼》将凶礼移到最后，并增加了国恤礼。后来的《显庆礼》只删除了国恤礼，次序仍遵循《贞观礼》旧例。

《大唐开元礼》修成后，唐玄宗与萧嵩等人并未留下序或跋，现在《大唐开元礼》的"序"为南宋宰相周必大所撰，跋是清初朱彝尊刊刻《大唐开元礼》时所撰写的。

《大唐开元礼》全书的开头为序例3卷。序例相当于《大唐开元礼》的总则，其规定了行礼时的前置作业，如择日、斋戒等；行礼时的器物，如神位、俎豆、衣服、卤簿等。

序例之后是"五礼"仪文，行礼的主体包括皇帝、皇后、皇太子、其他皇室成员、官人及其家庭成员、官学学生、外藩。尽管《大唐开元礼》规定的礼仪包含甚广，但其中最主要的还是皇室礼仪，尤其是皇帝所行的礼仪。官人之礼在《大唐开元礼》中虽然也占有相当的比例，但篇幅上明显少于皇室之礼。也就是"五礼"不外乎公家之礼，再者是士大夫的家礼，至于平民，国家礼典一般不适用。在整部《大唐开元礼》中，老百姓只有在"丧服"中有可行之礼。对上的要求，远远大于对下的约束，这才是"礼不下庶人"的真正内涵。

在凶礼方面，《大唐开元礼》继承了《显庆礼》以来的做法，删除了国恤礼，导致高宗以后皇家丧礼付之阙如。直到唐德宗命颜真卿等编修《元陵仪注》，才再度对皇家凶礼进行修撰。

在吉礼方面，《大唐开元礼》也有相当的特殊性，那就是"有司摄事"。"有司摄事"指皇帝无法亲自主持祭祀或庙享之时，由负责的官人代行主持。这种规定，显示出礼典对于皇帝是否亲祭保有相当程度的弹性。皇帝需要处理繁多的国家事务，每一祭典都由皇帝亲自祭祀是不现实的。

《大唐开元礼》综合了《贞观礼》和《显庆礼》，但基本上遵从了《显庆礼》，只在祭祀五帝这方面承袭了《贞观礼》，加强了昊天上帝与五方帝的区别。在郊祀部分，《贞观礼》采取了郑玄说，《显庆礼》改为王肃说，废五方帝之祀，将天子直接置于天地与宗庙之下，以此来强调以皇帝为顶点的中央集权制。《开元礼》则兼而有之。这一点从吉礼祭典项目中可以明显看出。

《大唐开元礼》注重郊祀，对天地山川等神祇进行祭祀的相关规定，在数量上远多于对宗庙祭祀的规定。就实际情况看，唐代皇帝举行郊祀的次数在所有祭祀次数中所占的比例，比汉代皇帝是要多的，这显示出唐代皇帝比汉代皇帝更看重国家礼仪（公家之礼）。毕竟，宗庙祭祀对象是祖先，而郊祀对象则是万民所共尊的天地。

《大唐开元礼》与《唐律》也有密切的关系，与"唐令"也有相当的关联。日本人井田陞氏的《唐令拾遗》中就有从《大唐开元礼》的3卷序例中整理出的许多"唐令"的令文。

《大唐开元礼》中还有一个值得关注的现象，就是对皇后在礼仪中地位的提升。《大唐开元礼》规定皇后也接受群臣的朝贺，这并不存在于传统儒家礼仪中。这应该是继承了武则天时期的礼仪，或更远一点的隋代、北朝的礼仪。这一朝贺的礼仪也被宋代皇后礼所继承。

除了政治因素外，《大唐开元礼》的制定者还贯彻了儒家"缘情制礼"的原则。这比较明显地体现在丧服制度上。《大唐开元礼》中的丧服制度比《礼仪》中的更清楚、更有条理，也吸纳了六朝以来的讨论成果。

比如，嫂叔服。嫂、叔虽说同住一个屋檐下，但在礼教上却相当疏远。《礼记·曲礼》载："嫂叔不通问。"在丧服上，嫂、叔之间无服。这种限制到

礼学、礼制、礼俗

曹魏时期受到了挑战。太尉蒋济认为嫂、叔之间，当服小功之服。源于以下事实：有些民族兄长死后，弟弟可代兄以嫂为妻；"情"的观念被重视。到了《大唐开元礼》中，嫂叔之服被定为小功五月义服。

子为母服。唐高宗上元元年（674年），武后提出三年之服，高宗同意，但由于卢履冰等人的反对，后被玄宗废止。但等到萧嵩修《大唐开元礼》时，又恢复了上元之制，即：父亲在，母亲去世后也要为母服三年丧。另外还增加了"父卒母嫁母服"。

这些丧服在《礼仪》中有的不存在，有的服制较轻，而《大唐开元礼》不仅增加了应当服丧的条文，还加重了服制。这些都是"缘情制礼"的具体体现。

四、《大唐开元礼》的精神价值——以《宾礼》为例

《大唐开元礼》的精神传承至今，在各个领域均有体现。我们以《宾礼》为例，分析一下其在外交方面的运用。宾礼连接内外，极为重要。《大唐开元礼》的《宾礼》中，既有"受蕃国使表及币"的礼仪，也有询问、奏对、口具、宣敕等口头沟通方式。

我们不应仅仅从"册封（朝贡）体制论"的视角来解读《宾礼》。《宾礼》所体现的是古代亚洲错综复杂的国际关系，是大国与小国的互动及相互依赖，是开放的、动态的、多元的国际网络。

唐代宾礼，一方面体现了唐王朝在亚洲的中心地位，另外一方面也表现了唐廷与其他国家的关系以及他们各自的相对地位。唐廷在具体决定各项礼仪安排时使用"大""小"两个标准。这种做法最早源于西周。但在唐的政治语言中，"小国"不一定是地狭人稀之国，而是拒绝效忠天子或与唐朝为敌的国家。这种礼仪体现在各个方面。

比如，"迎劳"，即在首都郊外举行的欢迎仪式。在这个欢迎仪式中，看似只有敕使和蕃主两人，其实有三个人参与。比如有一个细节，蕃主行"再拜"礼后，敕使并不答礼，这不是故意怠慢，而是他不当受此礼，这时的蕃主

是在遥向皇帝进行"再拜"礼。再如迎劳的第二个环节，敕使不代表皇帝，以个人身份接受蕃主的礼品。随着其身份的转换，礼仪形式也变化了，蕃主也仅以"作揖"形式表示尊敬。这个过程是"以客为尊"的。

再如，"蕃主奉见"，也就是朝见皇帝之礼。其中"宫悬"由打击乐器、管乐乐器、弦乐乐器组成。"宫悬"的主要作用是演奏"雅乐"，而绝不是仅仅用于娱乐。其作为礼的组成部分，传递上天、皇帝、臣民、外藩和谐共处这一特定政治信息。"大唐雅乐"的十二个曲目中都有"和"字，也是在表达天人合一、君臣和谐的理念。

又如，元日朝贺仪式。唐代皇帝每年都要与百官及在京外国君主、使节一起庆祝元日。这一礼仪形式中增加了"舞蹈"这一新元素。这种原本流行在北亚、东北亚民族中的"夷礼"成为唐人及亚洲民族所熟悉的礼节，也体现了宾礼的包容性、共同性。

宾礼是一种外交礼仪，兼有严格性与灵活性。在皇帝出席的重大场合，礼仪有严格规定，违反要受到处罚。但在严格的前提下，具有相当的灵活性。如对于特殊情况，通常有"加敬""殊礼""优礼""加礼"等灵活处理方式。最高规格是"降榻"，就是皇帝自御座起身，引导外国君主、使节与之"同坐"。与"破格接待"相对应的是"降格接待"。如672年，吐蕃使者在吐蕃伏击唐军、攻击凉州后造访唐廷。唐高宗尽管接受了使者所说的对军事行动一无所知的解释，但仍"杀其礼"，对其降格接待。再如，唐廷在宾礼中享有主导仪式的主场优势，但有时也会出现外国使节对安排提出抗议或使节之间产生纠纷的情况，对此也需要灵活处理。在两个或多个使节参加的朝会、宴会中，唐廷会根据使国的相对国际地位、使者本身的官阶决定礼仪安排，尽量避免使节"争长"事件的发生。

另外，唐代宾礼作为外交的产物，与中原、域外礼仪相互影响、渗透、融合，形成了一些与之相似或共同的要素。这些要素使得外国君主、使节对唐廷宾礼并不陌生，易于接受。唐代宾礼的礼仪雅乐中就吸收了不少天竺乐、高丽乐，增强了宾礼外交"公共产品"的功用。

五、《大唐开元礼》对后世礼典及东亚文明的影响

1. 对后世礼典的影响

《大唐开元礼》编排严谨，体例明确，内容条理而系统，成为后世编撰礼典的典范。杜佑评论道："百代之损益，三变而著明，酌乎文质，悬诸日月，可谓盛矣。通典之所纂集，或泛存沿革，或博采异同，将以振端末、备顾问者也，乌礼意之能建乎！"[1]宋代欧阳修说："由是，唐之五礼之文始备，而后世用之，虽时小有损益，不能过也。"（《新唐书·志第一·礼乐一》）从唐中叶一直到北宋，国家礼典一直深受《大唐开元礼》的影响。唐代的《大唐元陵仪注》《大唐郊祀录》《元和曲台新礼》《续曲台礼》等主要是对《大唐开元礼》的补充，以适应中唐以后的时代变动。北宋从《开宝通礼》到《太常因革礼》，基本上承袭《大唐开元礼》的遗绪，直到宋神宗、宋徽宗之后，礼仪内容才开始发生较大的变动。

在《大唐开元礼》中，对后世影响最大的是其五服制度。《大唐开元礼·五服制度》是在《仪礼·丧服》以后，对丧服作全面性规定的重要文献。唐代以降的国家礼典，包括《政和五礼新仪》《大明集礼》以及以后几部私家礼，如《温公书仪》《朱子家礼》等中所载的丧服制度，基本上是以《大唐开元礼》为标准的。

在体例上，《大唐开元礼》在五服之下是以正服、加服、降服、义服的顺序来排列的，这与《仪礼·丧服》在体例上差异较大。但在《明集礼》中，仍使用《大唐开元礼》体例，说明《大唐开元礼》的丧服体例编排已经成为后世定制。

在丧服内容上，《大唐开元礼》在齐衰的部分增加了齐衰五月，《政和五礼新仪》《明集礼》《温公书仪》《朱子家礼》等都承袭《大唐开元礼》。在齐衰三年服方面，《大唐开元礼》遵循武则天的建议，将"父在为母"的规定改为齐衰三年，提高了母亲的地位。在成人小功方面，《大唐开元礼》在义服部

---

[1] 杜佑撰：《通典》，中华书局 1988 年版，第 1122 页。

分增加了"为同母异父兄弟姊妹报"。后来的礼典在此方面,都承袭了《大唐开元礼》。

也就是说,《大唐开元礼》将中国的家庭结构与亲属关系,重新加以厘定,并透过丧服的规定加以落实。宋代以来,不论是国家礼典还是私人家礼,都因循《大唐开元礼》的丧服制度,并以之来衡量当时的亲属关系。

2. 对东亚文明的影响

东亚各国中,日本受《大唐开元礼》影响最深。从奈良时代到平安时代,日本不断派遣遣唐使和留学生来学习唐代生活习俗与礼仪制度,这一阶段正是《大唐开元礼》成为国家礼典的时期。日本现存《日本国见在书目录》中提到的"唐礼百五十卷",即《大唐开元礼》。日本清河天皇贞观十三年(871年),日本太皇太后去世,在讨论丧服时,曾有人引用《大唐开元礼》。吉备真备第二次任遣唐使返回日本时,带回了《大唐开元礼》。此外,以《大唐开元礼》为代表的"唐礼"对日本律令制度有很大影响。

另外,朝鲜时期成宗朝编撰的《国朝五礼仪》以世宗朝撰定的《国朝五礼仪》为基础编撰而成。就编述体系而言,世宗朝时撰定的《国朝五礼仪》模仿了唐代杜佑撰述的《通典》中的礼典。就《通典》大量收录了《大唐开元礼》之"五礼"仪式的层面而言,可以说《国朝五礼仪》在很大程度上吸纳了以《大唐开元礼》为根据的礼制。

总之,《大唐开元礼》继承了唐代以前的礼典,对后世礼典也产生了相当重要的影响,这种承前启后的传承作用,凸显了其历史地位。作为国家礼典,它集中了上古以来的"公家"礼制,采纳了千年来人们对礼学的共识并将其固定化,这种将国家礼仪系统化、法制化的措施,对中华文明乃至东亚文明都产生了深远影响。

魂归何处

——汉墓画像中的神仙信仰

人死后究竟是有知，还是无知？许多人被这个问题所困扰，我们的先人也不例外。《孔子家语·致思》记载："子贡问于孔子曰：'死者有知乎？将无知乎？'子曰：'吾欲言死之有知，将恐孝子顺孙妨生以送死；吾欲言死之无知，将恐不孝之子弃其亲而不葬。赐欲知死者有知与无知，非今之急，后自知之。'"意思是说，子贡问孔子："死者有知觉呢，还是没有知觉呢？"孔子回答说："我想说死人有知觉，却担心孝顺的子孙伤害自己的生命来葬送死者；我想说死人没有知觉，又担心不孝顺的子孙遗弃亲人而不埋葬。赐啊，死者有无知觉，并不是现在急着要解决的问题，以后你自然会知道的。"孔子是智慧的，巧妙地回答了人有无知觉的问题，既让人们关注现世的生活本身，又以孝为纽带，通过丧祭之礼维系着人们与祖先的关系。同时，孔子也强调"祭神如神在"（《论语·八佾》）。死后成"神"的信仰在传统中国人的观念中被强烈认同，也影响着后来的华夏子孙。

古时中国人究竟是如何看待死后成"神"的呢？古时很多人相信"魂"与"魄"统一于人体之内，人死后两者会分离并脱离人体，"魂"上升归于天，"魄"下降入于地，以致"魂飞魄散"成为一个成语。从汉墓壁画中，我们可以看到离世人们的灵魂在龙、凤、鹿、虎、玄武等仙禽异兽的引导下升天的景象，而下归于黄泉的魄则享受生人的祭祀，平安生活于地下。

典型的引魂升天图见于湖南长沙马王堆汉墓帛画和山东临沂金雀山汉墓帛画等。

湖南长沙马王堆汉墓帛画

马王堆汉墓帛画形象地呈现了墓主人在享受亲朋的供奉献祭后，在龙凤神灵、虎豹猛兽的引导下准备经过天门登上天界的场景。稍晚一些的金雀山汉墓帛画则在原来灵魂升天的基础上加入了新内容，除了表现传统的日月、金乌、玉兔、蟾蜍外，还描绘了蓬莱、方丈、瀛洲等新的仙境，内容比马王堆汉墓帛画更为丰富。这表明此时人们对神仙世界有了更为具体的想象。

人死后升仙为什么会成为汉代人的普遍信仰呢？这与汉代人神仙观念的变化有很大关系。在汉代人看来，成仙不再是帝王的专利，不再是被动的过程，而可以是个人自主修炼的过程。而且这种修炼，不仅可以在生前进行，

山东临沂金雀山汉墓帛画①

还可以在死后进行。这样，神仙信仰延伸到死后世界，成为墓葬信仰的一部分。那时人们普遍相信，死者的"魂"如果能得到某种引导和帮助，就会顺利升入仙界。于是人们不惜重金在墓中营造与生时居室相仿的环境，希望利用特定的手段升天。这些特定手段表现各异。西汉后期的卜千秋墓壁画表现了墓主在持节仙人的引导下乘神兽升天的景象，而东汉后期画像所表现的景象则主要是墓主依靠自己的能力修丹药以成仙。这反映了东汉后期人们求仙观念的转变。

在我国古代人心中，能够自由飞翔意味着形成了一种超凡入圣的生存模

---

① 见《文物》内封，1977 年第 11 期。

式，进入了自由之境，灵魂达到了一个最佳状态。故而汉代人想象的仙人也多是人鸟复合体。他们有的是人头鸟身，有的是人身有翼而手足为鸟爪，有的完全为人身，只是生着两个翅膀。时代越晚，人们想象中的仙人像人的成分越多。于是，夹杂着羽人、仙禽、异兽的流云纹开始流行。在西南地区出现了很多上有羽人的青铜钱树，在华东地区的山东、苏北一带，河南等中南地区，陕西等西北地区，重庆、四川等西南地区的壁画墓、画像石墓、崖墓中屡见羽人等图像。这些都是汉代盛行神仙信仰的必然产物。

汉墓神仙信仰中有两个不可忽视的主题。一是昆仑山的西王母，二是道教因素。根据《山海经》和《淮南子》的记载，昆仑山是微型的宇宙模式。首先，昆仑山是一座神山，与天帝居所相连，是天帝的"下都""疏圃"和"百神之所在"；其次，昆仑山上万物尽有，其中不死药、不死树、不死水均与人的长生信仰密切相关；第三，昆仑山有三层境界：最高层叫增城，是上帝居住的地方，第二层是悬圃，里面有各种珍禽异兽，最下一层是凉风，人只要登上这一层就可以不死。在秦始皇与汉武帝狂热追求升仙的过程中，昆仑山的西王母由一个半人半兽的怪异神灵转变成一个有着人的形象的女仙，由一个可怕的刑罚之神一变而为操不死之药的神仙。西王母信仰由此应运而生，成为汉代墓葬信仰的重要组成部分，汉代墓葬中出现了大量西王母图像。一般来说，西王母的形象很容易识别，但微山两城乡出土的唯一一幅西王母画像主要是靠榜题来确认的。这里的西王母发型与微山两城乡出土的另一石上的一般妇女几乎一样，好在其两侧交尾的蛇身女娲和伏羲也给了我们很多启示。

汉墓壁画中除了神仙信仰，还有道教信仰。这不仅发生在道教产生之后，也发生在前道教时期。神仙崇拜在一定意义上可以说是道教神仙信仰的一个方面，但其本质上还是把人放在了第一位，希冀以修炼成仙解决人的生死问题。在道家看来，山中之洞与天界极为相似。它的内部自成一个世界，依自己的规律和节奏运行。道家还认为道士的炼丹炉就是一个洞天世界。洞天世界有自己的时间节律，自然界的变化以加速度的方式再现，就是说，洞天世

界的时间流速要比人间慢上许多。那里的时间运行速度与人间不同，因此有
"天上方一日，人间已千年"和"山中无甲子"的说法。因此，汉代的修炼之
人喜欢寻觅山中洞室。

在东汉中晚期墓葬画像中出现了丹鼎或持丹等内容。如，1987年出土于
泸州市市中区的十一号画像石棺，从左至右分别为车马图、升鼎图和饮宴图。
此图被命名为《车马·升鼎·饮宴图》。

《车马·升鼎·饮宴图》

考虑到鼎在修炼中的作用，此图仍是一幅升仙图。车马将死者载到墓地。
在利用丹鼎之术进行修炼后，墓主人到达天国宴饮。画中鼎的上面有三根树
枝一样的东西，那可能是所谓能使人成仙的丹药。

再如，四川泸州大驿坝1号东汉画像石棺，棺盖顶为柿蒂纹，棺身前端为
天门、后端为女娲，一侧档刻有一硕大的鼎，鼎旁刻画了头戴特殊装饰、手
持节杖的人物形象，另一侧档刻仙人天禄与一持圆珠形物品的人物。结合整
个画面，人物手中的圆珠形物品应为鼎中炼出的所谓仙丹，持丹的可能就是
道士。这幅画像表现的应是当时道士用鼎炼丹的情景，寓意墓主服仙丹后
升仙。

另外，四川乐山麻浩1号东汉晚期崖墓画像、长宁七个洞5号东汉晚期
崖墓门外画像中也出现了同类人物形象。这些画像都暗含着人们希望借助灵
丹妙药羽化成仙的美好愿望。

当然，神仙信仰问题在汉代知识阶层中的认知也并不一致。一些学者对
于仙人及成仙的真实性持怀疑态度。扬雄在《法言·君子》中说："吾闻虑
羲、神农殁，黄帝、尧、舜殂落而死。文王，毕；孔子，鲁城之北。独子爱其

死乎？非人之所及也。仙亦无益子之汇矣！"王充在《论衡·道虚》中说："夫人，物也，虽贵为王侯，性不异于物。物无不死，人安能仙？鸟有毛羽，能飞，不能升天。人无毛羽，何用飞升？使有毛羽，不过与鸟同，况其无有，升天如何？"他们质疑、否定了人成仙的可能性。这些观念代表了两汉之际人们对于生命和死亡较为理性的思考。

相较于对"魂"之归处的神仙世界的构想，对于"魄"所去的地下世界，人们更多地比附于现实世界。汉代人相信祖先会享受后人奉献的祭品，人死后也要将生前所用的东西带往地下，并通知地下的神祇。江陵凤凰山汉墓出土的西汉早期文书说明了人们对死后世界的信仰："十三年五月庚辰，江陵丞敢告地下丞，市阳五太夫隧少言与大奴良等廿八人，大婢益等十八人，轺车二乘，牛车一辆，騂马四匹，騮马二匹，骑马四匹，可令吏以从事，敢告主。"[1]这件文书由江陵丞发给地下丞，通知地下丞世上某人去世，尸体要移居地下，记录了时间，死者姓名、身份及主要随葬品等。文中的"江陵丞敢告地下丞"与马王堆三号墓出土的记事木牍上的文字相似。从内容和形式来看，此文书相当于墓主离开现实世界往赴地下世界的专用通行证，是特意为葬礼制作的模拟文书。

总之，汉代人对于生死问题的总体看法是"没身不殆"，他们的神仙信仰影响深远，绵延至今。清楚地认识到这一精神的延续性，对于今天我们的殡葬改革和移风易俗，无疑有积极的借鉴意义。

---

[1] 南京大学历史系考古专业：《战国秦汉考古》，1981年版，第190页。

汉代循吏与儒家的"富—教"思想

　　唯物主义者认为，物质决定意识，但意识反作用于物质。在中国传统的儒家历史理论中，孔子"富而教之"的思想就是一种朴素的唯物主义思想。这种思想对中华民族精神的形成产生了重要影响，对汉代循吏的产生也发挥了重要作用。

一、汉代循吏与儒家的关系

　　"循吏"一词最早出现于司马迁的《史记·循吏列传》，其在班固的《汉书》和范晔的《后汉书》中也均有使用，并为历代正史所承袭。学术界已经注意到司马迁和班固对"循吏"概念的不同理解。《史记·太史公自序》载："奉法循理之吏，不伐功矜能，百姓无称，亦无过行。作《循吏列传》第五十九。"也就是说，从汉初的社会实际和司马迁的学术经历看，这里循吏的选择标准侧重于"黄老之学"。到了班固，则以儒家标准选择循吏。从班固开始的后代史家，也多以儒家的标准来判定一个官吏是否为循吏。

当然，对于汉代循吏与儒家的关系，学术界的观点并不一致，这里有必要简单作一论述和说明。

儒家德政思想注重以民为本，教化百姓。《论语·为政》记载，孔子在答哀公与季康子问政时分别说："举直错诸枉，则民服；举枉错诸直，则民不服"；"临之以庄，则敬；孝慈，则忠；举善而教不能，则劝。"后来的孟、荀进一步丰富和发展了儒家德政思想。孟子不仅要求教化百姓，而且强调重在惠民、以民为本。他提出："民为贵，社稷次之，君为轻"（《孟子·尽心下》）；"仁言，不如仁声之入人深也。善政，不如善教之得民也。"（《孟子·尽心上》）荀子在尚贤、教化百姓、重民惠民的基础上，提倡仁政与法治并重。

我们读《汉书》《后汉书》等中的相关记载，可以发现，在那些循吏身上，或深或浅地体现出儒家"以德治民"的思想理念。他们注重宽政惠民，持法廉平，发展生产，教化百姓。这种理念正是对儒家德政思想的传承与实践。如，循吏文翁"为蜀郡守，仁爱好教化"（《汉书·循吏传》），而"仁"与"教化"始终在儒家德政思想中占据核心地位。再如，循吏龚遂治渤海郡时，"乃躬率以俭约，劝民务农桑"（《汉书·循吏传》）。汉代循吏所体现的儒家精神更多地表现在实践方面。孔子说："我欲载之空言，不如见之于行事之深切著明也。"（《史记·太史公自序》）原始儒学注重实践的特点，对汉代循吏的影响极为深刻。

我们知道，汉代中央主张"汉承秦制"。因此，法家对汉代政治的影响不容忽视。汉宣帝曾说："汉家自有制度，本以霸王道杂之，奈何纯任德教，用周政乎！"（《汉书·元帝纪》）但不能因此认为儒家思想在制度设计及政治实践中的作用不大。毕竟，汉宣帝并不是要完全否定德政。更何况，原始儒学也没有完全否定法治，只是更强调道德教化而已。

因此，我们论述汉代循吏，主要考虑三个方面。第一，循吏既践行着儒家提出的"宽政息民、以德导民、富而教之"的政治理念，又不舍法治，只是反对酷法。在这个意义上，循吏即儒吏，而不等同于儒生。第二，循吏因职位与所在地区的不同，管理方式也不尽相同。《汉书·循吏传》将其大致分为两类：德让教化型与以法为治具型。前者如"王成、黄霸、朱邑、龚遂、郑弘、召信臣等，所居民富，所去见思，生有荣号，死见奉祀，此廪廪庶几德让君子之遗风矣"（《汉书·循吏传》）；后者如"赵广汉、韩延寿、尹翁归、严延年、张敞之属，皆称其位，然任刑罚，或抵罪诛"（《汉书·循吏传》）。第三，循吏是儒家思想的实践者，其并非仅存在于某一历史时空，我们之所以以汉代循吏为例，只是因为这一时期的循吏比较具有代表性。

二、"富之"——汉代循吏与中华民族追求富强的精神

《汉书·循吏传》强调循吏"所居民富"的特点，这符合孔子及原始儒学的一贯主张。汉代循吏遵循孔子"富之"的教诲，将发展经济、提高人民的生产和生活水平视为治理的重要内容之一。为了提高人民的生活水平、使百姓安居乐业，汉代循吏在以下几个方面进行了努力。

（一）农业生产领域

"食者民之本也，民者国之本也……"（《淮南子·主术训》）只有农业问题解决好了，人民才能安居乐业，国家才能兴旺。汉代循吏意识到这一道理，把积极发展农业生产当作为民兴利的重要内容。

生产工具和生产技术是否先进是生产力发达与否的重要标志。汉代循吏非常注重对先进农具和技术的推广。当时对牛耕的推广和使用极为常见。如，庐江地区的百姓不知道使用牛耕，东汉循吏王景亲自"驱率吏民，修起芜废，教用犁耕"（《后汉书·循吏列传》），将犁耕这种在当时先进的农业生产工具以及使用技术推广到庐江，从而极大地提高了庐江地区的生产力。庐江地区的农业经济由此逐渐兴旺起来。再如，九真地处偏远，百姓大多以射猎为业，不知牛耕，因而粮食常常不够，百姓生活非常艰辛。太守任延到任后，下令"铸作田器，教之垦辟"（《后汉书·循吏列传》）。自此，大量的荒地被百姓开垦出来进行农业生产。九真地区农业经济就此发展起来，百姓的物质生活也变得充裕起来。

王景、任延等循吏积极引进牛耕和推广铁质农具，在汉代农业生产中，无疑是生产力发展的一个巨大进步。尤其是牛耕的使用，为开辟荒田、精耕细作、提高农作物产量发挥了不可估量的作用。

当然，要提高生产力，除了先进的生产技术，还需要完善的制度。汉代循吏在努力发展地方农业的同时，还因时、因地制宜制定一系列相关措施来加强对农业生产的管理和保护。如，循吏龚遂来到渤海郡任职后，为了恢复社会生产，命令渤海郡每户居民必须种一棵榆树、百棵薤菜、五十棵葱和一畦韭菜，而且每家必须养两头母猪和五只鸡。"春夏不得不趋田亩，秋冬课收敛，益蓄果实菱芡"（《汉书·循吏传》），渤海地区经济有了大的发展。又如，南阳太守召信臣"为民作均水约束，刻石立于田畔，以防分争。禁止嫁娶送终奢靡，务出于俭约。府县吏家子弟好游敖，不以田作为事，辄斥罢之"（《汉书·循吏传》）。他在南阳开通水渠后，为了让百姓能够有序地用水灌溉农田，减少纷争，把用水的规定刻在石碑上，将石碑竖立在田地边界处，并对府县中喜欢游逛、不以耕作兴农为要务的官吏弟子通通予以斥责罢免。再如，循吏童恢根据当地实际情况制定了地方性法规，"耕织种收，皆有条章"（《后汉书·循吏列传》），对地方农业予以保护。由于召信臣和童恢治理有方，百姓"莫不耕稼立田"，他们所在地区的农业生产很快有了明显发展。

(二) 水利建设方面

汉代很多循吏不但是地方行政长官，同时还是水利工程专家。他们深知，水利是农业的命脉，关系到百姓的生产和生活。每当水利系统出现问题时，两汉循吏都积极开展水利工程的建设和修复工作。

如，循吏兒宽建议在郑国渠基础上修凿新渠"以益溉郑国傍高卬之田"（《汉书·沟洫志》）。汉武帝十分赞同兒宽的建议并派其开凿水渠。兒宽领导民众在郑国渠的基础上开凿了六辅渠，修成之后又通沟渎、蓄陂泽，备荒抗旱，大大增加了郑国渠的灌溉面积。关中地区的农业生产因此有了很大发展。在领导开凿六辅渠之际，兒宽还制定了灌溉用水的相关制度。兒宽提议并领导开凿的六辅渠，弥补了郑国渠的不足，对关中经济建设起了重要作用。

礼学、礼制、礼俗

两汉循吏中很多人有兴修水利的经历，兒宽领导开凿六辅渠只是其中一例。文翁、召信臣、王景、杜诗等也都有此经历，其中最为有名的要算西汉的召信臣和东汉的杜诗。《汉书·循吏传》记载：

> 信臣为人勤力有方略，好为民兴利，务在富之。躬劝耕农，出入阡陌，止舍离乡亭，稀有安居时。行视郡中水泉，开通沟渎，起水门提于凡数十处，以广溉灌，岁岁增加，多至三万顷。民得其利，畜积有余。信臣为民作均水约束，刻石立于田畔，以防分争……郡中莫不耕稼力田，百姓归之，户口增倍，盗贼狱讼衰止。吏民亲爱信臣，号之曰召父。

《后汉书·郭杜孔张廉王苏羊贾陆列传·杜诗》记载：

> 造作水排，铸为农器，用力少，见功多，百姓便之。又修治陂池，广拓土田，郡内比室殷足。时人方于召信臣，故南阳为之语曰："前有召父，后有杜母。"

召信臣为西汉时人，杜诗为东汉时人。两人都曾为南阳太守，都受到南阳百姓的爱戴和敬仰。原因何在？就是因为他们都注重水利建设，注重发展地方经济，注重提高人民生活质量。南阳百姓因此对他们以"父母"相称。

此外，当自然灾害特别是水患出现，危害百姓的生活的时候，汉代循吏会坚守在治理水患的第一线。汉代时，黄河"善淤、善决、善徙"，黄河流域广大民众深受其害。循吏王景善于治水，汉明帝曾召见他询问治河方略。在听取了王景的治河方略后，汉明帝备加赞赏，赐其《山海经》《河渠书》《禹贡图》以及钱帛衣物，命其主持修理汴渠来解除水患。王景与王吴率领数十万人，"修渠筑堤，自荥阳东至千乘海口千余里……商度地势，凿山阜，破砥绩，直截沟涧，防遏冲要，疏决壅积，十里立一水门，令更相洄注，无复溃漏之患"（《后汉书·循吏列传》）。由于王景等人的努力，黄河水患得以治理。汉明帝在得知水患成功治理后，亲自巡行河渠，并且下诏："今既筑堤理渠，绝水立门，河、汴分流，复其旧迹，陶丘之北，渐就壤坟，故荐嘉玉洁牲，以礼河神。东过洛汭，叹禹之绩。今五土之宜，反其正色，滨渠下田，赋与贫人，无令豪右得固其利，庶继世宗《瓠子》之作。"（《后汉书·显宗孝明帝纪》)同时下诏沿黄河各郡国设置专管河堤的官职，采用西京旧的管理制度。循吏王景消除了水患，保证了百姓生产以及生活的安全，受到明帝的嘉奖。

除了王景外，还有许多循吏有类似的事迹。如，东汉建武七年(31年)，杜诗迁南阳太守，"又修治陂池，广拓土田，郡内比室殷足。时人方于召信臣，故南阳为之语曰：'前有召父，后有杜母。'"《后汉书·郭杜孔张廉王苏羊贾陆列传·杜诗》水利建设的时间竟然从西汉元帝时期延续到了东汉建武时期。这个例子充分说明了两汉循吏"富民"工作的延续不断。

又如，东汉建和三年(149年)，张导为巨鹿太守。当时"漳津泛滥，土不稼墙，导披按地图，与丞彭参、掾马道嵩等，原其逆顺，揆其表里，修防排通，以正水路，功绩有成，民用嘉赖"(《水经注·浊漳水》)。再如，《水经注》卷二十八《沔水》记木里沟为汉南郡太守王宠所凿，"引鄢水也，灌田七百顷。白起渠溉三千顷，膏良肥美，更为沃壤也"。

(三) 提倡节俭，赈济百姓

崇俭抑奢、赈济百姓是两汉循吏为民兴利的一个重要补充。两汉循吏深知"公私费耗甚多，皆当出于民"(《汉书·循吏传》)。因此他们认为，要保证百姓利益不受损害，必须尽量减少政府用度，节约开支。如召信臣为少府时，就曾"奏请上林诸离远宫馆稀幸御者，勿复缮治共张，又奏省乐府黄门倡优诸戏，及宫馆兵弩什器减过泰半。太官园种冬生葱韭菜茹，覆以屋庑，昼夜然蕴火，待温气乃生，信臣以为此皆不时之物，有伤于人，不宜以奉供养，及它非法食物，悉奏罢，省费岁数千万"(《汉书·循吏传》)。召信臣每年可以为国家省费数千万，减少政府消耗，压缩政府财政支出，既减轻了百姓的赋税压力，维护了百姓的利益，又可以在社会上形成简朴之风。据《汉书·循吏传》载，黄霸为减轻百姓负担，除去了当时送旧官、迎新官的仪式，因为由此产生的财物支出无疑会增加百姓的负担。他甚至还"使邮亭乡官皆畜鸡豚，以赡鳏寡贫穷者"(《汉书·循吏传》)。黄霸通过这一系列开源节流的举措，有力地促进了当地社会经济的发展，也使"户口岁增"。

对于百姓中的贫困者，循吏也尽力救助。如兒宽："收租税，时裁阔狭，与民相假贷，以故租多不入。后有军发，左内史以负租课殿，当免。民闻当免，皆恐失之，大家牛车，小家担负，输租襁属不绝，课更以最。上由此愈奇宽。"（《汉书·儿宽》）在征收赋税时，儿宽敢于把已经收到的赋税即公家的钱贷给贫弱百姓以供赋役。又如任延"省诸卒，令耕公田，以周穷急"（《后汉书·循吏列传》），甚至当他的下属贫困时，"辄分奉禄以赈给之"（《后汉书·循吏列传》）；第五访："岁饥，粟石数千，访乃开仓赈给以救其敝。吏惧谴，争欲上言。访曰：'若上须报，是弃民也。太守乐以一身救百姓！'遂出谷赋人。顺帝玺书嘉之。由是一郡得全。"（《后汉书·循吏列传》）

此外，两汉循吏不拘泥形式，结合社会实际情况，拓展生产领域，增加百姓的谋生途径，从而使百姓的生活更加富裕。《后汉书·循吏列传》记载："尝后策孝廉，举茂才，拜徐令。州郡表其能，迁合浦太守。郡不产谷实，而海出珠宝，与交址比境，常通商贩，贸籴粮食。先时宰守并多贪秽，诡人采求，不知纪极，珠遂渐徙于交址郡界。于是行旅不至，人物无资，贫者饿死于道。尝到官，革易前敝，求民病利。曾未逾岁，去珠复还，百姓皆反其业，商货流通，称为神明。"这就是有名的"合浦还珠"的典故。合浦太守孟尝针对该地区临近海域出产珠宝、不适合发展农业生产的实际情况，积极转换思路，因地制宜发展珠宝产业，并打击不法商贩以维护合浦地区的商业活动。通过孟尝的带动和广大百姓的努力，合浦地区呈现出一片欣欣向荣之景，百姓得以安居乐业。王景在庐江地区农业生产逐渐兴旺起来以后，又鼓励当地百姓养蚕织布，并且专门制定了一套规定，使得蚕织技术在庐江地区广泛传播。此外，还有茨充在桂阳地区"教民种殖柘桑麻纻之属，劝令养蚕织屦，民得利益焉"（《后汉书·循吏列传》）。

虽然采取组织民力兴修水利、灌溉农田等利民富民的措施可以看作地方官本职工作的一部分，但循吏采取这些措施就很自然地被赋予了许多文化的色彩。

正是由于文化的因素融入了物质形态中，才使得循吏的利民、富民措施不能和普通地方官执行政府命令的情况相提并论。

三、"教之"——汉代循吏与中华民族的文明精神

受儒家文化影响的循吏对文化的传播有一种天然的使命感,这是儒家文化得以在循吏那里传播的内在原因;统治者提倡的儒家道德教育又是循吏不遗余力地传播儒家文化的一个外在因素,即"移风易俗"的政治需要。对儒家文化的传播落到实处就是孔子倡导的"教之"。

教化分为广义教化和狭义教化。从广义角度来说,教化相当于"大"教育,包括学校教育、家庭教育和社会教育等,即所有能对百姓思想和行为产生一定影响的政策、观念和行政措施。就狭义角度而言,教化被限制在有意识、有目的地改善社会习俗风尚的带教育性质的制度政策范围内,包括推广礼教、宣传有关伦理道德、厉行劝善惩恶尤其是旌德扬善,作为表率和示范,以供民众效法。我们这里所说的教化主要指狭义范围内的教化。

汉代循吏崇尚儒家德治思想。他们以地方行政长官的身份肩负着教育者的职能。他们将蕴涵着主流政治价值、政治理念、道德规范的儒家文化传达给人们,为人们提供外在的行为规范和内在的价值取向,从而使儒家文化内化成一种所有社会成员都具备的文化精神和道德修为。

从具体的内容来看,汉代循吏所推崇的主要是儒家文化所倡导的孝悌、忠恕、仁义、诚信、礼让、智勇、廉耻等。他们的主要做法包括以下几个方面。

(一)从事教育,设立学校

《后汉书·儒林列传上》中记载牟长于建武初年任河内太守:"及在河内,诸生讲学者常有千余人,著录前后万人。著《尚书章句》,皆本之欧阳氏,俗号为《牟氏章句》。"《后汉书·儒林列传下》中记伏恭在建武时期:"迁常山太守。敦修学校,教授不辍,由是北州多为伏氏学。"牟、伏两人虽是因为被列在《后汉书·儒林传》中而被后人所知的,但其行为却完全符合本文所列的循吏的标准。虽然身兼"吏"与"师"的双重身份,但他们更在乎后者。《后汉书·卓鲁魏刘列传·刘宽》记载刘宽在桓帝时:

典历三郡，温仁多恕，虽在仓卒，未尝疾言遽色。常以为'齐之以刑，民免而无耻'。吏人有过，但用蒲鞭罚之，示辱而已，终不加苦。事有功善，推之自下。灾异或见，引躬克责。每行县止息亭传，辄引学官祭酒及处士诸生执经对讲。见父老慰以农里之言，少年勉以孝悌之训。人感德兴行，日有所化。

刘宽作为一名基层官员，在治理地方事务时，靠的不是严刑峻法，而是儒家信条，其目的就是要百姓从内心接受并践行儒家的思想理论，这在本质上当然也是循吏的做法无疑。

汉代循吏还注重设立学校，进行教化。也就是董仲舒所说的："立大学以教于国，设庠序以化于邑。"（《汉书·董仲舒传》）如，蜀守文翁曾在成都市中建立学官，"招下县子弟以为学官弟子"（《汉书·循吏传》），免除其更徭。任延在武威"农事既毕，乃令子弟群居，还就黉学"（《后汉书·循吏列传》）。汉代循吏还注重奖励在校学习优秀者。如，文翁对在学官学习者，以其成绩高下授以不同职务，高者可为郡县吏，次者可为孝悌力田常员等；每次巡视郡县都会挑选品学兼优者与其同行，以褒奖之。任延为武威太守时，对在学弟子"章句既通，悉显拔荣进之"（《后汉书·循吏列传》）。

（二）重视孝道

对不懂礼义，不孝敬父母者进行个别教育，使其醒悟。如，《后汉书·循吏列传》记载：

仇览字季智，一名香……选为蒲亭长。劝人生业，为制科令，至于果菜为限，鸡豕有数，农事既毕，乃令子弟群居，还就黉学。其剽轻游恣者，皆役以田桑，严设科罚。躬助丧事，赈恤穷寡。期年称大化。览初到亭，人有陈元者，独与母居，而母诣览告元不孝。览惊曰："吾近日过舍，庐落整顿，耕耘以时。此非恶人，当是教化未及至耳。母守寡养孤，苦身投老，奈何肆忿于一朝，欲致子以不义乎？"母闻感悔，涕泣而去。览乃亲到元家，与其母子饮，因为陈人伦孝行，譬以祸福之言。元卒成孝子。乡邑为之谚曰："父母何在在我庭，化我鸱枭哺所生。"

仇览一小小亭长就能做到化民成俗，这可以说是对儒学大传统已经逐渐渗透到民间日常生活中的最真实的写照。他通过教化，节制人民的欲望，规范人民的行为，创立较为和谐的人际关系和安定的环境，从而维护社会的长治久安，正所谓"教化立而奸邪皆正"。此外，循吏还对有孝行的人进行奖励。如秦彭、童恢等对属内能遵奉教化者、行善事者皆赐以酒肉，有的还擢为乡三老，以劝勉之。

(三) 制定礼制，提高边疆地区文明程度

边疆或少数民族定居的地方，往往有着迥异于中原地区的习俗与文化，儒学在这里的推广难度因此就更大，但还是有一批杰出的循吏很好地完成了在这些地方移风易俗的工作。《后汉书·循吏列传》中记载卫飒迁桂阳太守："郡与交州接境，颇染其俗，不知礼则。飒下车，修庠序之教，设婚姻之礼。期年间，邦俗从化。"

《后汉书·循吏列传》中记载得更为详细：

> 任延字长孙，南阳宛人也。……建武初……诏征为九真太守。光武引见，赐马杂缯，令妻子留洛阳。九真俗以射猎为业，不知牛耕，民常告籴交址，每致困乏。延乃令铸作田器，教之垦辟。田畴岁岁开广，百姓充给。又骆越之民无嫁娶礼法，各因淫好，无适对匹，不识父子之性，夫妇之道。延乃移书属县，各使男年二十至五十，女年十五至四十，皆以年齿相配。其贫无礼娉，令长吏以下各省奉禄以赈助之。同时相娶者二千余人。是岁风雨顺节，谷稼丰衍。其产子者，始知种姓。咸曰："使我有是子者，任君也。"多名子为"任"。于是徼外蛮夷夜郎等慕义保塞，延遂止罢侦候戍卒。
>
> 初，平帝时，汉中锡光为交址太守，教导民夷，渐以礼义，化声侔于延。……领南华风，始于二守焉。

上面的记载里由于不同民族之间多少存在一些隔阂，可能带有一定的汉民族对少数民族的偏见，但基本事实应该是存在的。除了上面的两个例子以外，更具代表性的人物就要算蜀守文翁了。

巴蜀之地在当时人看来是属于南蛮之地的，其文化风俗和中原地区大不一样，在这样的地区宣扬儒家文化难度可想而知。文翁没有采取直接的办法，而是采取"诱进之"的巧妙方法，先是给予那些乐于接受儒学教化的百姓以实惠，宣布"学官弟子为除更徭"，然后利用人们普遍爱慕荣耀的心理，使得那些在学官里学习的学生经常有幸得到官吏的召见，从而让其他的人心向往之，数年后竟使得人们"争欲为学官弟子"。文翁在蜀地的成功得益于他善于因势利导，结合当地人的普遍心态因地制宜地进行教化。从后来人们常说的"巴蜀之地多才子"一语可知，"至今巴蜀好文雅，文翁之化也"确实不虚。

更重要的是，中原儒家文化的价值观念通过循吏的不断努力在西南等少数民族聚居地区的传播、渗入，既增强了中央王朝对西南地区的吸引力、凝聚力，又增强了西南地区对中央王朝的向心力，这对于加强中央政府对西南等边疆地区的控制产生了积极的作用。儒家思想文化在西南地区的直接传播，一方面加强了汉族和西南少数民族间的文化交流，丰富和发展了各民族文化，对中华民族优秀传统文化的形成做出了贡献，促进了西南文化教育的发展；另一方面通过兴办教育来感化诸夷，巩固了汉王朝对西南地区的控制。儒家大一统思想的广泛传播，对维护多民族国家的统一起到了重要作用。

汉代循吏的教化，为用儒家文化培育民众精神，移风易俗，逐渐营造一种良好的文化秩序和道德修为环境，进而维护社会秩序的稳定起到了十分重要的作用。

综上可知，汉代循吏在实践中坚持孔子"富一教"思想，为汉王朝的兴盛和民族精神的凝聚做出了杰出贡献。

志道据德

——孔子及其儒家的信仰世界

"人民有信仰，民族有希望，国家有力量。"中国人的信仰是什么？这对于古代中国人来说是一个无需提出的问题，而对于今天的中国人来说，却变成了一个很难回答的复杂问题。今天的中国是历史中国的延续，要回答今天的中国人信仰什么，我们只有回望过去，梳理源流，找准坐标，才能达成共识。

那么，在中华文明发展史上，谁是中国文化的坐标系人物呢？笔者认为是孔子。为什么这么说呢？因为孔子是中华文明承前启后的人物，是"明先"而"觉后"的文化枢纽。"明先"是说他继承了从三皇五帝到春秋时期的中华文明史；"觉后"是说后来的中国文化先贤从他那里获得精神滋养，开启了中华文化发展的新征程。所以，我们要讨论中国人的信仰问题，就不得不回到孔子的精神世界，思考孔子信仰什么。如此，才能找到讨论这个问题的基本前提。再次，我们需要梳理历代士人是如何继承和发展以及是如何看待孔子信仰的。因此，笔者以《论语》和曲阜祭孔的石刻文献为基本史料，试图重返孔子的信仰世界，分析一下孔子及古代中国人的"道德"信仰。

一、"道"：传统中国人核心价值信仰之动力

1. 孔子"道"的信仰

孔子曾说"吾道一以贯之"（《论语·里仁》），也就是说其思想背后始终贯穿着"道"。我们翻阅《论语》，就会发现有关"道"的记载很多，其中不少是对孔子信仰的表述。如，孔子说过："朝闻道，夕死可矣。"（《论语·里仁》）这体现了孔子对具有终极性的"道"的执着追求。

我们知道，"道"在中国文化中是一个很古老的概念。"道"的本意是道路。在《诗经》《尚书》《易经》等文献中，已经出现了"道"这一名词及相关思想。到了春秋时期，"道"作为一种抽象的概念，被人们越来越多地使用。

"道"在《论语》中出现的频次特别高，据杨伯峻先生统计，《论语》中"道"出现了60次，据郝大维、安乐哲统计，《论语》中"道"出现了约100次。笔者认为，杨伯峻统计的比较符合实际。《论语》中的"道"除了作本义道路外，还有多种含义。其中有作动词的，有的为"治理"义，如"道千乘之国"（《论语·学而》），有的为"做""说""引导"等意，如"君子道者三"（《论语·宪问》）、"夫子自道也"（《论语·宪问》）、"道之以政"（《论语·为政》）；有作名词的，有时指"技艺"，如"虽小道，必有可观者焉"（《论语·子张》）。有时指"道德"或"学说"，如"本立而道生"（《论语·学而》），"不以其道得之，不处也"（《论语·里仁》）。在这层意义上，"道"已经开始具备终极信仰价值。朱熹在《论语集注》中说："道者，本事物当然之理。苟得闻之，则生顺死安，无复遗恨矣。"关乎生死的"道"才具有终极性的价值意义，唯具有终极性意义才能具有信仰的意义。这里孔子的"道"是"天人合一"之道。

子贡曾感叹说："夫子之文章，可得而闻也；夫子之言性与天道，不可得

而闻也。"（《论语·公冶长》）有人据此认为孔子不谈天道。这种认识，既不符合先秦思想发展的实际，也是对这句话的偏颇理解。我们应当知道，孔子的天道观是对西周天命思想的传承。钱穆先生在《论语新解》中指出："天道犹云天行，孔子有时称之曰命，孔子屡言知天知命，然不深言天与命之相系相合。子贡之叹，乃叹其精义之不可得闻。"[1]钱穆先生的解释是符合实际的。回到《论语》本身，我们也可以找到孔子表达的对"天命"的基本态度是："君子有三畏：畏天命，畏大人，畏圣人之言。"（《论语·季氏》）在许多情况下，孔子是将"天"作为自己的精神支柱的。

孔子的天道观不仅继承了西周的天命思想，更是对其的创新与超越，即由对"天道"的关注开始转向对"人道"的关注，表现出人们认为天命可以被认识和把握的思想。"天命"或"天道"，在孔子的信仰世界里，已经开始被作为一种客观存在，被看作人生应该积极适应和依循的原则。"人道"如何实现呢？那就是行"仁"。"人道"即"仁道"，"仁者，人也"，人之所以为人的本质既然被定义为一种人格修养，那么在社会生活中，人就需要将自己的修养展示给他人。这样，"仁"的含义就被指向了人我关系。"樊迟问仁。子曰：'爱人。'"（《论语·颜渊》）这是孔子的"仁"最基本的含义。而对于如何做到"爱人"，孔子又指出"孝悌"是"仁"的基础和出发点。这样，"人道"信仰就有了坚实的基础。"本立而道生"，只是指出了"人道"的逻辑起点，这里的"道"是通向"天道"的，是"天人合一"之"道"。如何实现"道"呢？孔子认为："人能弘道，非道弘人。"（《论语·卫灵公》）在孔子看来，人是具有主动性、主导性的，具有道德理性的自觉，可以实现自我君子人格的培养、自我精神世界的提升。

2. 传统中国人对"道"观念之继承

"道"的信仰不断影响着历代士人。也正是这种"道"的信仰，使得儒家"道统"意识源远流长。唐代韩愈在《原道》篇中提出："夫所谓先王之教者，

---

[1] 钱穆著：《论语新解》，生活·读书·新知三联书店2002年版，第122页。

何也？博爱之谓仁；行而宜之之谓义；由是而之焉之谓道；足乎己，无待于外之谓德。"并指出儒家所传承之道"尧以是传之舜，舜以是传之禹，禹以是传之汤，汤以是传之文、武、周公，文、武、周公传之孔子，孔子传之孟轲。轲之死，不得其传焉"。韩愈所言之道，概括起来说，实际上就是作为儒家思想核心的"仁义道德"。后来的宋代大儒程颐、程颢、朱熹都在韩愈的基础上阐释、发展了儒家道统说。诸儒虽然对儒家道统的传承排序存在着不同的看法，但都强调对"道"的继承与发展。这在曲阜历代石刻文献中也有着广泛的记载，为儒学研究者普遍认同。

道统意识的起源至少可以上溯至汉代。《史晨碑》载："昔在仲尼，汁光之精，大帝所挺，颜母毓灵。"这里将孔子说成古代传说中天上五帝之一黑帝汁光纪所生，宣称孔子是天生的"大圣"，以证明其所说皆为"先验"。汉代帝王接受孔子为汉立法的角色定位，是为了最大限度地发掘儒家道统的价值。早期的道统是靠血统传承的。《汉书·孔光传》记载，在西汉元帝时，孔子十三代孙孔霸赐爵关内侯，号褒成君，以所食邑八百户祀孔子。元始元年（1年），汉平帝封孔均为褒成侯[①]，魏晋时期的《黄初年间鲁孔子庙之碑》碑文也记载了魏文帝册封议郎孔羡为鲁县百户宗圣侯一事。

元代人对道的继承表现出浓厚的兴趣。《大德十一年加封孔子制诏碑》碑文载："盖闻先孔子而圣者，非孔子无以明；后孔子而圣者，非孔子无以法。所谓祖述尧舜，宪章文武，仪范百王，师表万世者也。朕缵承丕绪，敬仰休风，循治古之良规，举追封之盛典，加号大成至圣文宣王。""祖述尧舜，宪章文武"出自《礼记·中庸》。不仅如此，《至大元年懿旨释典祝文碑》[②]记载了在"明君重道，高迈百王"的背景下，大长公主懿旨择日致祭孔庙，相关人员依据此懿旨，于至大元年（1308年）九月在孔庙立《至大元年懿旨释典祝文碑》之事。元代在对颜子及其父母进行追封时，也主要突出他们对孔子之

---

① 《永兴元年乙瑛置守庙百石卒史碑》《建宁二年史晨前后碑》中均有对"褒成侯"的记载。

② 此碑立于元武宗至大元年（1308年）九月，位于孔庙十三碑亭西起第4亭内，面东。

学的传承之功。《元统二年加封颜子父母制词碑》碑文载："朕惟孔子之道大矣。学之以复，诸圣传之，而得其宗者，其惟颜氏乎。"这与孔子的"道"信仰，特别是唐宋以来流行的儒家道统说相一致。孔门后儒对孔子之道有传承之功，颜回为其正宗。

明代对孔子之道的推崇进一步发展。《朱元璋与孔克坚、孔希学对话碑》记载了朱元璋与孔克坚的对话："上曰：年代虽远，而人尊敬如一日者何也？为尔祖明纲（常）、兴礼乐、正彝伦，所（以）为帝者师，为常人教，传至万世，其道不可废也。"朱元璋之所以尊孔，就是因为"其道不可废也"。

《成化四年御制重修孔子庙碑》碑文记载："朕惟孔子之道，天下一日不可无焉。何也？有孔子之道，则纲常正而伦理明，万物各得其所矣。不然，则异端横起，邪说纷作，纲常何自而正？伦理何自而明？天下万物又岂能各得其所哉？是以生民之休戚系焉，国家之治乱关焉，有天下者诚不可一日无孔子之道也。""呜呼！孔子之道之在天下，如布帛菽粟，民生日用不可暂缺。其深仁厚泽，所以流被于天下后世者，信无穷也。"此碑高度赞扬了孔子之道，认为治理天下一日也离不开孔子之道，因为它与"生民之休戚系焉，国家之治乱关焉"，它能使"纲常正而伦理明，万物各得其所矣"。它还关系到普通百姓的生活，关乎民生日用，即"孔子之道之在天下，如布帛菽粟，民生日用不可暂缺"。它是"尧、舜、禹、汤、文、武之道，载于六经者是已"，经孔子"从而明之，以诏后世耳"，是对先哲思想的继承和发扬。在道统的源流上，《弘治元年大明重修宣圣庙记》记载："伏羲、神农、黄帝、尧、舜、禹、汤、文、武倡明斯道于前，孔子申明斯道于后。倡明之功大矣，申明之功抑岂小哉。"

清朝皇帝努力实现"道统""政统"合一。《康熙二十五年阙里至圣先师孔子庙碑》记载康熙皇帝于康熙二十三年（1684年）谒孔之事。碑文记道：

> 朕惟道原于天，弘之者圣。自庖牺氏观图画象，阐乾坤之秘，尧舜理析危微，厥中允执，禹亲受其传，汤与文武周公递承其统，靡不奉若天道，建极绥猷，夐乎尚矣。孔子生周之季，韦布以老，非若伏羲、尧、舜之圣焉而帝，禹、汤、文、武之圣焉而王，周公之圣焉而相也，岿然以师

道作则，与及门贤哲，绍明绝业，教思所及，陶成万世，是伏羲、尧、舜、禹、汤、文、武、周公之统，惟孔子继续光大之矣。……朕忝作君，启牖下民。深惟夫子师道所建，百王治理备焉。舍是而图，郅隆曷所依据哉。

因勒文于石，彰朕尊崇圣教，以承天治民之意……

康熙皇帝祭孔时行三跪九叩之礼，这是前所未有的。他通过祭孔过程中一系列仪式、祭辞的编排，形成对道统传承的一种论述。通过祭孔，使清初"政统"连接上文化"道统"，这样，帝王便成为"道统"的"继承人"。康熙皇帝从小熟读经典，研经究史，以弘扬道统、治统为己任。在《康熙三十二年御制重修阙里孔子庙碑》碑文中，康熙皇帝也再次表露其心迹："朕惟大道昭垂，尧舜启中天之盛，禹汤文武绍危精一之传。治功以成，道法斯着。至孔子虽不得位，而赞修删定、阐精义于六经。祖述宪章、会众理于一贯。为往圣继绝学，为万世正人心，使尧舜禹汤文武之道灿然丕着于宇宙，与天地无终极焉。诚哉先贤所称自生民以来，未有盛于孔子者也。"康熙皇帝希望作君作师为一体，最终实现政道合一，维护清王朝的统治。

以孔子为原点，我们向前可以回望尧、舜、禹、汤、文、武、周公，向后可以发现孟子、董仲舒、朱熹、王阳明等先贤。这个从历史走来，又走向未来之"道"，在超越中保持着不变的特色。

二、"德"：传统中国人核心信仰之本质

1. 孔子"德"的信仰

"德"是中华民族一以贯之的精神追求。对"德"的信仰在我国历史悠久。有学者认为"德"字在商代就已经出现，徐中舒主编的《甲骨文字典》、中国社会科学院考古研究所编的《甲骨文编》中都收录了"德"字。当然，那时的"德"观念尚未形成。到了周武王克商以后，周人深感"天命无常"，开始提出"德"的思想。《研究性学习丛书·中国思想发展史》第一卷中指出："实在说来，殷人并没有表示权利义务的道德之创设，周代道德观念才从其制度

中反映出来。"①郭沫若在《先秦天道观之进展》一文中也说："卜辞和殷人的彝铭中没有德字，而在周代彝铭中才明白有德字出现。"②周代的"德"开始有初步的伦理学和道德哲学内涵。春秋战国时期，儒家更多强调以德修身，也就是将德的内涵向道德修养方面进一步发展。《论语》中"德"字出现了38次，而且，孔子第一个比较系统地论述了德与人自身修养的关系。

《论语》中涉及"德"的主要有："主忠信，徙义，崇德也"（《论语·颜渊》）；"道之以德，齐之以礼，有耻且格"（《论语·为政》）；"中庸之为德也，其至矣乎"（《论语·雍也》）；"志于道，据于德，依于仁，游于艺"（《论语·述而》）。这四个"德"的含义都是以"行"为基础的，并与之有一定的内在逻辑关系。

"主忠信，徙义"是对个人行为的要求。"德"是指一种合乎规范的行为，管理者以自身合乎规范的行为引导人民，就是"道之以德，齐之以礼"，就是由个人之"德"扩大到政治之"德"。中庸是对"德"的抽象概括。其含义是指行为上执两用中，避免过与不及。"道"在终极意义上是一种世界观，涵盖了从个人到社会的真理性认识，具有本体的性质。"德"通过"中庸"，与"道"，尤其是"人道"，紧密地联系起来，摆脱了西周以来的以"德"配天的限制，摆脱了非理性概念的"天"的束缚，儒家学者因此开始在理性意义上进行新的思考，在思维、信仰深处，考虑人类最基本的行为规范、政治的最基本原则。这就是孔子"德"信仰的本质所在。

2. 历代士人对孔子"德"信仰的发展

曾子说："慎终，追远，民德归厚矣。"（《论语·学而》）他已经充分认识到通过祭祀提升人民道德水平的重要意义。孟子继承了孔子"为政以德"的思想，提出了王道主义。到了汉代，"五常"逐渐成为人们普遍认同的观念。

---

① 肖阳主编：《研究性学习丛书·中国思想发展史》（第一卷），远方出版社2004年版，第61页。

② 郭沫若：《青铜时代·先秦天道观之进展》，见郭沫若著作编辑出版委员会编《郭沫若全集》（历史编第一卷），人民出版社1982年版，第336页。

宋代理学家进一步从认识论上区分了"德性之知"与"见闻之知"，儒家的德论有了新突破。明末清初的王夫之将"德"与"道"作为一对认识论概念进行阐述，把德论思想推向了一个新的理论高峰。总之，"德"作为中国古代道德哲学的一个重要范畴，成为中华民族的精神标识。

在曲阜碑刻文献中也可以看出，"德"的信仰贯穿于历代中国士人的精神世界中。首先是对孔子德信仰的崇拜。汉代《史晨前碑》认为孔子功德仅次于古今圣王，称其"德亚皇代"。魏晋时期的《黄初年间鲁孔子庙之碑》载："斯岂（所）谓崇（化）报功、盛德（百）（世）必祀者哉！"唐代的《乾封元年大唐赠泰师鲁先圣孔宣尼碑》载："信立德立言，泰上谓之不朽。""叹重泉之可作，闻盛德而必祀。""德配乾坤，业晖辰象。"明代的《洪武六年张缙谒庙记碣》① 载："历（代）（罔）不钦崇，所（谓）盛德（百）（世）必祀者，其在兹乎。""盛德（百）（世）必祀"，人们祭祀孔子的主要缘由就是孔子的"盛德"。

不仅如此，明清时期人们还将"道""德"联系或并用。如，明代朱元璋在接见孔克坚时说："童子之言，尔祖尚记之不忘，况道德之奥者乎？今尔（为袭封），（爵）至上公，不为不荣矣，此非尔祖之遗荫欤！朕以尔孔子之裔，不欲于流内（铨注），（以）政事烦尔，正为保全尔也。"② 《洪武十六年樊成佑谒林庙碣》③ 载："敬仰道德，高明如天，博厚如地，仪范古今，存神过化，俾历世而尊崇。呜呼，至德大矣哉！予读圣人书，口获游于圣人门，畴昔之志足矣。"《洪武十七年刘修谒林庙诗碣》④ 载："道德尊前圣，文章发后贤。"清代的《康熙三十二年御制重修阙里孔子庙碑》⑤ 载："道备中和，德参

---

① 此石碣现嵌于孔庙西斋宿南墙，为东起第 19 石。

② 见《朱元璋与孔克坚、孔希学对话碑》，此碑位于孔府二门内侧东面，南首。

③ 此石碣立于明太祖洪武十六年（1383 年）仲春，现嵌于孔庙西斋宿北墙，为西起第 25 石。

④ 该石碣现嵌于孔庙西斋宿南墙，为东起第 2 石。

⑤ 此碑立于清圣祖康熙三十二年（1693 年），位于孔庙十三碑亭北面西起第 2 亭内。

天地。"《嘉庆六年葺修大成殿记碑》^①载："德为民（彝），道实公器。""德"作为实践性信仰已经成为将"天道""人道"联系起来的重要环节，这既说明了历代士人对孔子德性的推崇，也说明了"德"在传统中国人心中的地位之重要。

既然"德"信仰具有实践性、可操作性，那么如何进行德性教育呢？《大德三年阙里庙之学记碑》^②载："（古）（人）有（言）：'在（早）（谕）（教）。'又曰：'（少）（成）（若）（天）（性），习贯如自然。'""是故能言能食，即示以礼。盖（幼）（穉）之时，其心未放，则教易入，筋骸易束，德性易（养）也。""夫子（教）（伯）（鱼）以学《诗》学《礼》，欲其事理通达而心气和平，品节详明而德性坚定。""《小学》之教，（节）目纤悉。"这里的"（少）（成）（若）（天）（性），习贯如自然"，指出幼年时期是开展德性教育的最佳时期，因为"（幼）（穉）之时，其心未放，则教易入，筋骸易束，德性易（养）也"。

也只有把"德"信仰体现在实践上，我们才可以理解为什么颜渊在孔门弟子中占有重要地位，也才可以了解颜庙碑刻中对颜渊的颂扬之语并不是传统中国人的溢美之词，而是发自肺腑的赞许。如，《元统二年加封颜子父母制词碑》载："曲阜侯颜路，鲁之君子，孔门高弟，忘其贫约，依归圣人。其日用常行之间，道德之言，仁义之行，耳濡目染，心感神会，固以熏陶而成其德矣。况有亚圣之嗣，同师圣门，箪瓢陋巷，不改其乐，用行舍藏，庶几于道，七十子之中，夫子独称其贤。"

以"德"为标准的历代士人也同样被人们所铭记。孔子后裔中多有因其德性功业而被碑文所载的。如，《汉泰山都尉孔君之碑》^③载："德音孔昭。""德音孔昭"一语源自《诗经·小雅·鹿鸣》。郑玄笺："孔，甚；昭，

---

① 此碑立于清仁宗嘉庆六年（1801年）六月，位于曲阜孔庙十三碑亭南面东起第4亭内。

② 此碑立于元成宗大德三年（1299年）八月，现位于孔府二门里东侧，面北。

③ 又称《泰山都尉孔宙碑》，简称《孔宙碑》。此碑立于东汉桓帝延熹七年（164年），原为孔林孔宙墓前的墓碑，乾隆年间被移至孔庙保护，现位于曲阜汉魏碑刻陈列馆北屋，为西起第14石。

明也。"碑文中还载有"于显我君，懿德惟光"。"懿德惟光"就是以美德为荣。《建宁四年博陵太守孔彪碑》①是博陵士人为纪念孔子19代孙孔彪之德政所立的。

其他以儒家文化为标准的官吏也因"德政"被人立碑称颂。如，《魏鲁郡太守张府君清颂之碑》载："以延（昌）中出身，除奉朝请，优游文省，（朋）侪慕其雅尚。朝廷以君荫（望）如此，德□宣（畅），……（且）易（俗）之□，（黄）（侯）（不）（足）比（功）；（宵）鱼之感，宓子宁独（称）德。"此碑是鲁郡民众为太守张猛龙所立的颂德碑，碑文之末及碑阴刻有郡之属史、鲁郡士望等题名，总计160余人，可见张猛龙声名与威望之高。又如《大历八年文宣王庙门记》曰："刺史孟公休鉴，德润尊师，道肥希圣。"《神龟二年魏兖州贾使君之碑》②是为记述贾思伯在兖州刺史任内的政绩而立的碑。

今天的中国是古代中国的继续和发展，古人对"德"的认知，深刻影响着当代中国人的价值观念。

三、"道德"：传统中国人的信仰实践

道与德作为孔子信仰的重要范畴，两者也具有很多的"亲缘关系"。在字形的起源与发展上，也有着相类似的内涵。甲骨文"德"字为筑路时"以目视绳取直"③之意。后逐渐延伸为"心"直为"德"。"德"后来又慢慢成为人的行为规范的标准。这一历史过程与"道"的本义和引申义均有类似之处。而且，"德"字的来源，具有与"道"相类似的两个途径：一是天或上帝；二

---

① 此碑原位于孔庙同文门下，现存于曲阜汉魏碑刻陈列馆北屋，为西起第17石。

② 此碑立于北魏神龟二年（519年）。碑首为圆形，额饰浮雕龙纹，刻"魏兖州贾使君之碑"，碑阴上段有《题贾使君碑阴》，下段有《重题贾使君碑阴》。该碑原立于兖州府学，后数度湮没。北宋绍圣三年（1096年）、元至正十二年（1352年），两次被重新发现并复立。清康熙年间，兖州知府金一凤将此碑由露天移入室内。此碑1951年春被移至曲阜孔庙同文门下，1978年被移往东庑，1998年被移入曲阜汉魏碑刻陈列馆，为西起第25石。

③ 程邦雄、谭飞：《"德"字形义溯源》，载《殷都学刊》2010年第1期。

是祖先（即故去的人）。[1] 郭沂也认为，早期儒家思想中，不加定语的"道"，所指与"德"略同，皆道德之总称。如果说有区别的话，那就是前者重过程，后者重德目。[2]

孔子究竟是如何践行"道德"信仰的呢？青少年时期的孔子可谓历尽人间艰辛。孔子三岁丧父，十七岁丧母，但他"十有五而志于学"，肯定对自己的人生进行了深入思考。从此以后，"吾道一以贯之"。因此，无论是学习、教学，还是入仕、周游列国、晚年删述"六经"，"道"与"德"的信仰始终占据孔子信仰的核心地位。尤其是在面对艰难困苦的境地时，孔子更需要从"道德"信仰中寻求实践精神。《史记·孔子世家》记载：

> 孔子知弟子有愠心，乃召子路而问曰："《诗》云'匪兕匪虎，率彼旷野'。吾道非耶？吾何为于此？"子路曰："意者吾未仁邪？人之不我信也。意者吾未知邪？人之不我行也。"孔子曰："有是乎！由，譬使仁者而必信，安有伯夷、叔齐？使知者而必行，安有王子比干？"

> 子路出，子贡入见。孔子曰："赐，《诗》云'匪兕匪虎，率彼旷野'。吾道非邪？吾何为于此？"子贡曰："夫子之道至大也，故天下莫能容夫子。夫子盖少贬焉？"孔子曰："赐，良农能稼而不能为穑，良工能巧而不能为顺。君子能修其道，纲而纪之，统而理之，而不能为容。今尔不修尔道而求为容。赐，而志不远矣！"

> 子贡出，颜回入见。孔子曰："回，《诗》云'匪兕匪虎，率彼旷野'。吾道非邪？吾何为于此？"颜回曰："夫子之道至大，故天下莫能容。虽然，夫子推而行之，不容何病，不容然后见君子！夫道之不修也，是吾丑也。夫道既已大修而不用，是有国者之丑也。不容何病，不容然后见君子！"孔子欣然而笑曰："有是哉颜氏之子！使尔多财，吾为尔宰。"

笔者之所以长篇引述此文，是为了展示孔子在"仁"不能实现之时，如何

① 罗新慧：《"帅型祖考"和"内得于己"：周代"德"观念的演化》，载《历史研究》2016年第3期。
② 郭沂编撰：《子曰全集》，中华书局2017年版，第3页。

安顿自身精神世界。显然，从孔子与子路的对话中可以看出，孔子已承认施行仁不一定会有回报。而在与子贡的对话中，孔子提出如果"仁"无法实现，可继续求"道"。在与颜回的对话中，孔子显然强化了信仰的自我认同，化解了其精神世界的紧张感，指出在外在的实践理想不能实现时，谁也无法阻挡内在道德实践之路。这也成为后世儒家"内圣"而"外王"的逻辑起点。

总之，孔子的道德观念实现了从"天道"向"人道"的转向和超越，关注现实社会，以仁道为核心，以中庸为原则，构建了完整的信仰体系，深深扎根于历代中国人的精神世界中。在经济高速发展的今天，我们尤其需要重新审视"道德"信仰的当代价值，让孔子的"道德"信仰适应当下的社会生活现实，让孔子的"道德"信仰实现创造性转化、创新性发展，以应对当今世界面临的种种道德危机。

儒家慈善思想对中国近代红十字精神的影响

1904年，红十字运动出现在中国，弘扬"人道、博爱、奉献"的红十字精神随之传入中国，与中华民族优秀传统文化相融合。

一、儒家慈善思想的发展

1. 孔子和孟子的慈善思想

春秋末期，战乱频仍，民不聊生，礼崩乐坏，孔子注重伦理道德教育，提倡仁义礼、君君臣臣、父父子子，力图以此求得社会的稳定与和谐。孔子主张爱惜民力，使民以时，节约社会财富，轻徭薄赋，施行仁政和贤人政治，以治国安民。

孔子的慈善思想以"仁"为核心。在现实生活中如何才能做到仁呢？孔子认为：第一，孝悌是仁的根本，也是做人的根本。"君子务本，本立而道生。孝弟也者，其为仁之本与！"（《论语·学而》）第二，将心比心、推己及人是施行仁的方法。"子贡曰：'如有博施于民而能济众，何如？可谓仁乎？'子曰：'何事于仁！必也圣乎！尧舜其犹病诸！夫仁者，已欲立而立人，已欲达而达人。能近取譬，可谓仁之方也已。'"（《论语·雍也》）第三，施行仁要惠而不费、劳而不怨。"子张曰：'何谓五美？'子曰：'君子惠而不费，劳而不怨，欲而不贪，泰而不骄，威而不猛。'"（《论语·尧曰》）第四，施行仁要看社会效果。例如，子贡在经商途中，看到在他国沦为奴仆的鲁国人，就自愿掏钱把他们赎回来。按照当时鲁国的规定，凡从他国赎回鲁国奴仆的人，可以从国库中报销赎金。但子贡认为自己是心甘情愿做善事，执意不取赎金。孔子知道后说："因为有子贡这样的先例，以后赎回奴仆的人也不好意思到国库领取赎金。照这样下去，恐怕愿意赎回鲁国人的人就少了。"孔子另一个弟子子路，有一次救了一个落水的人。被救者家人送给子路一头牛作为回报，子路高兴地接受了。孔子知道后说："以后再有溺水者，人们一定会去救他的。"

孟子继承了孔子的仁爱思想，进一步发展成为仁政学说。孟子主张亲民，"与百姓同之"，"与民同乐"（《孟子·梁惠王下》），要求统治者把自己的爱心推而广之，来施行一种爱民之政。孟子还要求统治者尊重人权。孟子提出："民为贵，社稷次之，君为轻。"（《孟子·尽心下》）突出了民为邦本的思想。孟子还提出："老吾老，以及人之老；幼吾幼，以及人之幼。"（《孟子·梁惠王上》）认为人要有推己及人之心。

在上述论述的基础上，孟子提出人心向善的"四端"说。他说："无恻隐之心，非人也；无羞恶之心，非人也；无辞让之心，非人也；无是非之心，非人也。恻隐之心，仁之端也。羞恶之心，义之端也。辞让之心，礼之端也。是非之心，智之端也。人之有是四端也，犹其有四体也。"（《孟子·公孙丑上》）"恻隐之心，人皆有之。羞恶之心，人皆有之。恭敬之心，人皆有之。是非之心，人皆有之。恻隐之心，仁也。羞恶之心，义也。恭敬之心，礼也。是非之心，智也。仁义礼智，非由外铄我也，我固有之也，弗思耳矣。"（《孟子·告子上》）人心本善、人心向善，这是孟子慈善思想的基础。

2. 儒家慈善思想的演变

西汉初年，以贾谊为代表的儒家学者把统治阶级的利益同民众的利益联系起来考虑，提出了"民是君主统治的基础"的观点。贾谊在《新书·大政》篇中提出："闻之于政也，民无不为本也。国以为本，君以为本，吏以为本。故国以民为安危，君以民为威侮，吏以民为贵贱。此之谓民无不为本也。"意思是国家和君主只有依靠民才能存在和发展。"民无不为命也。国以为命，君以为命，吏以为命"，"民无不为功也"，"民无不为力也"，"国以民为兴坏"，贾谊认为，丧失了民，国家就要灭亡。他在论述统治者的博爱之道时说："仁行而义立，德博而化富。"为了国家的长治久安，统治者必须爱民、利民、富民。

汉武帝时期的董仲舒认为，天生万民并不是为了人君一人，"天立王以为民也"（《春秋繁露·尧舜不擅移、汤武不专杀》）。人君要有爱民之心，"《春秋》为仁义法。仁之法在爱人，不在爱我"（《春秋繁露·仁义法》）。"仁者，爱人之名也。"（《春秋繁露·仁义法》）而爱民就不能"苦民""伤民""杀民"。民是君的统治对象和财利之源，百姓生活相对稳定与政治的稳定密切相关。统治者应"薄赋敛，省徭役，以宽民力"（《汉书·志第四上·食货志上》），使"民财内足以养老尽孝，外足以事上共税，下足以畜妻子极爱"（《汉书·志第四上·食货志上》）。董仲舒反复借助于天的权威劝君主实施德政："天常以爱利为意，以养长为事……王者亦常以爱利天下为意，以安乐一世为事。"（《春秋繁露·王道通三》）在"保息养民"思想的指导下，汉代针对孤寡老弱病残和贫困不能自存者，采取了赈济、养恤、安辑、调粟、放贷和节约等慈善救助方式。

唐朝时期经济繁荣，政治稳定，儒家慈善事业得到了很大的发展。唐代的慈善事业以政府为主体，主要通过均田制来保障农民基本的生产资料，建立常平仓、义仓，对灾民进行基本的生活保障，同时还通过对老年人免除徭役、版授高年的方式以及官员致仕制度，使得在以家庭养老为主要方式的中国古代社会中，老人有一个相对幸福的晚年。在法律制度方面，对妇幼有特殊的规定，以保证这些弱势群体的利益。此外，非政府的民间性的慈善组织，包括宗教组织以及宗族宗党内部和部分富人的慈善救助也得以发展，构成了相对完善的慈善体系。当时施行慈善的主要形式有均田制、对于老人和妇幼的保养制度、仓廪制度、组建民间非政府性的慈善组织。

宋代程朱理学兴起，儒家慈善思想贯彻到政府政策诏令中。政府重视风俗教化的功能，慈善事业发展趋于成熟，官方慈善事业比较发达。宋代设置了福田院、居养院、安济坊、漏泽园和慈幼局等慈善机构。其规模之大、设施之全、内容之广，在中国古代无能出其右者。两宋时期慈善事业发达的另一标志就是许多封建官绅出私资，购置田产，设义庄，赈济和安抚贫穷不能自给的族人。义庄主要是适当供给一些日常生活及婚丧喜庆所需之物，还设置义学、义塾资助本族家境贫寒的子弟入塾习业，对学习优秀和获得功名者给予奖励。苏州范氏义庄设立较早，它由北宋著名的政治家、文学家范仲淹创设，是当时义庄的典范。

明清时期不但恢复了前朝的一些慈善机构，而且创设了一些新的慈善机构，如养济院、惠民药局、栖流所等。除此之外，还建立了报灾救灾的社会机制。救灾赈济机制在沿袭旧制的基础上，又有了进一步的完善，形成了一整套详备、严密的救灾济民制度。建立了由县州到府、府到省，自下而上的报灾机制。明清时期，地方士绅和商贾逐渐成为大灾期间赈济灾民和灾后重建的重要力量。清代捐输赈济的绅商几乎遍及全国各地，而且认捐数额比较大。如扬州盐商汪应庚，清雍正九年（1731年）起，海啸成灾，州民流离失所，他慷慨解囊，出银五万，运米数万石救灾，设药局治病除疫，共救治九万余人，被乡人赞誉"富而好礼，笃于宗亲"。明朝中叶以后，民间慈善事业迅速崛起，至清代呈现出更加兴盛的局面，民间慈善团体和机构主要有普济堂、育婴堂及各种会馆、义庄及善堂善会等。

二、红十字精神与儒家慈善思想之异同

1. 人道主义与"以人为本"

人道主义，是红十字精神的主体意识，也就是尊重人和爱护人，弘扬人的生命存在的意义。这种红十字精神的主体意识，与儒家所追求的"以人为本"的理念是相通的。《论语·乡党》记载："厩焚。子退朝，曰：'伤人乎？'不问马。"孔子问人不问马，在今天看来是很正常的事，但在春秋时代，则是极其可贵的"以人为本"意识的体现。孔子还强调："己欲立而立人，己欲达而达人。"（《论语·雍也》）总之，儒家在论及人与人之间的关系时，希望能够"推己及人"，发扬"人道"精神。可见，儒家对人的价值是肯定的，对人的尊严是赞美的，这与红十字精神中的人道主义精神的内涵是相通的。

当然，儒家的人本思想不完全等同于近代的人道主义思想，但是它的人本观念是通过对人性的肯定来论证人格尊严的。故此人性与人权、人本与人道具有相通性，人本思想也成为我国人道主义思想的基础。

2. 博爱精神与"仁爱"观念

博爱就是用一颗充满爱的心去关心身边的人和事物，就是选择把自己的整颗心，用于对生活的热爱和对世界的感恩。这与儒家的"仁爱"观念也是十分契合的。

什么是"仁"呢？孔子从不同的角度对"仁"作了全面阐释。主要有如下几方面的内涵："爱人""克己复礼为仁""己所不欲，勿施于人""己欲立而立人，己欲达而达人""仁者必有勇""刚、毅、木、讷近仁"等。不难看出，"仁"最核心的就是"爱人"。也就是说，"仁"是爱同类的一种感情，是发自内心的一种德性。

怎样才能算得上"爱人"呢？孔子的"仁爱"思想是从家庭血缘亲情中逐渐引申出来的，即："君子务本，本立而道生。孝弟也者，其为仁之本与！"（《论语·学而》）在孔子看来："弟子，入则孝，出则悌，谨而信，泛爱众，而亲仁。"（《论语·学而》）年纪幼小的人在父母面前要孝顺父母，离开了自己

礼学、礼制、礼俗

的家后就要学会敬爱自己的兄长，寡言少语则诚实可靠，要博爱大众，亲近有仁德的人。"仁"对人们最基本的要求就是要做到"孝悌"。一个人只有在先爱自己的亲人之后才能向外扩展从而爱其他人。

也就是，儒家的"仁爱"是一种"爱有差别"之"博爱"观念，与"爱无等差"的"博爱"观有一定区别。但从根本上讲，爱的道理都是一样的。不论你是在助人为乐，还是在孝敬自己的父母，所表现出来的爱在性质上都是相同的。

3. 奉献精神与儒家责任意识

红十字精神中的奉献精神是一种真诚地、自愿地对他人、对社会、对国家的责任意识，体现着一种高尚的思想道德境界。"士而怀居，不足以为士矣。"（《论语·宪问》）。儒家认为，有志之士应当有无穷责任、无穷事业，应当走向社会，服务于社会。否则，贪图安逸，饱食终日，无所用心，就是"士"的耻辱，就不配当一个有志之士。

在儒家文化里，"奉献"更多地表现为一种内省的精神，为了道德理想可以献出一切。孔子说："志士仁人，无求生以害仁，有杀身以成仁。"（《论语·卫灵公》）孟子说："生，亦我所欲也。义，亦我所欲也。二者不可得兼，舍生而取义者也。"（《孟子·告子上》）

三、中国红十字运动发展进程中所受儒家慈善思想之影响

中国红十字会成立初期，许多人为了宣传红十字精神，以儒家慈善思想为切入点。沈敦和认为："夫仁爱者，即人道主义之大纲也。"[1]朱瑞五致力于从中国传统文化中挖掘人道主义的渊源。他说："人道名词，我国产生最早，义经四子等书，见诸记载。虽其主义不同，而隐与之吻合者亦多。所发明如子舆氏之论人者仁也，训人为仁，谓人道即仁道，实含有近世人道主义。"[2]在他看来，人道主义一为平等主义；二为博爱主义，"人之所以异于

---

① 沈敦和：《〈人道指南〉发刊词》，载《人道指南》1913年第1号。

② 朱瑞五：《人道说》，载《中国红十字会杂志》1914年第2号。

禽兽者，以能爱群故也。孔氏言博施，佛氏言慈悲，耶氏言兼爱，乃知提倡爱群以发挥人道者，早见诸二千年以前。迩来各民国谓之共和，文明人竞言同胞。玩其意，即博爱之代名词也"①；三为大同主义。

1931年《中国红十字会月刊》发刊词开宗明义："红十字会之在世界，无种族阶级之分，无国际界限之别，本平等自由之精神，践互助博爱之正义。其在中国历史文化上之地位，养老育婴等等，即儒家所谓老吾老以及人之老，幼吾幼以及人之幼，上老老而民兴孝……出入相友、守望相助、疾病相扶持也。"虞修道认为："红十字会之创始也，本天地好生之德，孔孟忠孝仁爱之心……综其精妙而成，并无宗教性质，亦无疆域之分。"②江晦鸣指出红十字"崇高的博爱行动，实渊源于中国孔子的大同思想，也就是礼运篇的'货恶其弃于地也，不必藏于己，力恶其不出于身也，不必为己'的两句话，启发了人类的服务心与创造欲，指示了人类只有根本铲除人类间的仇惧心理，而增加仁爱信义的因素，才能消弭人类战争，保护世界和平"③。

抗战时期，以红十字精神与儒家文化相类比的说法依然层出不穷。1943年，胡兰生在《天下一家》一文中指出："儒恻隐，佛慈悲，肉白骨，拯疮痍，民胞物与，饥溺为怀，乃中国最优秀之传统精神，历乎千百年而不衰……红十字会之工作，博施泛爱，仁之至也。救死扶伤，义之至也。亘孔子之大同思想，以至国父阐扬天下为公之主张，精神一贯，所赖红十字以扬旌旗者，最足以具体表现之。"④徐堪指出："红十字会之组织，虽发端于泰西，其所揭橥博爱恤兵之宗旨，固深合于我民族之仁爱精神。"⑤詹尊泮也表示："红十字会的工作完全是一种'利他'的事业，他的出发点是基于'仁爱'。"⑥

---

① 朱瑞五：《人道说》，载《中国红十字会杂志》1914年第2号。

② 虞修道：《红十字会问答概要》，载《中国红十字会月刊》1937年第19期。

③ 江晦鸣：《红十字会的使命》，载《会务通讯》1944年第24期。

④ 胡兰生：《天下一家》，载《会务通讯》1943年第21、22期合刊。

⑤ 徐堪：《博爱与互助》，载《会务通讯》1943年第23期。

⑥ 詹尊泮：《红十字会工作的展望》，载《会务通讯》1944年第30期。

蒋梦麟在对红十字会的训词中指出："红十字会之最初出发点为博爱恤兵。所当恤者，无论刀兵水火及一切灾难，皆同饥溺，以不忍人之心，行不忍人之政，故其工作之整□，乃根源于仁爱。今其趋向，虽转入社会安全之一途，要亦出之于仁爱之本也。"[1] 陈蕙君也认为，战后"中国红十字会，一本'仁爱'宗旨，从事'社会服务'工作"[2]。金宝善在劝告国人捐助红会时明确指出："中国自古即重救恤之事，礼运讲述大同，矜寡孤独废疾者皆有所养，乃'博爱'之义；洪范标举师政，除残禁暴，乃'恤兵'之义。此二者，即红十字会工作之主要目标也。"[3] 1947 年，饶平县分会会长吴善初在告饶平各界书中申言："红十字会的服务社会，博爱人群，亦就是像那大禹的闻善言则拜，像那大舜的善与人同，乐取于人以为善一样了。所以中国各处遍设红十字分会，都是要人共同起来为善，劝人捐款帮助，都是乐取于人以为善的。"[4]

综上可知，红十字精神在中国传播的一个显著特征，即与传统儒家慈善思想相融合，在与之共存共融中获得更为深入的发展。

---

① 蒋梦麟：《中国红十字会之新生：以比较求进步，以工作争同情》，载《红十字月刊》1946 年第 3、4 期合刊。

② 陈蕙君：《红十字会的社会服务》，载《红十字月刊》1946 年第 9 期。

③ 金宝善：《慷慨解囊捐助红会》，载《红十字月刊》1947 年第 20 期。

④ 吴善初：《为善最乐行仁为先：敬告饶平各界书》，载《红十字月刊》1947 年第 22 期。

传统中国人核心价值观的底蕴

——以曲阜碑刻文献为视角

弘扬中华民族精神，重建精神家园成为当代中国人的共识。自 2012 年起，中国共产党第十八次全国代表大会提出了"三个倡导"[1]，要求全社会积极培育和践行社会主义核心价值观。鉴往知来，传统中国人核心价值观的底蕴是什么？这是一个博而深的大题目，也不是一篇短文所能论述的。笔者谨以曲阜碑刻[2]文献为视角，希望借此透视传统中国人核心价值观底蕴的一些方面。

---

[1] 即"倡导富强、民主、文明、和谐，倡导自由、平等、公正、法治，倡导爱国、敬业、诚信、友善"。

[2] 曲阜作为孔子故里，历代帝王、贤臣、名士多有尊崇、拜谒，并留下许多碑刻。此类碑，孔庙存 1170 余通，孔林存 4000 余通，孔府存 100 余通，少昊陵存 20 余通，周公庙存 50 余通，颜庙存 60 余通，尼山、石门山、梁公林也存有不少。其历史跨度从西汉至民国，碑文内容包括拜谒记功、叙事崇学等。

一、天人合一：传统中国人核心价值观之基石

传统中国人历史理论的出发点在哪里呢？笔者认为是儒家文化中所强调的"天人合一"观念，可以说"天人合一"是传统中国人核心价值观的基石。在孔子时代之前，"天"更多具有一种至上神的含义，人们认为天命主宰人事。西周初年"天""人"开始结合在一起，《尚书·大诰》载"天亦惟休于前宁人"。西周后期，人们对"天命"更加怀疑，"人"在历史中的作用更加显现。

孔子的天人观体现了"天人合一"的特点。孔子承认天命的存在。他曾说："死生有命，富贵在天""获罪于天，无所祷也""畏天命"等。但他同时认为"天命"是可知的，因此说"五十而知天命"，"知天命"的主体显然是人本身。不仅如此，孔子还进一步发挥了周初"以德配天"的思想，强调人事的作用。他说："咨！尔舜！天之历数在尔躬，允执其中。四海困穷，天禄永终。"（《论语·尧曰》）他认为舜因为"允执其中"地尽人事，所以才能获得天命。这样，就减弱了天命的神秘性色彩。孔子认为君子只有不断"修己"，才能"知命"。他说："不怨天，不尤人，下学而上达。知我者其天乎！"（《论语·宪问》）他人由自身修"德"可实现知"命"的思想，对后世产生了极为深远的影响。

孔子对天人关系的新思考，对后世影响极大。除了我们熟知的司马迁所说的"究天人之际"外，孔子的相关观念在历代曲阜碑刻文献中也是常见的。如《黄初年间鲁孔子庙之碑》[①]载："皇上怀仁（圣）之懿德，兼二仪之化育，广大苞（于）无方，（渊）（恩）沦于不测。故自受命以（来），天人咸和，神气烟（煴），嘉瑞踵武，休征屡臻。殊俗解编发而慕义，遐夷越险阻（而）（来）宾。""天人咸和"表明魏文帝尊孔崇儒，受到了"天人合一"思想的影响。又如《元大德五年重建至圣文宣王庙碑》载："道之大原，实出于天。天何言

---

① 此碑立于魏黄初年间。原存于曲阜孔子庙，1978年由同文门下移入东庑，1998年移入曲阜汉魏碑刻陈列馆。

哉？乃以圣传。传道者何？唐虞三代，仪范百王，万世永赖。圣人之功，与天比隆，圣人之祀，垂之无穷。"道出于天，靠圣人而传，天人之际的媒介就是"道"。再如《康熙三十二年御制重修阙里孔子庙碑》[①]载："朕惟大道昭垂，尧舜启中天之盛，禹汤文武绍危微精一之传。"其中的"中天"即"中立弘德，天人合一"。又如《清雍正八年重修阙里孔子庙碑》载："圣人之道，一天道也。""尊天尊圣，理原合一。"圣人之道就是天道，体现了"天人合一"的思想。

传统中国人是按照"天人合一"的思维方式来理解"古"与"今"或者说"传统"与"现代"的关系的。在古代中国人的思想观念里，"传统"与"现代"是一种辩证关系。如《正光三年魏鲁郡太守张府君清颂之碑》[②]载："方之我君，（今）（犹）（古）（也）。"《乾封元年大唐赠泰师鲁先圣孔宣尼碑》[③]曰："翘勤真迹，惆怅今古。"《洪武十六年樊成佑谒林庙碣》[④]载："敬仰道德，高明如天，博厚如地，仪范古今，存神过化，俾历世而尊崇。"《嘉靖二年陈凤梧撰五圣赞碑》[⑤]上的《先圣文宣王赞》曰："道冠古今，德配天地。"很显然，"今""古"观念具有超越性。又如，《开元七年鲁孔夫子庙碑》[⑥]载："元功济古，至道维来。"这里又将古今观念进一步向未来延伸，其背后的原动力是道的超越性。

而且，只有在"天人合一"的框架内，才能真正理解曲阜碑刻文献中常见的"稽古"一词的内涵。"稽古"并不等于"复古"，如《永兴元年乙瑛置守庙百石卒史碑》载："政教稽古，若重规（矩）。"再如《史晨前碑》载："臣以

① 此碑立于清康熙三十二年（1693 年），位于孔庙十三碑亭北面西起第 2 亭内。
② 此碑立于北魏正光三年（522 年）正月。该碑 1951 年春移入曲阜孔庙同文门下，1978 年移往东庑，1998 年移入曲阜汉魏碑刻陈列馆，为西起第 26 石。
③ 此碑立于乾封、仪凤年间，今存于曲阜孔庙十三碑亭。
④ 此石碣立于明太祖洪武十六年（1383 年）仲春，现镶嵌在孔庙西斋宿北墙，为西起第 25 石。
⑤ 此碑立于明嘉靖二年（1523 年），今见于孔庙奎文阁前洪武碑亭外北西墙上。
⑥ 此碑立于唐开元七年（719 年），今存于曲阜孔庙十三碑亭。

礼学、礼制、礼俗

为素王稽古，德亚皇（代）。"又如《黄初年间鲁孔子庙之碑》载："若乃绍继微绝，兴修废官，畴（咨）稽古，崇配乾坤，允神明之所福祚，宇内（之）（所）（欢）欣（也），岂徒鲁邦而已哉！""稽古"更多的是对传统中具有的超越性价值的一种继承。当然，还有一些碑文尽管没有出现"稽古"一词，但也传递着相近的观念。如《大业七年修孔子庙之碑》①载："我大隋炎灵启运，翼下降生。继大庭之高踪，绍唐帝之遐统。宪章古昔，礼乐惟新，偃伯修文，尊儒重学。以孔子三十二世孙、前太子舍人、吴郡主簿嗣悊，封绍圣侯。"再如《咸通十年文宣王庙记》②载："国朝弘阐文明，遵尚祀典，不违古制，大振皇猷。"又如《大德十一年加封孔子制诏碑》③载："循治古之良规，举追封之盛典，加号大成至圣文宣王。"

这些碑文既然与孔子有关，传统中国士人在撰写或阅读这些文献时自然很容易想到孔子的古今观念。事实上，孔子的古今观念不是复古的。近代以来，孔子的"从周说"常常被贴上"复古"的标签。实际上，我们从孔子所说的"周监于二代，郁郁乎文哉！吾从周"的话语中，很难读出复古的含义。这句话只是孔子站在春秋末期的时间点上，以"文"的标准在"夏、商、周"三代中所作的一个选择。因此，"吾从周"不能成为孔子"复古"的证据。"稽古"只能证明孔子重视继承三代及其以前的文化传统。

孔子一方面重视传统，另一方面也注重"因时而制"。孔子说："殷因于夏礼，所损益，可知也；周因于殷礼，所损益，可知也。"（《论语·为政》）"损益"就是在继承传统的基础上的"因时而制"。孔子为父母修坟也反映了这一观念。《礼记·檀弓》载："孔子既得合葬于防，曰：'吾闻之，古也墓而不坟。今丘也，东西南北之人也，不可以弗识也。'于是封之，崇四尺。孔子先反，门人后。雨甚，至，孔子问焉，曰：'尔来何迟也？'曰：'防墓崩。'

----

① 此碑立于隋大业七年（611年），今存于曲阜汉魏碑刻陈列馆。

② 此碑立于唐咸通十年（869年），原在曲阜孔庙同文门下，今存于曲阜汉魏碑刻陈列馆西屋。

③ 此碑立于元大德十一年（1307年）九月，现位于孔庙十三碑亭南面东起第4亭内。

孔子不应。三，孔子泫然流涕曰：'吾闻之，古不修墓。'"孔子将父母合葬，为了便于以后寻访祭拜，便积土为坟，这显然不同于古代的观念，是"因时而制"的。

不仅中国古人对传统怀有"温情与敬意"，现代中国的一些有识之士也意识到了这一点。如，北大原校长蔡元培先生提出对新旧思想要"兼容并包"。当代中国社会主义核心价值观中的"和谐"观念，也体现了"天人和合"的思想。

还有一种错觉不能不给予解释——我们往往片面地认为西方文化不重视传统，这种观点若仅就近代西方的一部分文化而言是有一定道理的，但并非整个西方文化都不重视传统。不少西方哲人已认识到传统的重要性。近现代西方也有不少人意识到"传统遗产"的重要意义。如，爱因斯坦曾对一群孩子说："记住：你们在学校中所学得的那些了不得的东西是世世代代所积起来的工作……你们要好好接受这份遗产，要懂得去珍惜它，并增加它，有一天你们可以忠实地把它交给你们的孩子。我们共同创造出永恒的东西，这便是我们这些会死亡的个人所以成就不朽的唯一方式。"歌德在《浮士德》中说："你不是有一份遗产吗？认真地把它当作任务，只有如此，你才真把它变成自己的东西。"

总之，"天人合一"的观念揭示出了"天命"与"人事"的辩证关系，是传统中国人的基本理念，深刻地印在了中国人民文化记忆的深层。重人事、崇天道对生活在今天的人们也有着很多的启迪。与此相应的"古""今"观中体现出的历史的"变"与"不变"的关系也发人深省。

二、内在修德：传统中国人核心价值观之本质

联系"天""人"关系的纽带是什么呢？我们认为是中华优秀传统文化中的"德"观念。可以说，"德"是中华民族"一以贯之"的精神追求。"德"字出现很早，有学者认为"德"字在商代时期就已经出现。徐中舒主编的《甲骨文字典》、中国社会科学院考古研究所编的《甲骨文编》中都收录了"德"字。

当然，这时的"德"观念尚未形成。周武王克商以后，周人深感"天命无常"，开始提出"德"的思想，"周代道德观念才从其制度中反映出来"①。周代的"德"文化初步建立起伦理学和道德哲学范畴。到了春秋战国时期，儒家将"德"的内涵向道德修养方面进一步发展，更多地强调以德修身。孔子是第一个比较系统地论述德与人自身修养关系的思想家。此后，儒家进一步发展了孔子的德论思想。孟子继承了孔子"为政以德"的思想，提出了王道主义。到了汉代，"五常德性"成为后世人们的普遍观念。宋代理学家进一步从认识论上区分了"德性之知"与"见闻之知"，使儒家的德论有了新突破。明末清初的王夫之将"德"与"道"作为一对认识论范畴进行阐述，把德论思想推向了一个新的理论高峰。总之，"德"作为中国古代道德哲学的一个重要范畴，成为中华民族的精神标识。

从曲阜碑刻文献中，我们可以看出，人们对"内在修德"的推重贯穿历代。首先是对孔子德性的推重。汉代的《史晨前碑》认为孔子的功德仅次于古今圣王，称之"德亚皇代"，因此觉得"臣蒙厚恩，受任符守，得在奎娄，周孔旧寓，不能（阐）弘德政，恢（崇）壹变，夙夜忧怖，累息屏营"。魏晋时期的《黄初年间鲁孔子庙之碑》载："遭天下大乱，百祀堕坏，（旧）（居）（之）庙毁而不修，（褒）成之后绝而莫继，阙里不闻讲诵之声，四时不睹蒸尝之位，斯岂（所）谓崇（化）报功、盛德（百）（世）必祀者哉！"唐代的《乾封元年大唐赠泰师鲁先圣孔宣尼碑》亦载："信立德立言，泰上谓之不朽。""叹重泉之可作，闻盛德而必祀。""德配乾坤，业晖辰象。"明代的《洪武六年张绪谒庙记碣》记载："历（代）（罔）不钦崇，所（谓）盛德（百）（世）必祀者，其在兹乎。""盛德（百）（世）必祀"成为祭祀孔子的缘由。《开元十一年御制老孔颜赞残石》②载："臣窃以为尊儒重道、褒贤纪功，本于王庭以及天下，一则

---

① 肖阳主编：《研究性学习丛书·中国思想发展史》（第一卷），远方出版社2004年版，第61页。

② 此碑立于唐开元十一年（723年），今存于曲阜汉魏碑刻陈列馆。

崇先圣之德，一则纪先圣之文。"元朝《至正八年代祀记碑》^①载："世之三纲正而九法叙，皆其功德之福斯民也。"明代朱元璋在接见孔克坚时说："童子之言，尔祖尚记之不忘，况道德之奥者乎？今尔（为袭封），（爵）至上公，不为不荣矣，此非尔祖之遗荫钦！朕以尔孔子之裔，不欲于流内（铨注），（以）政事烦尔，正为保全尔也。"^②《洪武十六年樊成佑谒林庙碣》^③载："敬仰道德，高明如天，博厚如地，仪范古今，存神过化，俾历世而尊崇。呜呼，至德大矣哉！予读圣人书，□获游于圣人门，畴昔之志足矣。"至德主要指孝道，《孝经·开宗明义》载："子曰：'先王有至德要道，以顺天下，民用和睦，上下无怨……'"唐玄宗注："孝者，德之至，道之要也。"《洪武十七年刘修谒林庙诗碣》^④记载："道德尊前圣，文章发后贤。"刘修写近体诗二章，以赞誉"素王"孔子的道德文章、教书诲人、安贫乐道，表现后人对孔子的尊崇等。笔者在这里列举历代中国人对孔子德性的推崇，是为了说明修德在传统中国人心中的重要地位。

如何进行德性教育呢？《大德三年阙里庙之学记碑》^⑤载："（古）（人）有（言）：'在（早）（谕）（教）。'又曰：'（少）（成）（若）（天）（性），习贯如自然。'""是故能言能食，即示以礼。盖（幼）（稺）之时，其心未放，则教易入，筋骸易束，德性易（养）也。""夫子（教）（伯）（鱼）以学《诗》学《礼》，欲其事理通达而心气和平，品节详明而德性坚定。""《小学》之教，（节）目纤悉。"应该说，《小学》在庙学中的地位是不容忽视的。这里分析了《小学》之教的意义，并提及孔子教育孔鲤的故事。"（少）（成）（若）（天）（性），习贯如自然"，幼时是开展教育、培养德性与心智的最佳时期，因为

---

① 此碑位于孔庙十三碑亭院东南部西区，为南排西起第9石。

② 见《朱元璋与孔克坚、孔希学对话碑》，此碑位于孔府二门内侧东面，南首。

③ 此石碣立于明太祖洪武十六年（1383年）仲春，现嵌于孔庙西斋宿北墙，为西起第25石。

④ 该石碣现嵌于孔庙西斋宿南墙，为东起第2石。

⑤ 此碑立于元大德三年（1299年）八月，现位于孔府二门里东侧，面北。

"（幼）（穉）之时，其心未放，则教易入，筋骸易束，德性易（养）也"。

修德的根本在于实践，这样我们就可以理解颜渊在孔门弟子中为何有如此高的地位，甚至被称为"复圣"了，也就可以明确颜庙碑刻中对颜渊的颂扬之语并不是传统中国人的溢美之词，而是发自肺腑的。如《至顺二年追封兖国复圣公及其夫人制碑》①载："朕惟得孔氏之门，入圣人之域，颜子一人而已。观其不迁怒，不贰过，以成复礼之功。无伐善，无施劳，益着为仁之效。"

孔子对颜回安贫乐道的精神大加赞赏："贤哉，回也！一箪食，一瓢饮，在陋巷，人不堪其忧，回也不改其乐。贤哉，回也！"（《论语·雍也》）颜回自身的品德，使得他自汉代以来备受尊崇。自汉代起，颜回就被列为七十二贤之首，有时祭孔时独以颜回配享。此后历代统治者不断为其追加谥号：唐太宗尊之为"先师"，唐玄宗尊之为"兖公"，宋真宗加封其为"兖国公"；元文宗尊称其为"兖国复圣公"；明嘉靖九年（1530年）嘉靖皇帝改称其为"复圣"。奉祀颜子、追封其父母等行为都旨在提倡德的实践性。

不仅如此，孔子后裔也多因其德性功业被碑文记载。如《汉泰山都尉孔君之碑》②载："缉熙之业既就，而闺阃之行允恭，德音孔昭。""德音孔昭"源自《诗经·小雅·鹿鸣》"我有嘉宾，德音孔昭。"郑玄笺："孔，甚；昭，明也。"碑文还载："于显我君，懿德惟光。""懿德惟光"源自《诗经·大雅·烝民》："民之秉彝，好是懿德。""懿德惟光"即以美德为荣。《建宁四年博陵太守孔彪碑》③为博陵士人为纪念孔子19代孙孔彪之德政所立。

其他遵循儒家"修德"标准的官吏也因"德政"而被人立碑称颂。④

---

① 此碑立于元明宗至顺二年（1331年）九月，位于曲阜颜庙复圣殿下西首。

② 又称《泰山都尉孔宙碑》，简称"孔宙碑"。此碑立于东汉延熹七年（164年），原为孔林孔宙墓前的墓碑，清乾隆年间被移至孔庙保护，现位于曲阜汉魏碑刻陈列馆北屋，为西起第14石。

③ 此碑原位于孔庙同文门下，现存于曲阜汉魏碑刻陈列馆北屋，为西起第17石。

④ 详见本书第44页。

古人对"德"文化的重视，深刻影响着当代中国人。2014年5月4日，习近平总书记在北京大学师生座谈会上指出："核心价值观，承载着一个民族、一个国家的精神追求，体现着一个社会评判是非曲直的价值标准。""核心价值观，其实就是一种德，既是个人的德，也是一种大德，就是国家的德、社会的德。国无德不兴，人无德不立。"

传统中国人强调通过修德培养身心合一的和谐，注重"修己"的内化与"安人"的外化，并且这两个过程是循环往复、不断上升的。这是一个处理自我与他人关系的过程。"内化"使人有幸福感，"外化"让人有归属感和自豪感。这种相互促进、相互激励的道德观，也是我们培育和践行社会主义核心价值观不可或缺的组成部分。

三、道统传承：传统中国人核心价值观之动力

德性文化是凭借什么在传统中国人那里历久弥新的呢？换句话说，传统中国人核心价值观的动力源泉究竟是什么呢？那就是儒家强调的"道统"传承。唐代韩愈在《原道》篇中提出："夫所谓先王之教者，何也？博爱之谓仁；行而宜之之谓义；由是而之焉之谓道；足乎己，无待于外之谓德。"并指出儒家所传承之道"尧以是传之舜，舜以是传之禹，禹以是传之汤，汤以是传之文、武、周公，文、武、周公传之孔子，孔子传之孟轲。轲之死，不得其传焉"。韩愈所言之道，概括起来说，实际上就是作为儒家思想核心的"仁义道德"。后来的宋代大儒程颐、程颢、朱熹都在韩愈的基础上阐释、发展了儒家道统说。诸儒虽然对儒家道统的传承排序存在着不同的看法，但都强调对"道"的继承与发展。道统观对中国人的价值观有着深远影响。

实际上，道统意识的起源至少可以上溯至汉代。《史晨碑》载："昔在仲尼，汁光之精，大帝所挺，颜母毓灵。承敝遭衰，黑不代仓。周流应聘，叹凤不臻。自卫反鲁，养徒三千。获麟趣作，端门见征。血书著纪，黄玉响应。主为汉制，道审可行。乃作《春秋》，复演《孝经》。删定《六艺》，象与天谈。钩《河》摘《雒》，却揆未然。魏魏荡荡，与乾比崇。"从中可知这块碑带有明

显的谶纬学痕迹，孔子由被人们推崇为"圣人""素王"而逐渐被神化。冯友兰曾说："孔子在春秋战国之时，一般人视之，本只为一时之大师。在《公羊春秋》中，孔子之地位，由师而进为王。在谶纬书中，孔子更由王而进为神。"①孔子思想和儒学中有"以道抗势"的趋势。《史晨碑》中载的"恐县吏敛民，侵扰百姓，自以城池道濡麦给令还所敛民钱材"，就体现出儒家所提倡的清廉、爱民思想，这也正是儒家思想对政治的影响所在。这些思想都激励着后世的儒家优秀知识分子用儒家理想抗拒权势，限制君权，对于汉及以后历代王朝的统治政策都有深远的影响。

早期的道统传承是靠血统来实现的。魏晋时期的《黄初年间鲁孔子庙之碑》记载了魏文帝册封议郎孔羡为鲁县百户宗圣侯一事。"宗圣侯"并非孔子后裔奉祀之始。据《汉书·孔光传》记载，在西汉元帝时，孔子十三代孙孔霸赐爵关内侯，号褒成君，以所食邑八百户祀孔子。元始元年（1年），汉平帝封孔均为褒成侯。褒成侯是孔子后代因为孔子受封的第一个真正意义上的封号。历代王朝加封孔子后裔，既是为了显示国家对文化传统的重视，更重要的也是希望孔子后裔能接续孔子的血统和道统，为人们树立起实践孔子思想的榜样。

唐朝时，后世的道统观开始逐渐明晰。如《乾封元年大唐赠太师鲁国孔宣公碑》载："夫轩羲已谢，子似迭微，步骤殊方，质文异辙。及流漦起噪，箕服传讹，宪章板荡，风雅沦丧。然而千龄接圣，崇朝可期，五百见贤，伐柯未远。粤惟上哲，降生圯运。……言之不可极，其惟孔太师乎！"碑文从"轩羲已谢"开始讲起，已有论及道统的含义。又如《开元七年鲁孔夫子庙碑》②载："吞沙荐虐，轩皇底定。襄陵兆灾，夏禹文命。周道失序，夫子应聘。删诗述史，盛礼张乐。"李邕在此使孔子位列"黄帝""尧""禹"之后并加以称颂。

---

① 冯友兰著：《中国哲学史》，中华书局1961年版，第572页。
② 此碑立于唐开元七年（719年），今存于曲阜孔庙十三碑亭。

宋代时，对道统与正统的论辩成为时代人关注的命题。《太平兴国八年大宋重修兖州文宣王庙碑铭》载："是故有其位则圣人之道泰，无其位则圣人之道否。大哉夫尧、舜、禹、汤，其有位之圣人乎。我先师夫子，其无位之圣人与！"进而提出，道统与正统合二而一才能发挥作用："由是尧、舜、禹、汤，苞至圣之德，有其位，故德泽及于兆民。逮乎周室衰微，诸侯强盛，干戈靡戢，黔首畴依。由是仲尼有至圣之德，无其位，所以道屈于季孟。……向使有其位，用其道，又何止夹谷会沮彼齐侯，两观之下诛其正卯。羵羊辨土木之祆，楛矢验蛮夷之贡。必将恢圣人之道，功济乎宇宙，泽及于黎庶矣。"这不仅是对道统问题的进一步深化，也是对当时北宋社会现实的积极回应，

元代作为在中国历史上第一个实现大一统的少数民族王朝，对道统问题表现出浓厚兴趣。[①]

在历代曲阜碑文中，明代对孔子之道推重到了极致。《朱元璋与孔克坚、孔希学对话碑》上记载了朱元璋与孔克坚的对话，明确说明朱元璋尊孔的原因就是"其道不可废也"。

《成化四年御制重修孔子庙碑》载：

> 朕惟孔子之道，天下一日不可无焉。何也？有孔子之道，则纲常正而伦理明，万物各得其所矣。不然，则异端横起，邪说纷作，纲常何自而正？伦理何自而明？天下万物又岂能各得其所哉？是以生民之休戚系焉，国家之治乱关焉，有天下者诚不可一日无孔子之道也。

> 呜呼！孔子之道之在天下，如布帛菽粟，民生日用不可暂缺。其深仁厚泽，所以流被于天下后世者，信无穷也。

此碑高度赞扬了孔子之道，认为治理天下一日也离不开孔子之道。

孔子之后的道统是如何传承的呢？《嘉靖二年陈凤梧撰五圣赞碑》[②]记

---

① 详见本书第38、39页。

② 此碑立于明嘉靖二年（1523年），今见于孔庙奎文阁前洪武碑亭外北西墙上。

载了《先圣文宣王赞》《兖国公颜子赞》《郕国公曾子赞》《沂国公子思赞》《邹国公孟子赞》，分别赞颂了儒家学派的五位圣人，即孔子、颜子、曾子、子思、孟子。其中，孔子被称为"至圣"，颜子被称为"复圣"，曾子被称为"宗圣"，子思被称为"述圣"，孟子被称为"亚圣"。孔子的学说经由曾子传至子思，子思的门人再传于孟子，又经后人代代传承，历经荀子、董仲舒、王通、韩愈、周敦颐、"二程"、张载、朱熹、陆九渊、王阳明等，形成了儒家的"道统"传承谱系。

孔子及其后儒，有其道而无其位。如何实现"政统""道统"的合一呢？清代的康熙皇帝无疑是一位积极的皇帝。他于康熙二十三年（1684年）十一月亲临曲阜孔庙，举行了拜谒孔子祀典，宣读御制祝文，并赐手书"万世师表"四字匾。

康熙皇帝通过对祭孔过程中一系列仪式、祭辞的编排，通过祭孔典礼所蕴含的道统内涵，使清初"政统"连接上文化"道统"。

他在《康熙三十二年御制重修阙里孔子庙碑》碑文中表露心迹：

> 朕惟大道昭垂，尧舜启中天之盛，禹汤文武绍危精一之传。治功以成，道法斯着。至孔子虽不得位，而赞修删定、阐精义于六经。祖述宪章、会众理于一贯。为往圣继绝学，为万世正人心，使尧舜禹汤文武之道灿然丕着于宇宙，与天地无终极焉。诚哉先贤所称自生民以来，未有盛于孔子者也。

康熙皇帝希望作君作师为一体，最终实现政道合一，维护清王朝的统治。

以孔子为原点，我们向前可以回望尧、舜、禹、汤、文、武、周公，向后可以发现孟子、董仲舒、朱熹、王阳明等。这个从历史走来，又走向未来的"道统"，在超越中保持着不变的特色。从这个角度看，儒家学说代表和传承的是中华民族逐渐形成的共同的思想文化体系，不仅是孔、孟个人的理论，也不单纯是他们所代表的儒家一派的思想。"道统"传承为传统中国人提供了价值源泉，成为中华民族核心价值观不竭的精神动力。

　　总之，传统中国人的核心价值观是建立在其历史观基础之上的，培育和践行当代中国社会主义核心价值观，不可忽视塑造人们的历史观的作用。传统中国人崇尚"天人合一"，专注"内在修德"，敬重"道统传承"，对于涵泳中华民族的精神标识，形成传统中国人的文化血脉，具有十分重要的作用。这些思想观念在今天对我们仍有积极的借鉴意义，值得进一步关注和研究。

　　本文系2014年国家社科基金重点项目《中国曲阜儒家石刻文献集成》（批准号：13AZD025）、2013年山东省社科规划研究项目《曲阜石刻文献视域下的儒学与历代中国》（批准号：13BLS01）、济宁市社会科学规划重点项目《儒家历史理论与中国特色社会主义（项目编号：14JSGX02414）》阶段性成果。

礼学、礼制、礼俗

范文澜及其《中国经学史的演变》的理论启示

经史关系是中国传统史学理论研究领域的重要论题之一，马克思主义史学家对此也高度关注。其中，范文澜是杰出的代表人物。马克思主义史学家范文澜及其《中国通史简编》曾塑造了几代人的国史记忆。同时，在史学研究实践过程中，范文澜也曾运用马克思主义对经学史进行总结性研究。他发表的《中国经学史的演变》一文，成为运用马克思主义史学理论研究经学史的开山之作。

范文澜对经史关系问题的研究，已有学者给予一定关注。如陈其泰先生在《范文澜学术思想评传》中专列《第八章 经学史研究》，强调了此文在当时的社会价值。① 周文玖教授的《范文澜的经学与史学》一文论述了此文的几个特点："第一次用马克思主义观点梳理经学的历史""从批判的角度立

---

① 陈其泰著：《范文澜学术思想评传》，华夏出版社 2018 年版，第 342 页。

论""深入浅出，引人入胜""完整系统，线索清楚""详略得当，简中有详"。①
陈、周两位先生的论述宽度或许较大，却没有深入讨论此文中所体现的马克思主义史学理论对经学史研究的指导性价值，这种理论上的探讨对我们实现中华优秀传统文化的创造性转化、创新性发展仍具有典范性意义。

一、从"由经入史"到"以史论经"：范文澜早期学术历程

范文澜，字仲沄，号芸台，1893 年生于浙江绍兴的一个书香家庭。先辈世代读书，其父科场落第后，亲自教育子弟。其叔父曾任河南辉县知县，喜欢研究金石学。"严肃可怕的父亲"与"和蔼可亲的叔父"都对青少年时代的范文澜影响不小。范文澜自幼在私塾读"四书"，并由父亲亲自教"五经"、古文等。后进入新式小学堂，进一步阅读了《易经》《书经》，这些都为他今后从事国学研究打下了良好的基础。

浙东学派的文化滋养和时代洗礼也深刻地影响着青少年时代的范文澜。作为浙东人的范文澜，不能不受历史上浙东学派的影响。浙东学派的精神，可追溯到东汉思想家王充。后来南宋陈亮、叶适的事功学派，王应麟、黄震的文献博览，清代黄宗羲及其后学形成的浙东学派，都怀有强烈的民族意识，重视民族气节，强调经史贯通，经世致用。在 19 世纪末 20 世纪初的近代中国，浙东地区的知识分子承续先贤精神，章炳麟、蔡元培、秋瑾等进行的革命救国活动，不但为范文澜研究经学、史学，也为其走向革命实践，成为马克思主义史学家、经学史学家提供了动力源泉。

在北大求学的经历为范文澜打下了做经学研究的基础。从他后来所写的回忆文章《从烦恼到快乐》，以及新中国成立后担任其助手的蔡美彪的回忆来看，他那时沉浸在训诂考证之中，可见他也深受国学家们的影响。黄侃、刘师培、陈汉章等北大国学门的古文经学派教授对范文澜的影响极为深刻。从乾嘉学派以来的实事求是、无征不信、广参互证、追根求源的方法，比较契合近代科学研究方法。尽管后来范文澜在回忆中对此表示了后悔（既有时代因

---

① 周文玖：《范文澜的经学与史学》，载《史学史研究》2014 年第 4 期。

素，也与范老的谦虚性情有关），但也正是这种根底成就了后来的他。周恩来的论述还是比较中肯的："那天我看到范文澜同志写的一篇文章，说五四运动前后他就专门研究汉学，学习旧的东西。但是当他一旦脑子通了，对编写中国历史就有帮助，就可以运用自如。"①

在南开大学教学时期是范文澜人生道路上的重要转折时期。这一时期，他由一名青年学者成长为国学名家，并由一名"好古"教师转变成一个进步教授。1922年，他应张伯苓校长邀请，来到天津南开大学任教。根据南开大学校史资料，他开设了三门课程：史观的中国文学，文论名著——《文心雕龙》《史通》《文史通义》，国学要略——《群经概论》《正史考略》《诸子略》。1925年，范文澜参加了天津各界人民抗议五卅惨案的示威游行。他曾谈及一个细节，对他的刺激很大。就是在游行回来的路上，被某些国民党老党员嘲笑游行喊口号不知道留着力气。在他看来，这种不能知行合一的虚伪行为是无法救国的。这也是他的经学研究与爱国的民族精神合二为一的逻辑立足点。因此，1926年，他在天津加入中国共产党，从此走上了学者兼革命者的道路。其这一转变，固然有为南开大学的办学特点和时代气氛所影响的因素，但更为重要的是经学培育的民族气节发生着内在作用。

在北京②任教时期，范文澜将学术和革命有机地结合起来。1927年下半年，他先后在北京师范大学、北京女子师范大学、中国大学、朝阳大学等校任教。在这近十年的时间里，他先后出版了《文心雕龙注》《正史考略》《群经概论》等国学研究成果。此外，他还将学术研究与激发民众觉悟、进行反帝反封建斗争结合起来，以历史人物为题材，反映"要抗日，要民主"的时代要求。1936年，范文澜出版了《大丈夫》一书，受到热烈欢迎，到1940年就印行了四版。

范文澜还在革命实践中践行儒家精神。1936年，范文澜离开北平，来到

---

① 中共中央文献研究室周恩来研究组编：《周恩来谈人生》，中国青年出版社1995年版，第44页。

② 1928年设北平特别市，1930年改北平市，1949年改设北京市。

河南开封，在河南大学任教，先后讲授中国上古史、中国文学史、经学、《文心雕龙》等课程。1939年春，他加入新四军，从事宣传工作，创办河南大学抗敌工作训练班，领导河大抗训班服务团。

在延安工作时期，是范文澜为创建新史学、新经学奋斗的时期。1940年，范文澜来到延安。这一时期，正值中国共产党在理论上的迅速成熟期。1937年，毛泽东发表了《实践论》和《矛盾论》。1939年，毛泽东的《中国革命和中国共产党》发表。这些理论成就，促进了范文澜理论思考的成熟。他到达延安后，接受了毛泽东的任务，撰写了《中国通史简编》。这是第一部马克思主义指导下的中国通史。在新史学创建过程中，他还将史学研究方式运用到经学史研究上。1940年，他在延安新哲学会年会上发表关于中国经学史的演讲。他共进行了三次演讲，毛泽东两次亲临现场聆听，第三次虽因病未去，但也写信表示了肯定。1941年，以上演讲经过整理，发表在延安《中国文化》第二卷第二、三期上，题目为《中国经学史的演变》。这也是第一篇在马克思主义指导下撰写的经学史文章。

新中国成立后，范文澜继续进行《中国通史简编》的修订工作，同时，积极创建近代史研究所，领导中国史学会的学术工作。他强调在学术研究中不要"把马克思主义的生动原理变成毫无意义的生硬公式"。1969年7月29日，范文澜走完了他勤奋治学、不断创新的一生。

我们从范文澜的学术经历和革命实践中不难看出，他早期的学术经历基本是从"由经入史"逐渐转变为"以史论经"的，并且影响了他后来的学术道路。但因他在近代史学上的杰出贡献被时人和后学所称道，学术界对其经学研究涉及相对较少。事实上，《中国经学史的演变》等经学研究著作，对我们今天的经学史研究仍有启迪作用。

二、早期马克思主义史学理论在经学研究领域的实践

1. 延安时期《中国通史简编》的史学理论探索

我们在分析范文澜马克思主义史学理论时，需要区分不同的历史时期。

就《中国通史简编》而言，因在延安时期出版，对于中国共产党有着特殊的政治和社会意义，但在大部分国民党统治区影响不大。后来出版了校订本，由于这些版本的流行，《中国通史简编》才逐渐被知识分子所认知。许多论者也是在这个意义上探讨延安时期《中国通史简编》或者范文澜的史学理论地位的，但有意无意地忽略了这一马克思主义史学理论的尝试在利用马克思主义研究经学史初期的价值。

延安时期的《中国通史简编》中的马克思主义史学理论体现出许多特色。首先，最为重要的是如何做到在史学研究中运用马克思主义理论。这就是范文澜特别重视的"得其神似"，也就是要学会融会贯通。他在1941年出版的《范文澜全集》（第七卷）的《序》中说："我们要了解中华民族与整个人类社会共同的前途，我们必需了解这两个历史的共同性与其特殊性。只有真正了解了历史的共同性与特殊性，才能真正把握社会发展的基本法则，顺利地推动社会向一定目标前进。"① 新中国成立后，他进一步作了概括："学习马克思主义要求神似，最要不得的是貌似。学习理论是要学习马克思主义处理问题的立场、观点和方法。学了之后，要作为自己行动的指南，把马克思主义理论和实践联系起来，也就是把普遍真理和当前的具体问题密切结合，获得正确的解决。"② 问题变了，解决方式也要变，这就是"得其神似"。"貌似"是把书本上的马克思主义词句当成灵丹圣药，将某些抽象的公式不问时间、地点和条件，千篇一律地加以应用。

其次，《中国通史简编》作为一部在马克思主义指导下写出的通史著作，体现了唯物史观的相关观念。特别是在叙述结构及对历史事件、历史人物的评价上，根据经济基础决定上层建筑这一根本原则进行论述。

再次，方法论贯彻了阶级分析方法，以阶级斗争为历史理论，重视从历史上生产关系的变化出发说明阶级变化，以阶级斗争说明历史。在《中国通史简编》完成后的一份讲话记录里，范文澜说："《共产党宣言》告诉我们说：

---

① 范文澜著：《范文澜全集》（第七卷），河北教育出版社2002年版，序。

② 范文澜著：《范文澜全集》（第十卷），河北教育出版社2002年版，第387页。

'一切至今存在过的社会底历史是阶级斗争底历史（就是用文字传下来的全部历史）。'《中国通史简编》写阶级斗争，着重叙述腐化残暴的统治阶级如何压迫农民，和农民如何被迫起义。"①

　　最后，承认社会发展有一定的规律，注重历史分期。在《中国通史简编》中，范文澜按照五种社会形态，把中国历史分为几个历史时期，具体为：夏以前是原始公社时期；夏、商是原始公社逐渐解体到奴隶占有制时代；从西周到秦统一是封建社会初期；秦汉至南北朝是封建社会的第二阶段，封建社会的政治、经济、文化在这一时期获得大发展；隋唐至鸦片战争以前是第三阶段，封建社会螺旋式继续发展，直至西方资本主义侵入。

　　2. 范文澜早期史学理论在《中国经学史的演变》中的实践

　　(1)马克思主义世界观和认识论对经学史研究的指导地位

　　世界的物质统一性原理是辩证唯物主义最基本、最核心的观点，是马克思主义哲学的基石。物质决定意识，决定意识形态。经作为一种文化意识形态，自然是由社会物质所决定的。因此，范文澜在解释"经是怎样产生的"时，开宗明义地说："经是封建社会的产物。"这句话总结了经的所有制基础。进一步来说："原始封建社会产生原始的经，封建社会发展，经也跟着发展，封建社会衰落，经也跟着衰落，封建社会灭亡，经也跟着灭亡。"②两千多年的经学史的演变，被范文澜高度总结。他透过现象，概括出一般性的本质和趋势。范文澜在分析经学怎样战胜佛老之学时指出，唐武宗时僧尼二十六万人，寺院奴婢十五万人，田数千万亩等，这些都成为佛教发展的弱点，成为经学复兴的机会。

　　曾有一段时间，学术界认为，马克思主义过于强调规则，忽略了历史的复杂性。但若没有世界物质统一性原理的指导，就会陷于复杂的细节中而看不到整体。黄河、长江有许多弯弯曲曲，但不会有人怀疑其"自西向东"的基本流向。

① 范文澜著：《范文澜全集》(第八卷)，河北教育出版社2002年版，第669页。

② 范文澜著：《范文澜全集》(第十卷)，河北教育出版社2002年版，第45页。

正是有这一理论的指导，范文澜才强调："经本是古代史料。"[1] 他进一步发展了章学诚"六经皆史"的理论，并在史学研究中加以论证。他把经当史料，提出了"西周封建说"。在他看来，"六经"本是专官们保存的文化记录，流传下来后被尊为经典。在这一过程中，"士"起到了关键性作用。因为春秋时周天子衰微，养不起许多王官，失业的王官利用知识去各国求食。一些擅权僭越的大夫需要懂礼的人，此外，一些大商人、土财东也要讲礼，具有礼学知识的"士"开始在他们的支持下编写教材，并形成了经典。在这些经典中，范文澜明确提出："《易传》思想是属于唯物主义的""象是实在的物质""礼是封建社会分配生活资料的规矩"等观点。[2]

在承认物质统一性原理的前提下，社会客观实际若发生变化，经也自然发生变化，"变化者，乃天地之自然"（《抱朴子内篇·黄白》）。汉学到宋学，再到新汉学，就是不断变化的结果。

辩证唯物主义虽然强调世界的统一性在于它的物质性，但并不否认意识对物质的反作用，而且认为这种反作用有时是十分巨大的。比如范文澜讲到清初经学家黄宗羲、王夫之、顾炎武等人，指出他们政治思想的变化对社会发展变化起到了非常重要的作用。

（2）矛盾斗争是经学史发展的主要动力

范文澜认为："试看过去经学发展的史实，充分证明一部经学史，就是一部经学斗争史。"[3]"一阴一阳之谓道"，矛盾是事物联系的实质内容和事物发展的根本动力。为什么这么说呢？他解释说："发展就是各对立方面之间的斗争。有斗争才有发展。既然经学曾经是发展了，那么，它一定曾经是作过许多次斗争了的。"[4]这里的斗争，是哲学语言。范文澜以此为分析经学史的基本动力。他指出，经学史就是经学斗争史，是说它既有内部斗争，又有

---

① 范文澜著：《范文澜全集》（第十卷），河北教育出版社2002年版，第45页。

② 范文澜著：《范文澜全集》（第十卷），河北教育出版社2002年版，第52页。

③ 范文澜著：《范文澜全集》（第十卷），河北教育出版社2002年版，第47页。

④ 范文澜著：《范文澜全集》（第十卷），河北教育出版社2002年版，第47页。

外部斗争。

马克思主义基本理论认为，矛盾是普遍存在的，如此，斗争也就不可避免，或者说这本身就是事物发展的基本动力。比如说经学史的发展，范文澜认为，没有汉宋斗争、今古文斗争、程朱陆王斗争这些经学史内部斗争，经学就无法具有生命力并获得发展。这是就内因而言的。就外因来说，没有儒与杨墨斗争、儒道斗争、儒佛斗争这些外部挑战，儒学同样无法获得可持续的生命力。

问题是事物矛盾的表现形式，也就是说，斗争不是蛮干，是有策略的行为。范文澜认为，主要的斗争方法有两种：一是迎合统治阶级，发挥适合君主利益的理论，掩蔽抹杀近乎危险的言辞；二是吸取对方的长处，来改造自己的短处。

每个历史时期的经学斗争，均体现出较强的问题意识，范文澜的研究也是坚持问题导向的结果。比如，范文澜指出，儒学形成后，因为社会广泛需要礼学，礼乐派自然特别兴旺。但到了战国时期，战争不断，礼乐派无法回应现实需求，理论上也无法回击墨家，仁义成为社会的呼声，仁义派于是代替了礼乐派，并成功地回击了墨家理论。同样，西汉今文经学采取刑名阴阳五行、南学采取老庄、宋学采取佛道两教，也是在回应时代课题，他们拿到对方的武器击败对方，使得经学前进发展。

（3）实事求是是经学史研究的基本原则

范文澜到达延安的1940年前后，正值马克思主义中国化的第一次历史性飞跃——毛泽东思想的成熟期，这一时期，毛泽东提出了"实事求是"的思想路线，范文澜的史学和经学研究态度正与之相契合。

我们都知道，毛泽东对"实事求是"的最精准解答是在1941年发表的《改造我们的学习》中提出的："'实事'就是客观存在着的一切事物，'是'就是客观事物的内部联系，即规律性，'求'就是我们去研究。我们要从国内外、省内外、县内外、区内外的实际情况出发，从其中引出其固有的而不是臆造的规律性，即找出周围事变的内部联系，作为我们行动的向导。"① 似乎比范文澜发表此文时间稍晚。但事实上，毛泽东早在1938年的中国共产党第六届中央委员会扩大的第六次全体会议上就论及："共产党员应是实事求是的模范，又是具有远见卓识的模范。因为只有实事求是，才能完成确定的任务；只有远见卓识，才能不失前进的方向。"② 在这期间，范文澜到达延安，接受编撰中国通史的任务。熟悉经学，特别是汉学研究路径的范文澜自然对"实事求是"并不陌生。

"实事求是"精神最早来源于孔子。《论语》中多有记载，如《论语·为政》中的："知之为知之，不知为不知，是知也。"《论语·子罕》中的："子绝四——毋意，毋必，毋固，毋我。"《汉书·景十三王传·河间献王刘德》记载："河间献王德以孝景前二年立，修学好古，实事求是。"这里继承儒家思想并明确提出了"实事求是"。清代乾嘉诸儒更是以"实事求是"为研究学问的根本。如钱大昕在《潜研堂文集·卢氏群书拾补序》中提出"通儒之学，必自实事求是始"。此外，戴震、阮元、王念孙等人也不断提倡，"实事求是"成为汉学研究之风。

范文澜早年深受黄侃等人的影响，自然对此研究原则了然于心，在史学研究中谨守此道。他的助手蔡美彪在《范文澜治学录》中论及范文澜的治学态度，将之概括为"实"与"冷"。其中"实"就是"实事求是"。范文澜后来自己也说，研究历史"必须坚持'有实事求是之意，无哗众取宠之心'的老实态度"③。在延安时期，范文澜对"实事求是"认知很深。1943年，中央党校新建礼堂落成，请范文澜题词，他写了几条均不满意，于是请毛泽东题写。毛泽东随即题下"实事求是"四个大字。到了1945年，范文澜出任北方大学校长，校风也是"实事求是"。

在《中国经学史的演变》一文中，范文澜特别指出："我把讲演提纲发表

① 毛泽东著：《毛泽东选集》（第三卷），人民出版社1991年版，第801页。

② 毛泽东著：《毛泽东选集》（第二卷），人民出版社1991年版，522—523页。

③ 范文澜著：《范文澜全集》（第十卷），河北教育出版社2002年版，第446页。

出来，希望学术界友人，尽量给它严厉的驳正，使它完成研究经学的初步任务。"①他把两千多年的经学史分为汉学系（从孔子到唐人）、宋学系（从唐韩愈到清代理学）、新汉学系（从清初到五四运动），一方面与历史发展大趋势相结合，坚持了历史连续性和"通史家风"的优良传统，另一方面没有完全拘泥于朝代史，超越了朝代史划分的藩篱。这本身就是"实事求是"研究经学史的体现。又如，谈及儒分为八，范文澜说，究竟哪一派是孔子真传，谁也不能知道。再如，讲到《尚书》，他说，究竟孔子选了几篇书教学生，不能确知，这正是"实事求是"史学精神的体现。

（4）辩证思维是经学史评价的基本方法

范文澜在分析《易传》时两次强调：《易传》里有辩证法。他说，儒家认为宇宙间所有事物在不断变动，变动的原因是两股不同性质的力量（阴阳）互为消长，并以《系辞》中的"易穷则变，变则通，通则久"等进行了解释。当然，范文澜也认为，儒家的辩证法思维并不彻底，其取象天地，得出"不变"的"最高真理"。也正是在此辩证思维的指导下，儒家认为，"礼有可变与不可变两类"②。既然经学本身有辩证法的因素，我们要真正研究经学史、评价经学史，便更要以唯物辩证法作指导，进行分析评价，范文澜也正是如此做的。

坚持唯物辩证法，就要反对形而上学的思想方法，就要坚持发展地而不是静止地、全面地而不是片面地、系统地而不是零散地、普遍联系地而不是单一孤立地观察事物。范文澜对经学史的研究、评价正体现了这一原则方法。

用发展的观点研究经学。范文澜在撰写《中国经学史的演变》一文时，其著作《中国通史简编》也在进行之中。用历史眼光，发展地看待经学史是他研究经学的显著特色。在进行通史研究时，范文澜坚持"西周封建说"，认为经学的产生、发展、演变及其衰落、灭亡都取决于历史自身的发展。他将经学史分为三个阶段，既有历史本身发展的基本线索，又体现了经学史自身

① 范文澜著：《范文澜全集》（第十卷），河北教育出版社2002年版，第44页。
② 范文澜著：《范文澜全集》（第十卷），河北教育出版社2002年版，第53页。

发展的脉络。各个阶段的经学侧重点不同，汉学讲求训诂名物、五行谶纬，宋学讲求心性哲学，重纲常伦理，新汉学重考据，所以范文澜指出：新汉学与汉学，不是简单的循环，而是前进的发展。在谈及经学的形成时，他指出，孔子及传经儒生的经学，转化为经，于是出现了新的经，这种新经比起旧经来在数量和质量上都有所变化。

用全面、系统、联系的观点分析评价经学。范文澜将两千多年的经学史浓缩到这篇文章之中。在绪言里，他谈及经是什么、经是怎样产生的、经讲些什么、经与经学、经学史的分段、经学发展的规律几个方面，已经体现了全面系统的特点。在具体论述经学史时，我们还可以看到普遍联系的观点。如在讲到今文古文斗争及郑学与王学、南学与北学的关联时，范文澜分析说，经在战国各有师传。汉初一部分"识时务"的儒生，用当时通俗的隶书写出经文，用今天的话说，是实现了经在"当代"的传承传播。而一部分"不知时变"的儒生，仍用老本子，在民间传授。这就形成了今文、古文经学之别。王莽时期出现了古文经。我们常说王莽重古文经，但范文澜认为，《古文尚书》在王莽时期不甚重要，因为《今文尚书》也一样讲周公的故事。古文经学讲古代典章制度，今文经学发展阴阳五行、谶纬之学。所以，在范文澜看来，王莽虽尊古文，但不废今文。在古文经学、今文经学的斗争中，郑学取胜，但也破坏了古文传统的"家法"，引起古文经学内部不同阵营间的冲突。这样，才出现了魏晋儒者的经学玄学化，形成南学。南学以其时代性、创新包容性特征最终在隋唐时期实现了经学的统一。范文澜的分析告诉我们，历史的复杂性、多面性，要求我们进行经学研究时，要全面系统地发现历史的本质。

三、结语

范文澜之所以能做到这一切，就是因为做到了学术研究的实事求是。也正是这种古文经学的求实精神，让范文澜无论从事国学研究、历史研究，还是从事革命、组织社会活动，或构建理论等都能够具有连续性、时代性。范文澜以马克思主义史学理论指导经学史研究，对我们今天的学术研究，究竟有哪些启迪呢？

一是，范文澜的今日之我战胜昨日之我，是继承还是断裂？目前我们看到的范文澜先生回忆自己的资料比较少。由于时代原因，其不多的回忆也多是对自己过往的批判。如何看待这一现象呢？范文澜是历史进程中的人，我们不能脱离其经历的时代对其进行评价，同样，我们在阅读他的相关回忆资料时，也要将之放到历史之中看待。一个人欣然接受一种新的理论后，往往会对原来的理论体系、知识架构产生倦怠或困惑，何况这种回忆又有一定的时间距离呢？但即便是范文澜自己的回忆，也会有情感的偏差、认识的误差。但若没有前期的经学基础，范文澜能否接纳新理论、成就其新经学史，恐怕是要打问号的。无论批判性继承还是彻底反对，所有的理论建构都是以原有的认知为前提的。我们阅读相关史料，要深入其内部，对范文澜要有温情地理解，才能读懂其中的深意，才能更好地把握并指导今天的史学和经学研究。

二是，如何看待这些今天我们耳熟能详的马克思主义理论的基本观点在国学研究特别是经学研究中的作用和价值？

第一，要历史地看待这些理论的指导作用。在20世纪40年代，这些理论都是"当代"的新创理论，如果没有坚实的经学基础，没有革命的社会实践，没有对新理论的深刻把握，范文澜很难写出《中国经学史的演变》这篇具有开创性的文章。尽管他自己谦虚地表示："我对这门（经学）学问，既所知有限，借以批判经学的马列主义，更未能窥见途径，谈不到正确运用"，但事实恰恰相反，《中国经学史的演变》正是他自觉运用马克思主义理论研究经学的成果。当然，该文作为一篇开创性的文章，疏漏在所难免，我们要用历史主义的眼光进行看待其中的一些问题。

第二，物质决定意识，经济基础决定上层建筑，斗争的眼光、辩证的思维等理论究竟过时了吗？或者说，今天我们的经学研究还要不要坚持这些理论？新中国成立以来，特别是改革开放以来，各种学术理论蜂拥而至，使人

礼学、礼制、礼俗

眼花缭乱。可以说，各种理论都作出了一定的解释，但又都不全面。我们前辈学人总结的马克思主义史学理论、经学理论曾被有意无意地"遗忘"。当前，我们在大力弘扬中华优秀传统文化，热情高涨，我们比任何时期，更急切更需要总结马克思主义经学史学家的理论成果，用以指导我们当前的经学研究。我们承认，在初创时期，在战争时期那样的特定年代，这些创新理论有历史性。正如有学者指出的那样，从经学之外的社会发展、政治变革的角度来研究经学内部的问题，这本身是值得肯定的研究方法，范文澜等人提出的视角同样值得肯定。但是这种方法往往又容易流于简单化、形式化，将经学内部的派别、矛盾直接与政治派别相对应，将学术之争与政治斗争等同起来。范文澜的《中国经学史的演变》一文作于 1941 年，明显带有特定历史时期的痕迹。或像有的学者看到的那样，范文澜对经学的研究，由于受旧学的影响太深，在一些问题上多多少少还保留了古文经学派过于相信汉儒传注的痕迹。这些认识固然有其道理，但我们不能以偏概全，更不能在倒掉脏水时把孩子也倒掉了。换个角度说，正是这种所谓的旧学因素，成为马克思主义史学家考虑经史关系的重要组成部分。事实上，早在 1929 年，范文澜的第一篇白话文《水经注写景文钞》所体现的关注现实、关注社会的情怀，就体现了儒家经学的核心问题。

第三，我们要把《中国经学史的演变》一文放在近现代经学史研究的进程中看待其历史意义。

因此，深入分析范文澜先生的学术人生、史学研究实践及其开创的马克思主义经学史研究方法，仍是新时代学人研究史学与经学关系、弘扬中华优秀传统文化的重要内容。

曲阜碑刻文献

居摄二年上谷府卿坟坛刻石

此刻石上碑文又称"孔子墓前石坛刻文""子思墓前石龛文",西汉子婴居摄二年(7年)刻。刻石原位于曲阜孔林孔子墓、子思墓旁,清雍正十年(1732年),由林庙守卫百户陈曰训移入孔庙西斋宿,1978年被由同文门下移入东庑,1998年被移入曲阜汉魏碑刻陈列馆。

刻石高0.3米、长0.69米、厚0.38米,石灰岩质,未经仔细加工,形状不规则。文字在其一端。其龛内刻字4行,第3行为4字,其余各行为3字。现字迹剥蚀严重。

《金石录》卷十四有记,其中"三月造"为误。《祖庭广记》卷十一有记,《金石索·石索一》中有图及释,《两汉金石记》卷七有原文及释,《潜研堂金石跋尾》卷一有释,《金石萃编》卷五有释,《汉碑录文》卷上有原文及释,雍正《山东通志》卷九有记、卷一百五十有原文及释,《寰宇访碑录》卷一有记,《金石聚》卷一有原文及释,《平津馆读碑记》卷一有释,《山左金石志》卷七有释。方若原著、王壮弘增补的《增补校碑随笔》中有记(上海书画出版社,

1981，第30页），《鲁迅辑校石刻手稿》中有记［李新宇、周海婴主编：《鲁迅大全集·第22卷学术编·鲁迅辑校石刻手稿碑铭（上）》，长江文艺出版社，2011，第38页］，张彦生的《善本碑帖录》中有记（中华书局，1984，第7页），袁维春的《秦汉碑述》中有记及释（北京工艺美术出版社，1990，第65页），《孔孟之乡石刻碑文选》中有原文及释（济宁市政协文史资料委员会编，山东友谊书社，1992，第9页），骆承烈的《石头上的儒家文献》中有原文及释（齐鲁书社，2000，第9页）。

上谷〔一〕府〔二〕（卿）〔三〕（墡）壇居（攝）〔四〕二年二月（造）

【注释】

〔一〕上谷：郡名，战国时燕国始置。

〔二〕府：府史。

〔三〕卿：官员尊称。

〔四〕居攝：西汉孺子婴年号。

【论说】

宋代赵明诚在《金石录》中说："不知所谓府卿与县卿为何官。"赵明诚不知为何官的"府卿"，洪适在《隶释》中根据《汉志》中应劭的说法，推测为"府丞"。其依据有三：1."《汉志》蜀国置都尉一人，丞一人。又注引应劭云，大县有丞、左右尉，所谓命卿三人。小县一丞一尉者，命卿二人"；2."隶刻有武开明碑终于吴郡府丞，其子荣碑中书为吴郡府卿"；3."沈子琚碑有云县丞犍为王卿讳某字季河"（见《隶释》蜀郡属国辛通达李仲曾造桥碑跋）。据《汉书·百官公卿表》记载，郡有郡丞。秦朝实行郡县制，汉承秦制，根据《汉书·地理志》，上谷为郡。但"郡"改称"府"，应始于唐，汉时尚无此名。所以，上谷府卿指郡丞，但不能将"府"解释为"郡"。《说文解字》载："府，文书藏也。"《周礼》太宰"以八法制官府"，郑玄注："百官所居曰府。"《汉书·赵禹传》曰："文深不可以居大府。"这里"府"指的是"官府"。此外，在汉代，"府"有时还指"府库"，但并无"郡"的解释。

赵明诚又曰："曰坟坛者，古未有土木像，故为坛以祀之。两汉时皆如此。"按宋洪迈《容斋随笔》所引《战国策》记载的苏秦与孟尝君的对话："有土偶人与桃梗相语。"洪迈认为，所谓土木偶人，指的就是像，"汉至寓龙、寓车马，皆谓以木为之，像其真形。谓之两汉未有，则不可也"。"为坛以祀之"，所论也过于简单。《礼记·祭法》载："设庙祧坛墠而祭之。"庙坛为人们所熟知。《礼记·曾子问》载："曾子问曰：'宗子去在他国，庶子无爵而居者，可以祭乎？'孔子曰：'祭哉。''请问其祭如之何？'孔子曰：'望墓而为坛，以时祭。'"

居摄二年祝其卿坟坛刻石

西汉子婴居摄二年（7年）刻。此刻石原位于曲阜孔林子思墓旁，清雍正十年（1732年），由林庙守卫百户陈曰训移入孔庙西斋宿，后西斋宿焚毁，1978年由同文门下被移入东庑，1998年被移入曲阜汉魏碑刻陈列馆。

刻石高0.25米、长0.99米、厚0.38米，碑文为篆书，中有3条隔线，每行3字。碑面中部残。

《金石录》卷十四有记，《祖庭广记》卷十一有记，《金石索·石锁一》中有图及释，《两汉金石记》卷七有原文及释，《潜研堂金石跋尾》卷一有释，《金石萃编》卷五有释，《汉魏录文》卷上有原文及释，雍正《山东通志》卷九有记、卷一百五十有原文及释，《寰宇访碑录》卷一有记，《金石聚》卷一有原文及释，《平津馆读碑记》卷一有释，《山左金石志》卷七有释。方若原著、王壮弘增补的《增补校碑随笔》中有记（上海书画出版社，1981，第30页），《鲁迅辑校石刻手稿》中有记［李新宇、周海婴主编：《鲁迅大全集·第22卷学术编·鲁迅辑校石刻手稿碑铭（上）》，长江文艺出版社，2011，第38

页], 张彦生的《善本碑帖录》中有记（中华书局，1984，第7页），袁维春的《秦汉碑述》中有记及释（北京工艺美术出版社，1990，第65页），《孔孟之乡石刻碑文选》中有原文及释（济宁市政协文史资料委员会编，山东友谊书社，1992，第9页），骆承烈的《石头上的儒家文献》中有原文及释（齐鲁书社，2000，第9页）。

祝其[一]卿墳（壇），（居）攝[二]二（年）（ ）[三]二月造。

【注释】

〔一〕祝其：古县名，汉代始置。

〔二〕居摄：西汉孺子婴年号。

〔三〕原石漫漶，"年"后不知是否有字。

【论说】

碑文中的"祝其"究竟指何处，历代学者看法不一。据《汉书·地理志》，祝其县隶属汉东海郡。《左传》杜注认为，祝其并非《左传》中之夹谷，其隶属泰山郡之莱芜。顾炎武在《左传杜解补正》中说："（祝其）在今莱芜县，按杜解及《史记》服虔注皆云在东海祝其县，今淮安府之赣榆远，非也。"他援引《水经注》旧说："齐灵公灭莱，莱民播流此谷，邑落荒芜，故曰莱芜，《禹贡》所谓莱夷也。……会于此地，故得有莱人，非召之东莱千里之外也。"顾氏《山东考古录》载："赣榆在春秋为莒地，与齐鲁之都，相去各五六百里，何必若此之远。……莱芜县则正当齐鲁之境，以情理论之，似当近于赣榆。"按顾炎武的说法，应是赣榆远而莱芜近。考《后汉书》李贤注："泰山郡注：洛阳东千四百里。东海郡注：洛阳东千五百里。"莱芜属泰山，赣榆属东海，相去百里，未为远也。《后汉书》厚丘注引"《左传》成九年（城中城），杜预曰在县西南，有中乡城"，赣榆与厚丘为临邑，在春秋时期为鲁地，于鲁不得为远。顾氏《考夹谷》："景公之观不过曰遵海而南放于琅琊。"《后汉书》载赣榆故属琅琊，而琅琊注也引齐景公语，言汉琅琊即齐琅琊，为赣榆所隶属，于齐不应过远。所谓莱芜是《禹贡》莱夷，实属误会。《禹贡》莱夷地属青州，在汉为东莱郡黄县。《左传》孔疏指的莱国，就是顾炎武所谓"千里之外"的东莱，却不知为什么被误认为莱芜。即使是莱芜为莱人灭国后播流之所，《禹贡》时也不可能得知此事。因此，顾炎武所言前后矛盾。

顾氏曾对"夹谷"进行考证：《通典》谓东海怀仁县有夹谷；《金史》及《一统志》谓淄川有夹谷；《莱芜县志》中也有夹谷，独因莱芜当为齐鲁之境，定为"祝其"。事实上，《春秋经》言"夹谷"不言"祝其"。《公羊》《谷梁》作"颊谷"，也不言"祝其"。唯独《左传》先言"祝其"，后言"夹谷"，是因为"夹谷"同名者多，特标"祝其"以指出其所在。因此，《左传》必有所依据。按《史记·周本纪》："黄帝之后于祝"，注即引《左传》"祝其"为古祝国。《汉志》"祝其"临县为"即丘"，颜注引孟康曰"古祝丘"。《春秋》曰"祝丘"。因此，"祝其"在周初与"祝丘"同为古祝国地。"祝其""祝丘"之名，均从古祝国而来。春秋时，"祝丘"隶属汉东海郡，"祝其"理应也如此。《左传》之依据或在此。按《隶释》"鲁相谒孔庙残碑"："东海况其人。"洪适云："以况其为祝其，乃春秋夹谷之地。"亦可佐证。

正德年间文宪王周公赞碣

此碣立于明武宗正德年间，现存于周公庙达孝门北墙，为东起第1石。碣高0.5米、宽0.64米，正书，共10行，已残为5块。姬传东的《姬姓史话》中有原文（江西人民出版社，2007，第307页），骆承烈的《石头上的儒家文献》中有原文（齐鲁书社，2011年，第491页）。

文憲王周公贊
天生元聖，道隆德備。
制禮作樂，經天緯地。
上承文武[一]，下（啟）（孔）（顏）[二]。
功在萬世，位（參）（兩）[三]間。
後學廬陵陳鳳梧[四]百拜謹贊
曲阜縣世職知縣孔公統[五]縣丞龐虎同立

【注释】

〔一〕文武：指周文王、周武王父子。

〔二〕（啟）（孔）（顔）：根据姬传东的《姬姓史话》补足。孔颜，指孔子和颜回。

〔三〕（参）（两）：根据姬传东的《姬姓史话》补足。

〔四〕陈凤梧：时任山东巡抚都御史，后曾任河南等处提刑按察司按察使，在任期间曾撰写孔子祭文，孔庙有《陈凤梧致祭文》。

〔五〕孔公统：其于正德十一年（1516年）至嘉靖元年（1522年）任曲阜知县。

东汉元圣殿周公负扆图刻石

此刻石位于周公庙元圣殿内北墙偏西处。石高 1.08 米、宽 0.8 米，左下刻高 0.63 米的周公负扆全身像，像的右上方刻"周公"二字，石残为两块。

《续修曲阜县志》卷八有记。《金石索·石索四》中有图及释，文曰："此石极破碎不全，在曲阜县城北周公庙正殿嵌置壁上，纵横界画类屏扆状。疑负扆图也。题字极古，画像难全，姑拟录之。"骆承烈的《石头上的儒家文献》中有记及释（齐鲁书社，2011 年，55—56 页）。

周公〔一〕

【注释】

〔一〕此碑刻为"周公负扆"的榜题。扆，古代庙堂户牖之间绣有斧形图案的屏风。《礼记·曲礼下》："天子当依而立，诸侯北面而见天子，曰觐。"

孔颖达疏："天子当依而立者，依，状如屏风，以绛为质，高八尺，东西当户牖之间，绣为斧文也。亦曰斧依……设依于庙堂户牖之间，天子见诸侯则依而立，负之而南面以对诸侯也。"《淮南子·齐俗训》："（周公）摄天子之位，负扆而朝诸侯。"

宋大中祥符元年文宪王赞碑

　　此碑立于宋真宗大中祥符元年（1008 年），位于周公庙元圣殿前，为南起第 4 石。碑高 3.5 米、宽 1.2 米、厚 0.38 米。碑头有篆书"文宪王赞"4 字。宋真宗御制，正书并篆额，共 10 行，行 20 字。碑阴有"追谥周公为文宪王封号诏"及题字，字迹已不清晰。

　　《寰宇访碑录》卷六有记，《阙里文献考》《东野志》中有著录，清乾隆《曲阜县志》卷五十二有原文及释，《山左金石志》卷十五有原文及释。孔祥霖《曲阜碑碣考》中有记（新文丰出版公司编辑部编：《石刻史料新编第二辑》，新文丰出版公司印行，1979，第 9767 页），记有其碑阴内容："正书，大中祥符元年十月三十日封号诏，末有丙辰十一月刘惠渊隶兼篆书拜谒留题诗。"骆承烈的《石头上的儒家文献》中有原文及释（齐鲁书社，2011，第 140 页），"遂"误作"逐"，"二日"误作"三日"。《孔孟之乡石刻碑文选》中有原文及释（济宁市政协文史资料委员会编，山东友谊书社，1992，148—149 页）。

文憲王[一]贊

御制御書並篆

若夫夾輔[二]文武，垂范成康[三]，措刑辟[四]而惠民，制禮樂而正俗。宜乎大公劉之業[五]，克致於隆周，啟伯禽之封[六]，遂成於東魯者也。朕以載新盛典，肇建明祠，既峻極於徽章，復揄揚於懿美。贊曰：

偉哉公旦[七]，隆彼宗周。刑罰以息，王澤斯流。政成洛宅，慶錫魯侯。式增显爵，用煥佳猷[八]。

大中祥符元年十一月二日

御筆院奉敕摸勒刻石

（碑陰）

追諡周公為文憲王封號詔

敕中書門下：方嶽盛儀，克修於封祀；古先茂烈，允尚於追甄。周公昔在宗周，蔚為上聖，營鼎邑之宅，王制建中；秘金縢之書，忠規蓋世。誥東征而法正，輔南面以道尊；制禮樂之懿文，配日月之久照。姬誦所依，宣尼式瞻；煥乎舊章，垂之千載。今以詳求大典，昭報玄休；陟降告成，抚巡問俗；弭節岱宗之域，鳴鑾少昊之墟；逖覽遺風，緬懷前哲。特議褒崇，以伸旌顯。盛德不泯，載欽可久之賢；列爵有加，爰進通壬之號；式宣殊禮，永耀鴻徽。可追封為文憲王，於曲阜縣建廟，春秋委本州正官致祭祝文，特署仍令有司擇日備禮冊命，故詔示想宜知悉。

大中祥符元年十月三十日下

【注释】

〔一〕文憲王：宋真宗追封周公的封号。

〔二〕夾輔：在左右辅佐。《左传·僖公二十六年》："昔周公太公股肱周室，夹辅成王。"

〔三〕成康：相传周成王与周康王两代君王统治的时期，"天下安宁，刑错四十余年不用"，被称为"成康之治"。

〔四〕刑辟：刑法。指周公制礼作乐。

〔五〕公刘之业：相传公刘为后稷曾孙，其于后稷之后复修后稷之业，夏末率领周族迁到豳（今陕西旬邑西南），开垦种植，安定居处。

〔六〕啟伯禽之封：周公辅武王伐纣，既克殷，封于曲阜为鲁公。西留佐武王，命其子伯禽代父就封。

〔七〕公旦：即周公，周公姓姬名旦。

〔八〕佳猷：好的谋略。

洪武二十一年俞汉彰祭少昊碑

　　此碑立于明太祖洪武二十一年（1388 年），今存于少昊陵正殿东之北墙，为东起第 1 石（之一）。碑高 0.57 米、宽 0.5 米，刻有 119 字。

　　御製祝文

　　維洪武二十一年歲次戊辰八月壬寅朔十三日甲寅〔一〕，皇帝謹遣承事郎兗州府曲阜縣世職知縣臣孔希文致祭于帝金天氏〔二〕之陵曰：詣陵之祭〔三〕，予有定期，今秋非詣期也〔四〕，蓋為京民遭火〔五〕，延毀廟廷，祭無奠所〔六〕，謹遣神樂觀道士俞漢彰齋捧祝帛〔七〕，會有司精潔牲醴粢盛庶品〔八〕，代予祭告〔九〕，惟帝兮英靈〔一〇〕。尚饗〔一一〕。

【注释】

　　〔一〕八月壬寅朔十三日甲寅：朔，夏历每月初一。《释名》曰："朔，月初之名也。"《白虎通·四时》曰："月言朔。"依碑文格式之惯例，碑文后有日期者，指从本月第一天到第几日，如《晋恭皇帝玄宫记》："宋永初二年太岁辛酉十一月乙巳朔七日辛亥。"此处"十一月乙巳朔七日辛亥"指夏历十一月初七；《皇内司讳光墓志》："大魏熙平元年岁在丙申七月丙寅朔十六日辛巳。皇内司终于天宫，讳光，字兴贵，冀渤海人也。"此处"丙申七月丙寅朔十六日辛巳"指夏历七月十六。故本文"八月壬寅朔十三日甲寅"指夏历八月十三。

〔二〕帝金天氏：即少昊，五帝之首。昊又作皓、颢，少昊又称青阳氏、金天氏、穷桑氏、云阳氏，或称朱宣。相传为己姓，名挚（或作质），系黄帝之子，生于穷桑（今山东曲阜北），能继太昊之德，故称少昊或小昊。因"以金德王天下"，故被尊为金天氏。少昊之事迹，文献中多有记载，如《左传·昭公十七年》记："秋，郯子来朝，公与之宴。昭子问焉，曰：'少皞氏鸟名官，何故也？'郯子曰：'吾祖也，我知之。昔者黄帝氏以云纪，故为云师而云名；炎帝氏以火纪，故为火师而火名；共工氏以水纪，故为水师而水名；大皞氏以龙纪，故为龙师而龙名。我高祖少皞，挚之立也，凤鸟适至，故纪于鸟，为鸟师而鸟名。凤鸟氏历正也，玄鸟氏司分者也，伯赵氏司至者也，青鸟氏司启者也，丹鸟氏司闭者也，祝鸠氏司徒也，鸤鸠氏司马也，鸤鸠氏司空也，爽鸠氏司寇也，鹘鸠氏司事也。五鸠，鸠民者也。五雉为五工正，利器用，正度量，夷民者也。'"《左传·定公四年》记："命以伯禽，而封于少昊之墟。"杜预注："少昊虚，曲阜也，在鲁城内。"《山海经·大荒东经》记："东海之外大壑，少昊之国，少昊孺帝颛顼，于此弃其琴瑟。有甘山者，甘水出焉，生甘渊。"

〔三〕诣陵之祭：拜谒帝王陵寝的祭祀。诣，《说文解字》云："候至也。"

〔四〕今秋非诣期也：《明史·志第五·五行二》记载："（洪武）二十一年二月戊辰，历代帝王庙火，上元县治亦灾。甲戌，天界、能仁二寺灾。"可见，此次祭祀是由于大火引发历代帝王庙被毁而临时决定的，故其后曰"盖为京民遣火，延毁庙廷，祭无奠所"。

〔五〕遣火：纵火。

〔六〕奠所：祭奠的地方。

〔七〕齎捧祝帛：齎捧，即赍捧，捧着。赍，持，拿。祝帛，即祭祀用的布帛。祝，从示，从儿口，像一个人跪在神前拜神、开口祈祷。《礼记·礼运》曰："祝以孝告。嘏以慈告。"

〔八〕會有司精潔牲醴粢盛庶品：有司，官吏，这里指以孔希文为代表的曲阜当地参与祭祀的官员。精潔，即精洁，精美圣洁。牲醴，指祭祀用的牲口和甜酒。牲，家畜，牲口。醴，甜酒。粢盛，古代盛在祭器内以供祭祀的谷物。《公羊传·桓公十四年》："御廪者何？粢盛委之所藏也。"何休注："黍稷曰粢，在器曰盛。"庶品，祭祀用的供品。《孔子家语·五仪解》："所谓圣者，德合于天地，变通无方。穷万事之终始，协庶品之自然。"

〔九〕代予祭告：替我祭告。这里指洪武皇帝朱元璋派神乐观道士俞汉彰代替自己主持祭祀有关事宜。

〔一〇〕惟帝兮英靈：祭祀用语，祭祀帝的英灵，指希望得到帝之英灵的庇佑。惟，发语词，表强调。帝，这里指少昊帝。

〔一一〕尚饗：亦作"尚享"，祭文结语，表示希望死者来享用祭品。尚，崇尚、希望之义。饗，祭祀或请人享用酒食之义。

明嘉靖三年经天纬地石坊题字碑

此碑立于明世宗嘉靖三年（1524年）十月，位于周公庙第一进院内东门之坊上。碑高 0.8 米、宽 3.2 米、厚 0.25 米。正书，中 1 行，4 大字，两旁各有小字。

欽差巡撫山東都察院右副都御史陳鳳梧
欽差巡撫山東都察院右僉都御史王堯封〔一〕

經天緯地〔二〕
兗州知府陳談、陳□□
滋陽縣〔三〕知縣張環
嘉靖三年歲次甲申冬十月吉日建
□□□督工□□張純

【注释】

〔一〕王尧封：后曾以右副都御史身份参加明代大儒王阳明的葬礼。

〔二〕經天緯地：织物的竖线叫经，横线叫纬，引申为规划。经天纬地即规划天地，这里是对周公功绩的赞誉。

〔三〕滋陽縣：在山东省中南部。宋置嵫阳县，因县治处于嵫山之阳而得名。明改为滋阳县。

史学与儒学

唯物史观与美国华裔学者的中国史研究

一、美国华裔学者的社会体验与中国史研究

唯物史观认为，人们的思想是由他们所处的社会环境决定的。一个人的成长经历、所处的社会时代背景及受教育情况，对他的学术发展会有重要影响。美国华裔学者对中国传统文化，尤其是中国历史的热爱，本身就印证了唯物史观所论述的经济、政治及社会文化等对人的作用。这些学者的中国情怀在他们的人生中和学术上留下了深深的烙印，并时刻显现在他们的历史研究之中。

所谓"中国情怀"，是指一种对中国文化的怀念情结。

为什么说这种情怀基本反映了美国华裔学者的整体心态，并影响到他们的史学研究呢？周策纵在回忆自己为什么要研究"五四"时说："诗人疾之不能默，丘疾之不能伏。"孔子的这两句话不仅是周策纵的座右铭，也是他在

20世纪50年代撰写《五四运动史》时的精神支柱。① 林毓生在《中国意识的危机》一书中指出："由于种种机缘，这部《中国意识的危机》是用英文撰成，在美国印行；但，基本上，我却是以一个关怀现代中国文化与思想的前途，认同中国文化的知识分子的心情来讨论各项有关的问题的。"② 其中流露出强烈的文化情感因素。汪荣祖在《走向世界的挫折》中自题道："遥望云天故国在，深寻旧梦素心存。"③ 其中蕴含的思念故国的情感也是十分强烈的。

我们不否认美国华裔学者长期生活在海外，深受西方文化熏陶这一事实。但对于美国华裔学者来说，对于故国的记忆，必定是更为深刻和难以忘怀的。钱存训的心态大体反映了这一事实。他说自己之所以选择居住在美国，主要是出于生活上的考虑："而且居留愈久，对祖国的怀念也愈深，在感情上可能比在国内的中国人更中国。"④

中国情怀，在美国华裔学者的内心深处牢牢缠结，在他们进行历史研究时也经常显现，影响深远，这是我们在研究他们这一群体时不可忽视的文化背景要素。这种背景来源于家庭环境、学校教育、社会体验等的影响。

家庭环境对于美国华裔学者的中国史研究有较深的影响。如萧公权说："一个人的性格和习惯一部分（甚至大部分）是在家庭生活当中养成的。上面提到的尊长和弟兄在不同时间、不同环境、不同方式之下，直接地或间接地，有意地或无意地，给予我几十年的'家庭教育'，奠定了我问学及为人的基础。"⑤ 他是很难认同五四时期有些人对旧家庭的偏激攻击的。这也证明了萧公权的自身体验对于其历史解释形成的重要意义。

在家庭中，对很多人影响最大的是父亲。何炳棣说："幼年这种训练使

①周策纵著：《五四运动史》，岳麓书社1999年版，自序。

②林毓生著：《中国意识的危机："五四"时期激烈的反传统主义》，贵州人民出版社1986年版，著者弁言。

③汪荣祖著：《走向世界的挫折——郭嵩焘与道咸同光时代》，中华书局2006年版，著者弁言。

④钱存训著：《留美杂忆——六十年来美国生活的回顾》，黄山书社2008年版，第34页。

⑤萧公权著：《问学谏往录》，岳麓书社2017年版，第11页。

我后来非常容易了解孔子、荀子论祭的要义。"① 他们父子之间年龄差距很大，在何炳棣看来，"这造成我青少年时期心理和学业上长期的紧张和终身脾气急躁的大缺陷"。并且"父亲曾根据他壮年自习日文科学教本的知识为我讲述遗传及生理大要。……没想到他紧接就讲西周昭穆制的要义，很自然地就在我脑海中那么早就播下'多学科'治学取向的种子"②。他承认，"我高中和大一时主修化学的意愿，是绝对无力抗衡从6岁起父亲有意无意之间已经代我扎下了的历史情结的"③。

黄仁宇也有类似的经历。至于他的父亲在历史学上对他的影响，在黄仁宇看来，主要是在历史观方面。他认为"他以间接但有效的方式灌输我，革命修辞和行动是有所差别的。就某方面来说，我的历史观来自他的教导"④。父亲是如何影响他成为历史学家的呢？黄仁宇说："他让我自觉到，我是幸存者，不是烈士。这样的背景让我看清，局势中何者可为，何者不可为，我不需要去对抗早已发生的事。"⑤

许倬云也受到父亲许伯翔的影响。许倬云小时候读的书很杂，主要原因就是他是跟着父亲读书的。等到他十来岁，父亲就建议他好好读读《史记》，不要老读武侠小说。⑥ 由于父亲知识面非常广博，所以他对许倬云的教育，"其实就在日常的谈话"⑦。

学校教育自然对这一代学者影响更深。何炳棣对20世纪30年代清华历

---

① 何炳棣著：《读史阅世六十年》，广西师范大学出版社2005年版，第4页。

② 何炳棣著：《读史阅世六十年》，广西师范大学出版社2005年版，第5页。

③ 何炳棣著：《读史阅世六十年》，广西师范大学出版社2005年版，第7页。

④ 黄仁宇著，张逸安译：《黄河青山——黄仁宇回忆录》，生活·读书·新知三联书店2007年版，第234页。

⑤ 黄仁宇著，张逸安译：《黄河青山——黄仁宇回忆录》，生活·读书·新知三联书店2007年版，第241页。

⑥ 许倬云口述，李怀宇撰写：《许倬云谈话录》，广西师范大学出版社2010年版，第32页。

⑦ 许倬云口述，李怀宇撰写：《许倬云谈话录》，广西师范大学出版社2010年版，第15页。

史系有这样的评价："清华历史系这种社会科学、中西历史、考证综合、兼容并包的政策，七七抗战前夕业已初见成效。"① 这种治史精神、方法也体现在杨联陞、何炳棣身上。对杨联陞影响较大的是陈寅恪。他在《追忆陈寅恪先生》一文中写道："联陞于陈先生隋唐史课前，每得在教员休息室侍谈，课后往往步送先生回寓，亦尝造寓晋谒。"② 杨联陞在清华发表的第一篇史学论文《中唐以后的税制与南朝税制之关系》就是陈寅恪指导的，并很快发表在《清华学报》上。③ 而其最后一篇学术论文《打像为誓小考》也是为纪念陈寅恪诞辰百年而作的。④ 何炳棣认为影响他最深的是雷海宗。尽管他只正式修过雷海宗的唯一一门必修的中国通史，但雷海宗对他的影响却是至深且巨，以至他自己都不敢相信。⑤ 因此，他曾在回忆录中写了极长的专忆雷海宗的文章。陈启云等曾求学于钱穆等在香港创办的新亚书院，深受其师钱穆的影响。

台大毕业的许倬云、张灏、林毓生、汪荣祖、李欧梵等人的记述反映出那一时期在台湾的史学家对他们的影响。从大二开始，许倬云就上李宗侗、董作宾、李济、凌纯声、劳榦等老师的课。林毓生、张灏受其师殷海光的影响较大。林毓生在《殷海光林毓生书信录》中，除收录了他们之间往来的书信外，还撰写了《翰墨因缘念殷师》《殷海光先生对我的影响》。张灏在1959年去美之前，跟随殷海光学习，完全投入到五四中去了。⑥

社会体验对于史学研究的影响极为明显地体现在美国华裔学者身上。在大多美国华裔史学家的记忆深处，最难以忘怀的莫过于五四及后五四时期、战争及流亡，这些经历深刻地影响了他们对历史的认识和解释。

在近代中国思想史上，五四运动成为学人不可回避的话题。在这类学

---

① 何炳棣著：《读史阅世六十年》，广西师范大学出版社2005年版，第72页。

② 杨联陞著，蒋力编：《哈佛遗墨——杨联陞诗文简》，商务印书馆2004年版，第35页。

③ 何炳棣著：《读史阅世六十年》，广西师范大学出版社2005年版，第66页。

④ 杨联陞著，蒋力编：《哈佛遗墨——杨联陞诗文简》，商务印书馆2004年版，第36页。

⑤ 何炳棣著：《读史阅世六十年》，广西师范大学出版社2005年版，第114页。

⑥ 李怀宇：《张灏：在复杂的文史世界中谦虚治学》，载《南方都市报》，2008年10月29日。

人中，萧公权是较早的一代，当然他自己不认可五四的反传统。这一点在他的《问学谏往录》中已有说明。受五四影响而直接从事相关研究的有周策纵和林毓生。周策纵在谈起研究五四的缘起时回忆到，个人因素驱使他去进行这项重要的工作。他说的个人因素是指，其少年时代在长沙所读的高中就是毛泽东15年前毕业离开的地方。那时周策纵就已对五四运动有兴趣，并且积极参与当时的学生运动。他当时曾写过一首诗——《五四，我们对得住你了！》，发表在田汉在长沙创办的报纸《抗战日报》上。尤其是到国民党办的大学念书后，校方禁止学生运动的行为，更使他增强了写五四的意愿。[1] 林毓生则在中学时代就已经产生了强烈的爱国意识，"因为喜欢阅读五四人物的著作，已经了解了一些近现代中国悲惨的历史经过及其由来"[2]，才有了学习历史和找出中国的病根的努力。

作为那一时代的中国人，最刻骨铭心的记忆恐怕是对战争的体验了。黄仁宇作为军人直接参与了抗日战争，也亲眼观察到了后来的内战。在战后的反思中他获得了更多的体验。对黄仁宇影响更大的是内战，这是让他转而学习历史的主要因素。"内战在我心中留下一些无解的问题，让我有时觉得矛盾不安。我转念历史系，原因之一就是要消除这些疑虑。"[3] 他之所以研究明代历史也与此有关。他觉得明朝在体制上更能体现传统中国的特色。[4]

许倬云与黄仁宇不同。作为一个"旁观者"，对于战争，尤其是抗日战争，他有自己的体认。他说："我真正有记忆，忽然从小娃娃变成有悲苦之想，就在抗战时期一批川军赶赴前线时。……抗战是我非常重要的记忆，看见人家流离失所，看见死亡，看见战火，知道什么叫饥饿，什么叫恐惧，这是无法代

①周策纵著：《五四运动史》，岳麓书社1999年版，自序。

②殷海光、林毓生著：《殷海光、林毓生书信录》（重校增补本），吉林出版集团有限责任公司2008年版，第20页。

③黄仁宇著，张逸安译：《黄河青山——黄仁宇回忆录》，生活·读书·新知三联书店2007年版，第180页。

④黄仁宇著，张逸安译：《黄河青山——黄仁宇回忆录》，生活·读书·新知三联书店2007年版，177—178页。

替的经验。"① 除了对人性的反思，战争的逃亡也造就了许倬云史学的实践体验。他说："我一路旅行、逃难所经各处，和后来我看的《三国演义》就连在一起了。那些都是三国战场，荆州本来就是战场，鄂北一带就是新野，我们走的路就是三国时期的路，对我很有帮助。后来我念历史就反刍……"② 并且，他"幸运地看到了中国最深入内地的农村，看见最没有被外面触及的原始面貌，不但山川胜景，还有人民的生活。……对农作的每个细节都可以细细地看"③，这一切对他后来研究历史自然非常有帮助。他认为："譬如我写《汉代农业》，真正农业的操作，一般读书人不知道，因为我看懂了，反刍。在 1949 年以前，中国的农村变化不太大，我当时看到的农村基本上跟汉朝相差不多。"④ 并且，他由于亲眼看到了农村的社会组织，所以对传统社会了解得相当清楚。⑤ 这些都成了他在战争逃亡中意想不到的收获。

华裔学者在美国感受到的文化冲击，对他们进行中国史研究的影响也是不容忽视的。二战后，美国成为资本主义世界中政治、经济、文化、军事实力最雄厚的国家。就中国学研究看，它取代了传统上由欧洲国家占据的位置，成为世界上最大的中国学研究中心。

20 世纪 40 年代前，美国的中国学研究大体上跟随欧洲汉学的研究模式。太平洋战争爆发后，美国的中国学研究在费正清等人的倡导下，开始由传统转向对现代中国的研究。但由于众所周知的麦卡锡主义的影响，20 世纪 50

---

① 许倬云口述，李怀宇撰写：《许倬云谈话录》，广西师范大学出版社 2010 年版，11—13 页。

② 许倬云口述，李怀宇撰写：《许倬云谈话录》，广西师范大学出版社 2010 年版，第13 页。

③ 许倬云口述，李怀宇撰写：《许倬云谈话录》，广西师范大学出版社 2010 年版，第13 页。

④ 许倬云口述，李怀宇撰写：《许倬云谈话录》，广西师范大学出版社 2010 年版，第14 页。

⑤ 许倬云口述，李怀宇撰写：《许倬云谈话录》，广西师范大学出版社 2010 年版，第15 页。

年代初期，刚刚起步的现代中国研究遭到打击而陷入沉寂，传统中国研究在这一时期相对受欢迎。傅高义曾指出："在20世纪50年代，麦卡锡主义时期，美国拥有众多关于中国历史、语言、文学方面的专家。"[1]而在传统中国研究中，儒家思想尤其受到重视。[2]在世界形势变化后，许多机构转向现当代中国研究，但费正清等人也意识到，不能因为重视现当代中国而忽略对传统中国的研究。[3]这一点对于美国的中国史研究是十分重要的，当然也影响到了美国华裔史学家的研究方向。

美国华裔史学家大多带着一种文化自觉意识来进行史学研究。许倬云认为留学给人们开了门户，让人们理解外面的世界和另一种文化，接触另外一种思考方式。其中最重要的就是突破中国中心论。许倬云认识到，如果留学仅仅是去学习汉学或者是给观察中国者当助理、找材料，"这样的学习，看不见世界的另外一面，只能见到你知道的一面，吸收不到新的东西"[4]。他自己就是在美国研究所，才逐渐改变了以中国为中心的世界观的。[5]1960年，陈启云去哈佛大学攻读博士学位的动机也是"在当时在红尘滚滚的东方世界觉得灵泉沉浊，希望到西方学术净土接受严格的训练，获得学理上的突破或超越"[6]。这些话基本上代表了美国华裔学者的共同心态：学习西方文化，以便更好地研究中国文明。

① Ezra. F. Vogel, The First Forty Years of the Universities Service Centre Studies, *The China Journal*, No. 53（Jan, 2005），P2.

② 吴原元著：《隔绝对峙时期的美国中国学（1949—1972）》，上海辞书出版社2008年版，第56页。

③ 韩铁曾指出："福特基金会没有对哈佛中国学研究向历史学倾斜作任何干预，就是因为接受了费正清的欲速则不达的解释。"[《福特基金会与美国的中国学（1950—1979）》，中国社会科学文献出版社，161—162页。也可以参见吴原元著：《隔绝对峙时期的美国中国学（1949—1972）》，上海辞书出版社2008年，第95页。]

④ 许倬云口述，李怀宇撰写：《许倬云谈话录》，广西师范大学出版社2010年版，67—68页。

⑤ 许倬云著：《问学记》，广西师范大学出版社2008年版，17—18页。

⑥ 陈启云著：《治史体悟——陈启云文集一》，广西师范大学出版社2007年版，序。

黄仁宇最为关心的是："找出这个独特的西方文明如何打破另外一个不遑多让的独特文明——也就是中国文明——的抵抗力，让中国分崩离析，而在中国重新恢复平静时，如何转而影响西方世界，让后者进行调适。也就是说，我的主要任务在于以一己之力密切观察，西方如何和东方交会，东方如何和西方融合，直到两者融而为一个完整的世界史。"① 黄仁宇选修了全欧洲宗教改革和英国斯图亚特王朝时期的相关历史课程。他之所以选择这些和社会的大规模动荡与暴乱相关的历史时期的课程，绝不是一种偶然，而是他早年经历国内战争的记忆在潜意识中作祟的结果。

哥伦比亚大学毕业的何炳棣曾这样评价纽约文化对自己的影响："纽约历史上是世界最大的移民入口港。……这个开放性和世界性（cosmopolitan）的大都市，对我一生治学的胸襟和心态都有直接间接积极的影响。"② 而他后来执教的芝加哥大学，对他也是有影响的。他认为自己跨出明清、开始探索中国文化的起源并不是一时的冲动，"30年后反思，深觉这个研撰方向的大转弯是与芝大校风、人事因缘和自我培养治史浩然之气的志向都牢不可分的"③。

许倬云早年毕业于芝加哥大学。芝大的教育方式对他的研究也产生了重要影响。他后来之所以能在许多方面有所成就，除了个人禀赋，与在芝大的学习也不无关系。他承认："我到芝加哥大学也是非常有运气，有很多老师教我，所以我杂凑的东西很多，不是中国研究。杂学无章，却受益良多。"④ 许倬云在美国读书时，正值民权运动风起云涌之际，他也积极参与其中。他说："我在芝加哥读了五年美国社会，不是全在书上读的。……开刀，念书，

---

① 黄仁宇著，张逸安译：《黄河青山——黄仁宇回忆录》，生活·读书·新知三联书店2007年版，第77页。

② 何炳棣著：《读史阅世六十年》，广西师范大学出版社2005年版，第214页。

③ 何炳棣著：《读史阅世六十年》，广西师范大学出版社2005年版，第369页。

④ 许倬云口述，李怀宇撰写：《许倬云谈话录》，广西师范大学出版社2010年版，第47页。

搞民权，神学院宿舍里聊天。"① 在他看来，这些都是学习的机会和难得的机缘。许倬云的博士论文《春秋时代的社会变动》，即他的第一部英文著作《中国古代社会史论》就是在芝加哥大学孕育而成的。许倬云后来的社会经济史研究，也受到了他工作的匹兹堡大学的影响。他说匹兹堡大学历史系以社会经济史闻名。当时的系主任 Samuel Hayes 是美国社会史界的巨擘。匹兹堡大学的历史系涉及得很全面，这对许倬云帮助很大。② 在那里，他不但继续学习韦伯理论，也学习了许多其他理论。他的第二本英文著作《汉代农业——中国农业经济的起源及特性》与匹兹堡大学历史系的学风有相当大的关系。后来他还"交了艾森施塔特（Shmuel Eisenstadt）等一群朋友，都是文化学者、宗教学者、社会学者、历史学者，三十来人有不同情况的聚会，围绕着文化的起源、文化的转变、文化的衰亡来讨论"③，这对于他后来研究中国文化也很有影响。

　　唯物史观认为："人们在自己生活的社会生产中发生一定的、必然的、不以他们的意志为转移的关系，即同他们的物质生产力的一定发展阶段相适合的生产关系。这些生产关系的总和构成社会的经济结构，即有法律的和政治的上层建筑竖立其上并有一定的社会意识形态与之相适应的现实基础。物质生活的生产方式制约着整个社会生活、政治生活和精神生活的过程。"④ 上述事例证明，美国华裔史学家的中国史研究与他们所经历的社会现实，与当时的经济、政治、文化及社会生活是密切相关的。

---

① 许倬云口述，李怀宇撰写：《许倬云谈话录》，广西师范大学出版社2010年版，第61页。

② 许倬云口述，李怀宇撰写：《许倬云谈话录》，广西师范大学出版社2010年版，91—92页。

③ 许倬云口述，李怀宇撰写：《许倬云谈话录》，广西师范大学出版社2010年版，第93页。

④ 中共中央马克思恩格斯列宁斯大林著作编译局编译：《马克思恩格斯文集·第二卷》，人民出版社2009年版，第591页。

二、唯物史观与美国华裔学者的中国社会经济史研究

马克思主义的影响使得经济史学家越来越看重对社会经济之间关系的研究。这种对社会史的关注使得史学家开始跨越经济史和社会史的边界，以经济为基础研究特定的社会问题。美国华裔史学家也深受影响，并且成就斐然。

早期美国华裔史学家在 20 世纪中国社会史论战的影响下，带着在中国接受的欧洲视野下的经济史研究方式进入美国。后来的美国华裔学者，在早期美国华裔学者的影响和从欧洲直接过渡到美国的尤其是法国年鉴学派的影响下展开自己的社会经济史研究，并取得了许多成就。李根蟠在《二十世纪的中国古代经济史研究》一文中指出："一些曾任台北中研院院士的美籍华裔学者，对中国社会经济史的研究作出了重要贡献。"[1] 这种观察符合实际。其中，杨联陞的社会经济史研究、许倬云的汉代农业研究、何炳棣的中国农业起源研究、王业健的清代经济研究、黄宗智的近代农业研究都为学界所关注。

代表美国华裔史学家早期成就的是 1952 年杨联陞出版的《中国货币与信贷简史》。1949 年秋，杨联陞在哈佛大学开设中国古代经济史课程，对中国古代货币和信贷等问题进行了全面系统的研究。[2] 他通过对中国货币和银行史上约 300 个关键词的解释，宏观性地考察了中国古代经济史以及背后的社会因素。周一良说："一、此书以类别为经，时间为纬，叙述历史上货币与信贷的演变，脉络分明；二、探讨经济问题时，很好地结合了时代的政治、军事、社会等方面的背景，这应与作者本人深厚的史学根基分不开；三、具有批判性的观点在书中随处可见，颇具启发性。"[3] 其提到的这几点研究特色与唯物史观所倡导的研究方式高度类似。

---

① 李根蟠：《二十世纪的中国古代经济史研究》，载《历史研究》1999 年第 3 期。

② 即 *Money and Credit in China: A Short History*，此书 1952 年由哈佛高等研究基金会资助，由哈佛大学出版社出版，哈佛大学出版社于 1971 年再版。

③ 周一良著：《郊叟曝言：周一良自选集》，新世界出版社 2001 年版，第 42 页。

在汉代社会研究方面较为突出的学者是许倬云。1972年，许倬云的《汉代农业——中国农业经济的起源及特性》分析了中国农业经济的特点。

许倬云在《汉代农业——中国农业经济的起源及特性》中先回顾了战国时期的农业状况。他认为，战国时期铁器的使用，使得农业开始采用精耕细作的方法。当时人们还兴建了一些灌溉渠系。战国时期，对精耕细作产生重要影响的思想，如对农时的强调、对深耕必要性的认识、对施肥的重视等已经出现。精耕细作需要大量的劳动力，战国时期自耕农开始增加。就耕作制度而言，精耕细作的压力使得轮作制代替了休耕制。许倬云认为，"在中国形成的精耕细作农业的许多基本原则都与植禾的要求有关"[1]。

1969年，何炳棣的《黄土与中国农业的起源》探索了中国农业的起源，这在西方学界引起了较大反响和争论。[2]

何炳棣指出，中国农业的起源是中国文化起源的一个重要而专门的课题。他在图书上编利用中国科学界对黄土的研究成果，分析说明了中国古代的自然环境。何炳棣根据考古报告指出：中国文化的起源在于黄土而非黄河。[3]他认为，若深入理解我们的文化尤其是农业起源，"必须在黄土区域的种种

---

① 许倬云著：《汉代农业——中国农业经济的起源及特性》，广西师范大学出版社2005年版，第80页。

② 何炳棣回忆说："当60年代后半期个人治史的兴趣从明清转到史前之后，我深深感觉到若干自然科学工具的重要。为了探讨中国文明的起源是否是独立土生的这一大课题，必须先求攻克中国农业起源这一关。"1968年夏书稿完成后，何炳棣撰就长达两万字的英文摘要。这篇英文摘要引起了伊利诺州立大学的哈兰（Jack R. Harlan，农作物起源的研究权威，美国国家科学院院士）的注意。（杨遵仪主编：《桃李满天下——纪念袁复礼教授百年诞辰》，中国地质大学出版社1993年版，第31页。）1969年，李约瑟读了《黄土与中国农业的起源》后，邀请何炳棣参与"SCC"农业卷的写作，后何因有其他大课题及对李氏提出的西亚木梨东传的假设不满而婉谢。[阎纯德主编：《汉学研究》（总第十一集），学苑出版社2008年版，第344页。]

③ 伯恩斯、拉尔夫认同何炳棣的研究："早期居民选择靠近黄河或其支流但地势较高的地方从事耕作以避免洪水祸患。但是，他们不得不依赖于那些只需极少雨量就能生长的植物。"[伯恩斯（Burns, E.M.）、拉尔夫（Ralph, P.L.）著，罗经国等译：《世界文明史》（第一卷），商务印书馆1987年版，第175页。]

自然条件里去追索"①。他在图书中编集中分析了古代文献中的植被资料，其内容不但与农业有关，而且可以印证科学研究及消除科学界的某些分歧，指出了古代自然环境的干旱性。图书下编在与两河、尼罗河、印度河等区域古代农业体系比较后，指出了我国古代的农业体系的特殊区域性和独立性。

明清经济社会史研究在美国中国史研究领域相对比较繁荣，美国华裔史学家在士绅研究、人口史研究、明代经济研究和清代田赋研究等方面成就突出。

萧公权、张仲礼直接回应了西方学界在对中国士绅社会进行研究时提出的某些观点。从马克斯·韦伯至列文森，许多欧美学者将传统中国视为"儒教国或儒教社会"（Confucian State or Confucian Society）。1959年9月，萧公权在哈佛大学赞助召开的"传统中国政治权力讨论会"上对此提出质疑。他提交了"Legalism and Autocracy in Traditional China"②一文，强调法家思想对维持帝制中国统治的作用，纠正了有关"儒教国"的偏颇观点。在萧公权看来，无视法家的存在，就不能对中国的帝制体系作合理说明。正是在放弃"儒教国"这一单纯认识，将重点放在与乡里制度的关系中进行审视后，③萧公权才完成了有关帝制后期中国政治体系的著作——《中国乡村——19世纪的帝国控制》④，以及后来具有宏观理论视野的《调争解纷——帝制时代中国社会的和解》。

萧公权的《中国乡村——19世纪的帝国控制》由乡村地区的行政划分（The Divisions of Rural Areas）、乡村控制（Rural Control）、控制的效果（The Effects of Control）三部分构成。第一部分作为第二、三部分的绪论，涵盖了村落（Villages）、市场（Markets）、市镇（Towns）以及作为行政部门（Administrative

----

① 何炳棣著：《黄土与中国农业的起源》，香港中文大学出版社1969年版，第11页。
② 即《传统中国的法家与独裁政治》。
③ 赵秀玲在研究乡里制度时指出了对绅士研究的不足，显然对萧公权此文未予重视。[赵秀玲著：《中国乡里制度》（第二版），社会科学文献出版社2002年版，第239页。]
④ 萧公权1950年开始着手研究，到1953年秋，资料的收集和分析工作大体完成。1955年秋，《中国乡村——19世纪的帝国控制》全书脱稿，但由于校订和印刷的原因，直到1960年末才出版发行。

Divisions)的保甲、里甲。

在牟复礼(F. W. Mote)和郎玛琪(Margery Lang)的帮助下，萧公权整理发表了《调争解纷——帝制时代中国社会的和解》一文。此文是他对乡村问题更为理论系统的研究成果。[1] 萧公权在一定程度上修正或补充了阿瑟·史密斯的《中国乡村生活》以及马克斯·韦伯的《儒教与道教》等对中国传统社会的介绍[2]，也影响了孔飞力、邓尔麟等人对地方社会史的探究。

张仲礼致力于对绅士本身的研究，尤其是通过计量分析法，揭示出绅士与绅士集团经济基础和社会地位变动性的关系。就职责分类看，范围很广。其研究通过对社会事务介入程度的不同分析了上下层绅士面向的异同。

关于绅士的收入，张仲礼作了专门的研究。张仲礼将绅士收入区分为公共服务和教学收入及从地产和商务活动中获得的收入。他首先考察了公共服务和教学收入。在19世纪，绅士的收入主要为为国家和社会提供服务后获得的报偿。对于绅士，最有吸引力的服务方式是担任官职，其次主要是处理各种地方事务。有些绅士也充当官员的幕僚，这是第三种服务方式。教学收入，也是绅士收入的重要组成部分。对于从地产和商务活动中获得的收入，张仲礼认为，其虽然与绅士的教育背景没有明显的关系，但拥有绅士地位的人获得的此类收入要高于普通百姓。

中国人口问题成为学术界关注的一个重要课题。何炳棣的《明初以降人口及其相关问题1368—1953》主要致力于通过追溯若干人口术语与制度内涵的演变来解释已有的清初数据，并逐步上溯到1368年（即明洪武元年）。[3]

---

① 费正清批评《中国乡村——19世纪的帝国控制》在思想理论方面缺乏创获。

② 张允起著：《宪政、理性与历史：萧公权的学术与思想》，北京大学出版社2005年版，126—127页。

③ 何炳棣著，葛剑雄译：《明初以降人口及其相关问题1368—1953》，生活·读书·新知三联书店2000年版，前言。（以前研究人口的学者认为，研究中国人口问题的困难在于缺乏人口数据，何炳棣则认为问题在于如何理解这些数据。费正清对此给予了较高的评价，他在给《明初以降人口及其相关问题1368—1953》写的序中说："中国的史料不能作为可靠依据，何博士将成为声明这一点的最后一人。"）

何炳棣在该书《第1章 明代人口数据的实质》中指出，明太祖创立的黄册和鱼鳞图册，对于我们研究明初人口和赋役制度十分重要。他接着分析了明代后来的人口登记无法包括全部人口，也就意味着，户和口的数字很少有实际意义。那么，丁的实质是什么呢？在何炳棣看来，"自16世纪或者更早之时起，丁已替代户、口而成为登记数字中的核心部分"[1]。他反对西方学者庄延龄（E. H. Pasker）和柔克义（W. W. Rockhill）不加研究就接受丁的官方定义的行为。他从明末清初丁银的性质和影响开始，进一步回溯明初劳役制度及其以后的变化，有力地论证了丁与成年男子的概念已经分离，成为一种赋税单位。[2]

对于影响人口的诸因素，何炳棣考察了其中影响最大的土地与人口的关系。中国传统的土地数据，只是缴纳土地税的单位数目，不是实际的耕种亩数。何炳棣解释了传统土地数字的性质，在此基础上评价了明清以来的官方土地数据。对于土地来说，除耕地面积以外，另一影响因素是利用方式的不断改进。经济制度和行政因素，如赋税和土地使用权也影响到人口。尽管天灾人祸会导致人口减少，但何炳棣不同意一些西方和中国学者对此作的计量统计分析。他认为这样做容易导致误解。最后，何炳棣结合每个时期的经济发展情况和相关制度，概括描述了明清人口史的演变。

黄仁宇的大历史观为国内学界所熟知，但大多学人对其观点的认识是建立在对《万历十五年》的认识和评价基础之上的。事实上，这一历史观在他1964年的博士论文《明代的漕运》及后来的《十六世纪明代中国之财政与税

---

[1] 何炳棣著，葛剑雄译：《明初以降人口及其相关问题 1368—1953》，生活·读书·新知三联书店2000年版，第40页。

[2] 学界大多认可何炳棣是解释丁的实质的第一人，但也有不同意见，如姜涛在转引王世达的论述时认为，18世纪法国来华的传教士钱德明、19世纪的英国传教士罗约翰、外交官庄延龄都曾表达过类似的观点。（姜涛著：《中国近代人口史》，浙江人民出版社1993年版，15—16页。）曹树基却不同意这样的观点，他认为这是"当时人对当时制度的理解"，而何炳棣是"从制度入手，全面系统地解决了这一影响明清两代人口史上关键问题的第一人"。（葛剑雄主编，曹树基著：《中国人口史·清时期》，复旦大学出版社2002年版，第2页。）

收》中已有体现。

黄仁宇将漕运放到思想观念和全国性传统这一层面上进行考虑。黄仁宇指出，决定漕运体系的是国家意志和思想观念，而不是自然环境。在《十六世纪明代中国之财政与税收》一书中，黄仁宇以更广阔的视野来检视明代的财政问题。崔瑞德（Denis Twitchett）在该书的《序》中指出："在过去的几十年间，中国和日本的明代财政史研究取得很大成绩，出现了一些考证性文章和专题研究。然而，黄教授却是力图对明代财政政策作出全面说明的第一人，他对许多新发现的细节性材料进行了全面的历史性透视。"[1]

对于财政组织与通行的做法，黄仁宇认为明代的政府机构和财政措施多承袭唐、宋、元各代之旧，在他看来，此现象形成的原因在于"财政问题是唐以后各代王朝所同样面临的基本问题"[2]。黄仁宇认为，16世纪的现实与主要的财政问题以及朱元璋注重账目管理忽视具体运作，导致后来明王朝无力去对财政体制进行全面的重建，只能进行简单的修补。

对于明代税收中最主要的田赋，黄仁宇以税收结构和管理两部分进行重点分析。黄仁宇以顺德为例分析了明代税收结构的复杂性，进一步解释了这种复杂性结构形成的多种原因。

如何认识和评价明代财政管理的历史地位呢？黄仁宇说，明代的中央集权优于技术，这就使得当时的财政管理能力有限，理论和实践相分离。这种管理的力度甚至不如宋代王安石采取的促进经济发展的措施。这种缺乏活力的管理制度导致了经济服务部门建设的严重滞后。黄仁宇认为这种制度具有很明显的消极性，但好处就是防止了某些地区因财力增强而对抗中央。就长期的后果看，清朝因缺乏管理经验，几乎完全承袭了明代制度，而明代财政管理制度的缺乏活力进而导致了清代田赋制度的顽固性。王业键的研究也证

①黄仁宇著：《十六世纪明代中国之财政与税收》，生活·读书·新知三联书店2001年版，序。

②黄仁宇著：《十六世纪明代中国之财政与税收》，生活·读书·新知三联书店2001年版，第1页。

明了这一点。这种制度在明清两代的500多年间没有发生太大变化，竟被视为传统中国财政管理制度的典型继承了下来，甚至影响到近代中国的发展。

王业键的《清代田赋刍论（1750—1911）》[1]兼采对制度的探索和对数量的分析两种方法。其先分析清朝的经济和财政制度，以田赋为中心，描述清末田赋征收的实际程序，分析田赋附加税增加的原因。数量分析主要考察田赋在清朝税收结构中的重要性、清后期不同地区的田赋比重变化及相对税收负担变化，将田赋收入的提高与影响税收负担的其他主要变量（特别是价格）的变化进行比较，以便检验压迫性税收理论。

学者们对于清朝田赋负担变化有截然不同的观点。传统观点认为清末田赋负担加重了，另一种观点则认为实际是减轻了。王业键通过宏观和微观分析指出："清末田赋负担比清朝中期要轻这一事实，是全国普遍存在的。"[2]因为，中国人均农业产量基本没有变化，田赋的增加跟不上物价上涨的速度。就负担而言，存在实际负担减轻的趋向，赋税负担不公平引起清朝灭亡的观点值得怀疑。

黄宗智的《华北的小农经济与社会变迁》《长江三角洲小农家庭与乡村发展》是近代农业与社会经济史的代表性著作。其"内卷化"或"过密化"理论解释为学界所熟知。因学界相关分析已经很多，故此处不再详细介绍。

总之，唯物史观重视经济与社会关系的互动，这是人们所共知的。如果说以上美国华裔学者的史学研究，完全是在唯物史观的指导下进行的，显然是不符合实际的，但若说他们的研究与唯物史观没有契合之处，甚至是背离的，也显然不符合事实。

---

① 此书 1973 年在哈佛大学出版时名为 *Land Taxation in Imperial China*, 1750—1911, 中文名是经作者同意后改定的。［高王凌：《王业键〈1750—1911 年中华帝国的土地税〉内容简介》，见中国近代经济史丛书编委会编：《中国近代经济史研究资料》（第 3 辑），上海社会科学院出版社 1985 年版，第 134 页。］

② 王业键著，高风等译，高王凌、黄莹珏审校：《清代田赋刍论（1750—1911）》，人民出版社 2008 年版，第 146 页。

三、唯物史观与美国华裔学者的中国思想文化史研究

唯物史观一方面要求人们从经济入手、从物质利益入手揭示人类社会历史发展的原因；同时也辩证地看待政治、意识对经济的影响，承认思想文化等对经济社会发展的重大能动作用。

二战后，美国的中国思想文化史研究注重研究以儒家文化为核心的中国传统文化的发展演变过程，希望借研究古代中国思想来理解当代中国，尤其是共产主义在中国的影响。[①] 美国华裔学者深受其影响，在进行社会经济史研究的同时，十分注重对思想文化史的研究。

在汉代思想史研究领域，1975 年陈启云出版的《荀悦与中古儒学》比较具有代表性。[②]

他分析了"历史剧变时代的儒士精英"荀悦的生平和思想。"除了着重分析他尚存的著作，《汉纪》和《申鉴》，并把重点放在对他和他的思想发展有重要影响的那些历史事件上，还细心注意他对那个时代的领袖人物所起的作用，以及对随后发生的事件的影响。"[③]

对于中国文化在宋代为何及如何转向，刘子健给出了他的解释。他以大视野的方式回顾了唐代以至 20 世纪中国文化的变迁，指出了 12 世纪中国政治发展和文化发展之间的互动模式。他通过保守主义者的态度如何随着专制皇帝和他所任命的宰相的关系的变化而转变，分析了文化是如何适应政治的。

张灏的晚清思想史研究是比较杰出的。他的《危机中的中国知识分子——寻求秩序与意义》是关于早期中国知识分子的四个领袖人物——康有为、谭嗣同、章炳麟、刘师培的研究论著。

[①] 费正清著：《美国与中国》，商务印书馆 1973 年版，295—296 页。

[②]《荀悦与中古儒学》是陈启云的博士论文，这是陈启云由社会经济史转向思想文化史研究的代表作。（吕庙军：《在中西比较视野下对中国思想文化史的艰辛探索——陈启云教授访谈录》，载《史学集刊》2009 年第 2 期。）

[③] 陈启云著，高专诚译：《荀悦与中古儒学》，辽宁大学出版社 2000 年版，第 2 页。

张灏从历史情境和生存情境出发来理解他们的思想。他认为，他们显然受到西学的影响，但必须记住，"这一代知识分子一般是在成年后受到西方影响的"①。这样说不是为了说明他们受西方文化影响有限，而是为了说明他们受过中国传统文化教育。他们受到传统的感召并进行"内部对话"，对本土的某些问题和思想很感兴趣。就当时的本土思想背景而言，有"诸子学"的复兴和大乘佛教的复苏，也就意味着传统儒学正在衰微。而儒学在19世纪初期、中期复苏的经世致用之学比单纯的功利性的经世之学内涵要丰富，对这一点学者们在后来有不同的诠释。张灏将其区分为"内部人格"和"外部制度"两种倾向。②他认为，"内部人格"含有对范式化的自我和社会的道德关怀的强调；而"外部制度"一是因经世思潮而设计新的政治秩序，二是"今文儒学"的转变。也就是，这种"致用"重铸儒学，"是与复兴的古典非正统中国哲学和大乘佛学以及西学影响交互作用的产物"③。

《烈士精神与批判意识——谭嗣同思想的分析》是张灏的《危机中的中国知识分子——寻求秩序与意义》一书英文本的副产品。张灏提出写作本书的目的："这一本小书，不是谭嗣同的传记，而是希望透过他的一生行迹和他的作品，勾画出他的主要思想发展，他的'心路历程'。"④他认为，只有先研究清楚谭嗣同的观念层次和情感层次，才能看清他的精神面貌。

张灏认为谭嗣同心路历程的三种趋势——宗教心灵、思想领域的扩大和对文化政治的激进，汇聚在其1896年至1897年之间撰写的《仁学》一书中。在张灏看来，仁对于谭嗣同来说首先是一种道德价值，是儒家伦理思想的精

---

① 张灏著，高力克、王跃译：《危机中的中国知识分子——寻求秩序与意义》，新星出版社2006年版，第11页。

② 张灏著，高力克、王跃译：《危机中的中国知识分子——寻求秩序与意义》，新星出版社2006年版，第20页。

③ 张灏著，高力克、王跃译：《危机中的中国知识分子——寻求秩序与意义》，新星出版社2006年版，第24页。

④ 张灏著：《烈士精神与批判意识——谭嗣同思想的分析》，广西师范大学出版社2004年版，第1页。

髓。仁可以包容很多概念，但礼是例外的。在《仁学》中，仁与礼的冲突，构成了一个思想主题。

美国华裔史学家的思想文化史研究，无疑重视其本身内在理路的演变，但从上述史家的研究可知，他们对外在环境与思想文化的关系也是比较注重的。这一研究方式在理论思维上与唯物史观还是有类似之处的。

通过以上分析不难看出，美国华裔史学家无论是从事史学研究还是社会经济史、思想文化史研究，都无法完全脱离唯物史观的影响。当然，我们并不是说美国华裔史学家的中国史研究完全是在唯物史观的影响下进行的，毕竟他们接受了多元的文化史观的影响，我们所要强调的是，在针对当代美国华裔史学家进行的研究中，那种认为他们忽视唯物史观的积极作用、甚至反对唯物史观的观点应该有所改变。

史学与儒学

视域融合视野下的唐德刚口述史学

中国的口述历史研究虽已取得了巨大成就，但与欧美国家相比，仍有一定差距。对于口述历史的理论探究和实践操作，国内学术界认识不一。笔者试图从视域融合的角度，以唐德刚的口述历史研究为例，谈谈自己对口述史学理论的一些认识，以求教于方家。

一、口述历史的含义和特点

新中国成立以来，我国开展了多次口述史料收集工作，取得了较大成就。20世纪50年代出版了《星火燎原》《红旗飘飘》，到1966年，已出版了500余种回忆录。在周恩来的提倡下，1959年，全国政协及各地政协便多方征集史料，纷纷整理出版《文史资料选辑》。此外，还有《工商史料丛刊》《文化史料丛刊》《近代史资料》以及20世纪60年代的"四史"（家史、厂史、社史、村史）和20世纪70年代末以来的地方志编纂工作，等等。但这些多属于回忆录性质的口述史料，还很难说是严格意义上的口述历史。

那么什么是口述历史呢？唐德刚认为"口述历史并不是一个人讲一个人记的历史"①，应当是研究者与被访者共同完成的一项工作。唐德刚曾对钟少华说："人家认为口述历史比较容易做，一个人讲，我就记着，实际上这是最难的，比搞一个研究题目还难，事先得做多少准备，费劲极了。只有对采访的对象，周围的历史做充分的研究，才能把它做得好，这是很认真的学术研究。"②因此钟少华也认为口述历史是将口述史料作为主要研究对象的史学。口述史料是指研究者通过与被访者合作访谈而收集到的相关史料，可以是录音形式，可以是录像形式，也可以是文字形式，但文字一定要有录音为依据。

为什么口述史学会逐渐为学界所重视呢？因为它有自身的优势。唐德刚认为，首先，从与其他历史研究比较的角度来说："口述历史是活的史料，其他史料是死无对证的，口述历史可以慢慢谈、慢慢问，可以加以补充改正，而其他历史就不能如此。"③也就是被访者作为历史事件发生时的在场者，就可以使研究者避免遭遇自身不在场无法了解事件真实情况的尴尬与不安。其次，根据历史的性质进行分析："历史虽然被科学瓜分了，幸好历史中还有文学的一部分，使我们有饭吃、有兴趣继续搞下去。"④历史的性质是什么？唐德刚承认历史有科学的一面，但同时也认为其如果完全走向科学，也就走向了灭亡。所以口述历史之所以有生命力，一方面因为其与今天后现代史学思想有暗合之处，另一方面也与叙事史学的复兴有关。这也是其优势之一。

二、视域融合与口述史

1. 口述者体验与历史记忆的融合

口述历史首先要保证叙述主体的在场性，但应当提醒的是，这种在场，从时空角度看，是一种不在场的在场。叙述主体已经经过人生的许多体验，包括历史记忆的模糊等，也已经对过去曾经的在场产生了一种距离感，也会

---

① 唐德刚著：《史学与红学》，广西师范大学出版社2006年版，第19页。

② 钟少华：《口述历史是活的史料》，载《中国图书商报》，2004年2月6日。

③ 唐德刚著：《史学与红学》，广西师范大学出版社2006年版，第20页。

④ 唐德刚著：《史学与红学》，广西师范大学出版社2006年版，第28页。

把现实生活的感受带回历史，这是一种视域融合的过程。

　　唐德刚在给刘绍唐的信中谈到采访顾维钧时说："他的记忆力在他那不寻常的脑袋里，却编造出很多有头有尾的故事来欺骗他自己；甚或伤害他自己，这种记忆中偏差和编造的现象（大致与做梦差不多），在现代心理学上是有其理论的；也不是我辈对心理学无常识的人，所可想象的。"① 这表明顾维钧不但有历史记忆的偏差，也由于人生经历、心理变化等对自己当年的在场产生了一种幻觉。唐德刚是比较清楚这一点的。国内史学界对此也有所警惕。比如在研究南京大屠杀问题时，朱成山、袁志秀就认为，南京大屠杀事件留在人们记忆中的是血腥的屠杀以及对日本侵略者的仇恨，另外，许多存活下来的人当年尚在幼年，不更世事，而在调查访问时，他们都年事已高，对这段历史的认识也随着生活阅历、社会环境等因素的变化而变化了。② 应对这种不在场的在场也是口述史学在发展中面临的挑战。

　　2. 研究者与口述者的视域融合

　　许多人认为，口述历史是回忆录或采访，但正如前面所说，那最多是一种资料，甚至作为史料都不完全可信。我国史家有孤证不信的传统。对口述历史不经批判而轻易使用是十分危险的，更何况还存在口述者历史记忆有偏差的问题呢。因此，严肃的口述史学，必须重视研究者与口述者视域的融合。

　　这种视域融合是一种互动过程，有时可以帮助口述者回忆。如唐德刚在《广陵散从此绝矣——敬悼顾维钧先生》中记载，顾维钧"提到吴景濂，我就说'吴大头'；他说'国会议员'，我就说'八百罗汉'；他说'张嘉璈使他过不了中秋节'，我就把《张公权回忆录》拿给他看，并告以张公权先生亲口对我所说的，关于'中秋节'事件的经过"③。这种方式激发起口述主体的记忆，

　　① 唐德刚：《私情的感念和职业的道义》，载《传记文学》1985 年第 6 期。
　　② 朱成山、袁志秀：《口述史学视角下的南京大屠杀史研究》，载《南京社会科学》2006 年第 4 期。
　　③ 唐德刚著：《书缘与人缘》，广西师范大学出版社 2006 年版，第 93 页。

使其可以更准确、详细地回忆历史事实，也拉近了研究者与口述者之间的距离。更为重要的是，二者的视域融合使他们可以更为清楚地理解历史真实。唐德刚在《撰写〈李宗仁回忆录〉的沧桑》中说："当然，古今中外任何历史人物——尤其是政治圈内的人物——的自述，都有其片面性。它的论断是极度主观的。但是一位创造时势的英雄，对他如何创造他那个时势的自述，其史料价值究非其他任何间接史料所可比。至于如何在这些第一手史料中去甄别、取舍，那末见仁见智就要看治史者和读史者——不论他是个人、是团体还是阶级——个别判断能力之高低和成见框框之大小来决定了。"他不但指出了口述史料的价值，也指出了研究者必须要有批判的眼光。再者，二者的视域融合也可以让读者加深对历史的认识。《胡适口述自传》所述虽然多是胡适青年时代的事，但实际是他晚年的"夫子自道"，是对他早年思想的"重新估价"。唐德刚在该书中有许多注释，构成了口述史学的一部分。因此杨金荣认为："唐先生是胡适流寓美国期间经常往来的少数留美学人之一，对胡适流亡美国期间的行状、境遇及心态十分了解，他的注释大大丰富了胡适自传的史料价值。"[1] 朱旭晨认为："注释是专为读者架构的理解作品的桥梁，唐德刚为《胡适口述自传》所作的注释不仅是一座桥梁，而且是研究口述自传的注释艺术的范本。它种类繁多，内容广博，注中有评，传中有传，高度提升了口述自传的文本价值。"[2] 因为注释起到以下作用：一是国内读者的适当补充，使文本同时保留了对中美不同文化的语言、观念及习俗的解释；二是增加了其他相关背景材料——地理、历史、外交、传统观念、语言、人物等相关资料；三是指明胡适口述所涉图书的出处，并开列参考书单，给"图"供读者"索骥"；四是补足、更正或评价胡适的叙述；五是因事见人，唐胡并观。20世纪70年代的海外史学界称"先看德刚，后看胡适"，使传与注成为一个不可分割的整体，这也是对唐德刚注释方式学术价值的认可。

---

① 杨金荣：《重新认识一个完整的胡适——胡适晚年研究管见》，载《南京社会科学》1998 年第 2 期。

② 朱旭晨：《〈胡适口述自传〉的注释艺术》，载《北方论丛》2005 年第 1 期。

3. 口述历史的内容和获得方法

口述历史在国内，尤其是在国史研究领域，方兴未艾。在口述历史的内容和获得方法上，我们可以从唐德刚口述史学中汲取有意义的经验。

首先要遵循科学的采访原则。唐德刚在访谈之前，会准备资料、拟出大纲、确定访谈内容；采访时会分段进行访谈，每次限于一个主题，并注重从闲谈中获取信息，等等。在文字撰写过程中，他遵循以下原则：保留受访人的回忆情节及语言风格，对于回忆者口述中的错误内容"直接代劳"，为其改正，通过注释表达自己的观点，等等。这一点为国内史学界所熟知，但其他人在具体实践上却未能达到如此高度。

其次在内容上要关注近现代史上的重要人物。从唐德刚的口述史作品看，他所关注的主要是对中国影响巨大的政治、军事人物，比如胡适、李宗仁、顾维钧、张学良等人。这些人或者是文化界的巨擘，或者是国民党的军政要员，或者是经多见广的外交家，或者是历史要人的家人，每个人都在自己的活动领域留下了不可磨灭的足迹，对中国历史乃至世界历史产生了重要的影响。为什么要这样选择？他在《撰写〈李宗仁回忆录〉的沧桑》一文中指出："所以我认为像李宗仁、胡适之、陈立夫、宋子文……这些人物，都是民国史上极重要的历史制造者。历史学家应乘此千载难逢的时机，找出这类人物在中国历史演进过程中成长的经过，把他们与整个'民国史'作平行的研究。这样相辅相成，我们虽不求'秘史'和'内幕'，而秘史、内幕自在其中。我们不急于企求作'社会科学的处理'，而社会科学的处理，也自然探囊可得。"有人认为，口述者在社会上及机关内的地位、作用和职能影响和决定了口述历史档案是否有保存价值，但真实情况应是口述者讲述的内容决定口述史档案价值的大小。内容是决定档案价值最重要、最本质的因素。[①]尽管现在的口述史开始关注民众，注重从下向上看历史，但唐德刚的精英人物研究还是有其积极意义的，是不容忽视的。

---

① 薛鹤婵：《论口述历史档案的价值》，载《档案与建设》2007年第8期。

三、唐德刚口述史的价值

首先是史料方面的价值。如《李宗仁回忆录》一书中有许多难得的史料。因为李宗仁是亲身经历过近代史上诸多历史事件的重要历史人物，所以他的口述回忆录自然包罗了很多的历史真相，这是这本书的最大价值。唐德刚披露了国民党上层与地痞流氓勾结的问题，如卢永祥1922年任上海护军使时，其子曾与黄金荣发生冲突，把黄抓起来打了一顿；1927年"清党"时，蒋介石借助了黑社会的力量。这些事情经李宗仁之口说出，是无可抵赖的。又如，唐德刚披露的国民党军队中"嫡系"与"杂牌军"的问题：参加北伐的七个军中，作战最勇敢、功劳最大的是李济深的第四军、李宗仁的第七军和唐生智的第八军，而不是受革命教育最深、主义信仰最忠诚的黄埔系第一军。抗战期间，受蒋及黄埔系排挤、打压的前军阀部队在李宗仁的第五战区发挥了很大作用。台儿庄大捷，很大程度上是由庞炳勋、张自忠、孙连仲、邓锡侯、孙震这些人带领的"杂牌军"打出来的。反之，像汤恩伯、胡宗南这些黄埔系将领，自恃为"天子门生"、有"通天"的本领，大家都效忠于一个人，不愿受阶级服从、层层节制的约束，所以彼此之间摩擦特多，实际战功极少。但蒋介石并没有因此而改变其亲疏态度。这些史实，由曾为国民政府代总统的李宗仁说出来，当然有由别人说出来无法比拟的优势，相关史实在档案资料中也是难以找到的。此外，《顾维钧回忆录》保存了顾氏日记等资料。笔者认为《顾维钧回忆录》的出版，为学术界进一步研究顾氏的一生，乃至研究中国近代外交史提供了有价值的第一手史料。当今凡涉及顾维钧及民国外交史方面的研究成果，无不重视对这一史料的开发与利用。

其次是学术方面的价值。唐德刚口述史有着深远的影响。台湾史学界至1998年已整理出版了70余种口述自传图书，而大陆亦在20世纪70年代国际口述史发展高峰的推动下，认识到了口述历史的价值，紧紧捕捉住了将要逝去的时机，及时地推出了一系列口述自传。如1999年，北京大学出版社推出了"口述传记丛书"。国内学术界对唐德刚口述史的贡献有广泛的认可。张广智认为"为了抢救'中华无价之宝'，唐德刚确实有一种责无旁贷的历史使命感。他是这样说的，也这样做了，留给世人的就是前述这一部部口述史学的成果，他为现代口述史学的复兴运动作出了贡献"①。钟少华指出："现代最早搞中国口述史学的专家，是美籍华人唐德刚教授。"② 杨祥银也认为："现代最早从事中国口述史学的是美籍华人唐德刚教授。"③ 贺勇说："普通人对口述史学的了解，大抵是从当年唐德刚先生出版的《胡适口述自传》开始的。……这种史学研究方式开启了中国历史研究的新路。"④ 在普及的意义上，人们对于口述历史的了解，主要得自当年唐德刚《胡适口述自传》和《李宗仁回忆录》的出版，这种史学研究的方式，在很大程度上指明了中国现代史研究的进路。

尽管口述历史方兴未艾，国内学界在这方面也取得了许多成就，但视域融合是一把双刃剑，这一点不能不引起我们的思考。唐德刚口述史的研究成果，集中在人物传记上，对口述史领域的拓展，我们仍需努力。比如在现当代社区史、灾难史、农村社会生活史、妇女史、家族史、艺术史、城市建筑史、人口史、儿童史、体育史等诸多方面，口述史仍有很大的潜力。

还有口述是否足够客观、全面的问题。受访者在讲述的时候，可能受记忆因素、情绪因素、选择因素的影响，讲了一些，漏了一些，甚至讲了枝节的，漏了关键的，讲了感兴趣的，避开了不堪回首的，讲对了一些，也讲错了一些；张冠李戴、前后倒置，以及片面、主观等问题的存在是完全可能的。尽管对于这些问题，唐德刚在史学研究中有一些论述，但并未形成理论，学界仍需进一步关注。

本文系安徽大学"杰青"项目"传统史学与中国史学的现代转型关系研究"阶段性成果。

① 张广智：《"把历史交还给人民"——口述史学的复兴及其现代回响》，载《学术研究》2003 年第 9 期。

② 钟少华：《中国口述史学漫谈》，载《学术研究》1997 年第 5 期。

③ 杨祥银：《当代中国口述史学透视》，载《当代中国史研究》2000 年第 3 期。

④ 贺勇：《口述历史：方兴未艾》，载《人民日报》(海外版)，2004 年 1 月 2 日。

论著摘选

《儒家文化慈善思想研究》选录

第一章　儒家文化慈善思想理论基石

第一节　孔子的慈善思想

孔子（前551—前479），名丘，字仲尼，春秋晚期鲁国人（今山东曲阜人）。他是我国古代著名的思想家、教育家、政治家，儒家学派的创始人。孔子的主要思想，因《论语》一书而被世人所熟知。但究竟是"仁"还是"礼"才是孔子思想的核心，学界一直未能达成一致。而从慈善角度分析，"仁"无疑是孔子慈善思想的核心。

一、"仁"：孔子慈善思想的核心

（一）"仁"的本义

"仁"字出现很早，从字体演变来看，早期"仁"，上面是"身"，下面是

"心"，后来为"忎"，直到变为"仁"。"仁"从身从心。有学者将"仁"的含义解释为心中想着其他人，才能做到身心一致。到了东汉，许慎也认为"仁"："亲也，从人、从二。"（《说文解字》）也就是我们普遍认为的，"仁"表示的是人与人之间相互亲善的关系。

从文献学角度看，"仁"字在孔子前就已经被使用。我们知道，甲骨文、金文中已经开始使用"仁"。近年来，新出土文献中也出现"仁"字。就古籍文献而言，孔子之前"仁"字最早的记载出现在《尚书·金滕》中，其中有"予仁若考"的记载。《诗经》中"仁"字出现了两次：《诗经·郑风·叔于田》中说"洵美且仁"；另一处在《诗经·齐风·卢令》中，"卢令令，其人美且仁"。很显然，这里的"仁"也是表示亲爱、慈爱或指一种美德，大体上指爱的意思。

到了春秋时期，"仁"的使用更加普遍化和广泛化。《左传》中出现了30多次，《国语》中出现了60多次。此时的"仁"逐渐有了道德的含义，如《左传·隐公六年》记载："亲仁善邻，国之宝也。"这里的"仁"字已经具有了道德的含义。

总之，"仁"作为孔子慈善思想的核心概念，主要是要求人与人之间相亲相爱，而不仅被作为协调人际关系的准则。

(二) 孔子对"仁"内涵的拓展

尽管"仁"在孔子之前已有，但孔子从道德角度对"仁"的含义进一步作了增强，并进行了深入的解释。

如，在体现孔子思想的《论语》中，对"仁"的阐释就很多。我们常常看到的有："克己复礼为仁"（《论语·颜渊》）、"己欲立而立人，己欲达而达人"（《论语·雍也》）、"仁者必有勇"（《论语·宪问》）、"刚、毅、木、讷近仁"（《论语·子路》）等。

在孔子这里，"仁"是处理人际关系的道德准则。其中最为核心的就是"仁者爱人"。这一思想是对春秋时代兴起的以人为本思想的集中体现。

孔子将"仁"的核心精神概括为"爱人"。这种"爱人"理念，是人类普遍相爱的一种感情，要求人们在处理人际关系时爱周围所有人，做到与所有人都友善。

将"仁者爱人"上升为处理普遍的人与人之间关系的一般准则，就超越了宗法社会中血缘家族的范围。从慈善角度讲，就要求人们在人际交往中做到爱一切人，与一切人友善，建立起一种人与人之间相亲相爱的和谐关系。这一思想成为中国儒家文化慈善思想的重要思想动力。

孔子这里的"仁者爱人"不等同于西方的"博爱"观念。"仁爱"要求普遍地爱人类，但这种爱不是无差别、无原则的。首先，孔子的"仁爱"注重"孝悌"。"孝弟也者，其为人之本与！"这种"爱有差等"的观念，不仅为近代人所批评，就是当时的墨子也不甚满意，还因此提出了"兼爱"的学说。应该说，无论是墨子，还是近代的一些学者，都误解了孔子的本意。孔子只是说从"孝悌"入手，培养人的慈善爱人观念，并不是说不爱其他人。孔子讲的"老者安之，朋友信之，少者怀之"的理想就是一种博爱观念。其次，孔子慈善思想中"爱人"的原则还包括："己欲立而立人，己欲达而达人。"（《论语·雍也》）"己所不欲，勿施于人。"（《论语·卫灵公》）从慈善视域说，孔子这一原则有两层意思。一是要求人们在自强的同时尽可能地帮助别人；二是自己不想做的事就不要强加于别人。与我们今天的"慈善"含义相比，孔子的慈善观念范围更广，层次更深。为了实现"在邦无怨，在家无怨"，孔子指出人们要做到"仁"，才能真正"爱人"。

"仁"作为一种思想境界标准如何才能实现呢？孔子提出了自己的实现方式，即曾子所说的"夫子之道，忠恕而已矣"。

"忠"是从积极的方面考虑的，就是上边提到的"夫仁者，己欲立而立人，己欲达而达人"（《论语·雍也》）；"恕"是从消极的方面讲的，即"己所不欲，勿施于人"（《论语·卫灵公》）。这里强调了一种前提性的思想，即他人与我同类，与我有着同样的欲望和需求，因此要由己心推知人心，设身处地为他人着想。通过"忠恕"而达到"仁"，表现了"仁"所倡导的人与人之间的同情心。

后世儒家将"忠恕"之道作为一种普遍精神加以继承，并在其中加进了自己的新的理解。如朱熹说："仁之发处自是爱，恕是推那爱底，爱是恕之所推者。若不是恕去推，那爱也不能及物，也不能亲亲仁民爱物，只是自爱而已。"（《朱子语类》卷第九十五）。要由"恕"达到爱，这样才能使爱超出个人的局限，扩及他人、他物，而不仅仅是自爱。朱熹又说："如富贵康宁，人之所欲；死亡贫苦，人之所恶。所欲者必以同于人，所恶者不以加于人。"（《朱子语类》卷第四十二）应该说，朱熹把"忠恕"之道更加具体化了。

孔子的"忠恕之道"是要以"仁者爱人"这一道德观念为基础，建立起一种能够在心理上相互沟通、思想上相互理解和体谅的协调和谐的人际关系的。

对于如何"成仁"，孔子根据对春秋末期社会问题的认识，提出了"克己复礼为仁"。"克己复礼"将"孝悌为仁"的家庭道德推广为全体人类应遵循的道德。

孔子认为要做到真正回归"礼"，就必须自己克服自身的私欲，只有这样，才能成为"仁"人。在这个意义上，孔子提出了"克己复礼为仁"的观点。

有一次，颜渊向孔子请教怎样实践"仁"。孔子说："克己复礼为仁。一日克己复礼，天下归仁焉。为仁由己，而由人乎哉？"（《论语·颜渊》）意思是说，人们要自觉抑制个人的欲望，让说话做事符合"礼"的要求，如果坚持这样做，就能实现"仁"。孔子强调的是，践行"仁"要靠自身的内在努力，而不是外在的约束。

这里说的"克己复礼"，主要包括两个方面的意思：一方面指每个个人的言行要遵循"礼"，也就是以社会的道德伦理规范为依据；另一方面，指的是要实践"仁"只能由主体进行自我约束，即"为仁由己"。

过去有些人将"克己复礼"片面理解为孔子要恢复周礼，实际上这不是孔子的原意。孔子说的"礼"，因场合不同而有所区别，有时指西周的等级制度，有时指君子应当遵守的伦理道德规范。这里的"礼"就是后者意义上的。

从道德意义上说，孔子讲的"仁者爱人"和"克己复礼为仁"有着深刻的统一性。道德的根本是"爱人"，但如果不"克己"，爱己之心就会膨胀，就不可能真正做到"爱人"；如果每个人都能自觉"克己"，就会限制自爱自利之心，增加对他人的亲爱，"爱人"就在其中了。

"克己复礼为仁"事实上超越了当时的社会宗法血缘关系，孔子将这种利他行为拓展到周边群体、国家，甚至是全人类，指出用"礼"来严格约束自身，在实践中处处以"礼"为原则来规范自己的行为，这样个人的仁德就会得到提升。

从这个逻辑出发，我们可以看到，原来一些人认为儒家学说注重群体而不注重个人的观点是不正确的。因为在孔子看来，仁德的修养完全靠自己的自觉努力，需要个体发挥主动性，"仁"的实践是道德主体的自我选择。有了这种自觉之后，才能在此基础上努力提高道德境界，也就是说，追求理想境界和个体主动性的发挥是统一的。

人们一旦对追求"仁"有了欲望，仁德就离我们不遥远了。"仁"内化于我们的生命之中，只要认真实践它，"仁"就能够实现。这种修养"仁"的功夫，对内依靠"克己"，对外则借助"复礼"，在"内"与"外"统一的前提下就可以实现道德主体自身的不断超越。

"君子求诸己，小人求诸人。"（《论语·卫灵公》）君子和小人的区别是如何对待自己和他人的问题，即孔子要求君子要对待自己严格、对待别人宽容。也就是他所强调的："躬自厚而薄责于人。"（《论语·卫灵公》）凡事都要要求自己，而不能一味要求别人。

孔子认为"克己"是"复礼""成仁"的重要条件，反过来，"礼""仁"也是"克己"的标准和内在规定。在孔子看来，"克己"和"复礼"的充分融合才能使个人成为一个"知礼""好礼"的君子。这种"为仁由己""克己复礼"的成"仁"之道就是一种以自觉为前提的内在修养模式。

二、"孝"：孔子慈善思想的体现

儒家所讲的"仁"，是一种充满感情的人与人之间的相互亲善之心。这种感恩亲善之情最初来源于血缘亲情，是一种最本源、最真切的情感。这种由生命情感而形成的对父母的亲情，孔子称之为"孝"。

什么是"孝"呢？"子游问孝。子曰：'今之孝者，是谓能养。至于犬马，皆能有养；不敬，何以别乎？'"（《论语·为政》）按照一般人的理解，所谓的"孝"主要就是赡养父母方面的问题，也就是经济上让父母生活好点。孔子却不认同这种看法。他认为对父母所尽的孝道不单单是养的问题，更为重要的是对父母的尊敬。若是对父母尽孝却做不到尊敬，只是单纯地进行物质上的赡养，那与饲养狗马又有什么区别呢？

因此，"孝"的重点不在于表层，子女要从内心出发，让父母精神上感到愉悦，使得他们开心快乐，才算是真正做到了"孝"。

在另外一处，孔子也强调了爱的重要性。当子夏问孔子什么是"孝"时，孔子说："色难。有事，弟子服其劳；有酒食，先生馔，曾是以为孝乎？"（《论语·为政》）孔子认为子女只是让父母吃饭喝酒不能算是真正的孝，还要保持一种敬爱和悦的容态。"孝子之有深爱者，必有和气；有和气者，必有愉色；有愉色者，必有婉容。"（《礼记·祭义》）按照这个逻辑，孝子因为对自己的亲人有深切的亲爱之心，自然会产生和气的感觉，由和气出发就会表现出愉悦的神色，当神色愉悦的时候就会有一种婉顺的行为。这就是说，当人们内在真正地存在一种对亲人尊敬的亲爱感情时，就不会出现色难的问题。只有真实的尊亲情感流露出来的时候，人们才能真正地做到和颜悦色，这样才是真的做到了尊亲、孝敬。与之相反，一个人内心若是没有一种真正的尊亲敬亲之情，就很难表现出一种自然的和悦神色，也就不可能真的做到"孝"。

"孟武伯问孝。子曰：'父母唯其疾之忧。'"（《论语·为政》）作为一个真正的孝子，就要做到让父母只替自己的疾病发愁。进一步说，就是不要让父母担心自己做一些其他不义的事情。不让父母为自己的行为担心是孝子回报父母的爱亲之心的重要体现，只有做到了这一点，才算是做到了"孝"。

孔子在上述"孝"的观点上进一步说："弟子入则孝，出则悌，谨而信，泛爱众，而亲仁。"（《论语·学而》）孔子的意思是说，一个人在父母面前做到了孝敬父母，当离开家在外时，就可以做到敬爱兄长及朋友，平时少说话并做到诚信，然后进一步关爱万物，就可以成为一个有仁德的人。

孔子的慈善观是建立在"孝"的基础之上的，他认为一个人首先应该爱自己的父母。这与儒家对人的生命的认识有关。儒家认为，是父母给予了我们生命，理所当然，与我们最亲近的人是我们的父母，我们对父母的爱是一种"孝"的表现。当然，这种"孝"可以扩大到其他与自己有血缘关系的长辈那里。对于同辈有血缘关系的兄长的爱则被称为"悌"。"孝悌"体现的是在家庭关系里的仁爱观念。儒家认为，血缘亲情之爱是人类所有情感中最为根本的一种仁爱。孩子爱自己的父母、弟弟妹妹爱他们的哥哥姐姐，从血缘关系中衍生出来的这种情感是天然的，从这种仁爱之中可以慢慢培养一个人的普遍之爱，也就是说，儒家认同从家庭血缘亲情中逐渐引申出社会的普遍之爱，即："君子务本，本立而道生。孝弟也者，其为仁之本与！"（《论语·学而》）

孔子认为，一个人若是能做到孝敬父母、友爱兄弟姐妹、爱护幼小，那么他们就能对其他人表达出自己的爱。有若曾指出，一个能够孝敬祖宗长辈、尊敬兄长的人，一般不会冒犯自己的上级，一个不喜欢冒犯自己上级的人就更不会去作乱而危害社会了。所以说做到了对父母的"孝"，就能做到对君主的"忠"。因此，"仁"最基本的就是要求人们首先做到"孝悌"。一个人在爱自己的亲人的基础上才能进一步扩展到爱其他人，这一逻辑符合人性本身。

这样，孔子将"孝"与"仁"紧密地联系了起来。"孝"是"仁"的基础，"孝"根植于人的心中，可以培养人们的责任意识和使命感。但"孝"和"仁"的内涵并不相同，"仁"比"孝"具有更为广泛的内涵，它使得人们具备"孝"的感情后，按照这种情感去处理自己与周围人，甚至与周围世界的关系，使"仁爱万物"的感情逐渐层层外延。

人们十分关注"仁者人也，亲亲为大"（《中庸》）。孔子对此的确比较重视，认为要做到"仁"首先应该热爱自己的亲人。但我们必须强调的是，孔子倡导的"爱人"并不局限于"亲亲"这一范围，其倡导的"爱人"的范围超出了血缘家庭，在当时的等级社会中，表现出人本主义的思想。孔子把人们生命中的自然亲情之爱升华为人类的普遍之爱，不但在当时的社会现实中具有超越性，更为后来历代慈善观念的发展提供了坚实的思想基础。

当然，我们还要看到孔子慈善观念的另外一个特点。孔子讲："弟子入则孝，出则悌，谨而信，泛爱众，而亲仁。"(《论语·学而》)这是一种由近及远、推己及人的差等之爱，也就是，尽管他将"亲亲之爱"扩大到了"众"，但并不认为这种爱是没有层次和区别的。

孔子说"泛爱众"，这里的"爱众"是相对于"爱亲"而言的，"众"的范围是除了自己的父母、兄弟、姐妹等家庭成员之外的人。"爱亲"还在宗法关系的范围之内。从伦理学角度，"爱亲"和"爱众"也是不同层次的问题。父子和兄弟间的关系属于"爱亲"范畴，社会成员间的普遍关系属于"爱众"范畴。

从人的一般情感原则出发，"爱人"之情最初都是对自己的父母兄弟所产生的。因此，孔子特别重视"孝悌"观念，这也是"仁"的内在要求。他认为，"爱人"的首要表现是"爱亲"，"爱亲"的表现是"孝悌"，它可以培养一个人"爱人"的情感基础。"爱人"不像"爱亲"那样可以有一些具体的规定，它更多的是一种价值观念，表现出孔子慈善观的超越性。

我们在谈论孔子慈善观伟大之处的同时，不可否认孔子的慈善思想具有其历史性，但那种以西方近代慈善观要求孔子的人，显然不了解中国宗法社会的实际情形。孔子所倡导的这种有远近、差等之分的慈善是符合中国历史发展趋向的，甚至是符合中国人的性格特征的，即对不同关系的人在爱的方式和程度上有所差别，这种在差等原则前提下将爱推及全社会的慈善观念，直到今天，仍值得我们学习和思考。

第二节　孟子的慈善思想

孟子（约前372—前289年），名轲，字子舆，鲁国邹（今山东邹城）人。他"受业子思之门人"（《史记·孟子荀卿列传》），是战国时期儒家学派的代表人物。由于在继承发展孔子儒家学说方面的极大贡献，孟子被世人尊称为"亚圣"。孟子提倡"仁政""王道"，反对诸侯争霸。他晚年退居讲学，与弟子著书7篇，即为《孟子》。就孟子慈善思想而言，主要是性善论基础上的民本思想。

一、性善论：孟子慈善思想的基础

人性的根源究竟是"善"还是"恶"，一直为中国古代思想家所关注。孟子是中国思想史上第一个明确提出"人性善"的思想家。从《孟子》一书我们可知，战国时期，对于人性问题有四种观点，即"性无善无不善"，"性可以为善或不善"，"性有善或不善"，"性善"。孟子是在反对告子的"性无善恶"观点基础之上提出"性善论"的。他的"性善论"成为其"仁政"学说的基础，这也是孟子慈善思想的基本出发点。

孟子认为，人生来就具有一种最基本的共同的天赋本性，这就是"不忍人之心"。有这种"不忍人之心"是因为人们有"恻隐之心"，也就是平时我们所说的"同情心"或"善心"。孟子认为以"不忍人之心"而行的"不忍人之政"便是"仁政"。也就是说，"不忍人之心"的对外表现形式就是"仁政"。为王者若能扩大这种"不忍人之心"，将其落实运用到整个社会，就能施行"仁政"。由此，孟子的"仁政"学说实际上是最大的慈善。

（一）性善论的提出

"性，人之阳气，性，善者也。从心、生声。"（《说文解字》）从西周时期开始，思想家们从天性出发来论证人性的仁慈。他们指出，人是天地的"杰作"，或者说天地是人的"父母"。天地对人是博大无私的，而且本性是仁慈的。因此，既然天地是仁慈的，人性也应是善的。在儒家经典中，最早提到人性问题的是《论语·阳货》。孔子认为："性相近也，习相远也。"这个观点有两个方面的基本内涵：一是人性是天赋的，有着共性、一般性，从这个意义上讲"性相近也"；二是人性在后天环境的影响和改造下，可以有不同的发展方向，因"习"才"相远"。孔子在这里只是提出了人性的共同性，至于这一共同性是善的还是恶的，他并没有进一步阐释，也正是这一点，为孟子展开论述奠定了基础。

孟子在孔子仁学思想的基础上，提出了性善论。他把孔子哲学中的仁、义、礼等个人道德范畴上升到伦理学中的人性范畴，并加以系统化、理论化，建立起结构完整、严谨的性善论体系。

孟子是在反驳当时关于人性的各种观点后，提出性善论的。在《孟子·告子上》中，他批评了三种不正确的人性理论。一种认为人性没有所谓的善恶，代表人物是告子；一种认为人性是可以改变的，可以从善或从恶；另外一种认为，性的善恶因人而异，有的人性善，有的人性恶。这其中尤以告子人性无善恶的论点影响广泛。孟子针对告子的论点，提出了自己的观点：从本质上说，人性都是可以为善的。孟子强调的是"可以"两字，或者说，"人性善"是指人天生就具备"向善"的要求和"为善"的能力。很多人误解了孟子关于性善论的思想。他虽致力于传播人性的慈善仁爱，但并不否认人的行为中有恶行。只是在他看来，某些人行为不善甚至作恶多端，从根本上是因为他们悖逆了自己的天性，这不等于他们天性不善。

(二) 性善论的主要内容

《孟子》一书中关于性善论的言论主要有以下内容。

> 所以谓人皆有不忍人之心者，今人乍见孺子将入于井，皆有怵惕恻隐之心，非所以内交于孺子之父母也，非所以要誉于乡党朋友也，非恶其声而然也。(《孟子·公孙丑上》)

> 恻隐之心，仁之端也；羞恶之心，义之端也；辞让之心，礼之端也；是非之心，智之端也。人之有是四端也，犹其有是四体也。有是四端而自谓不能者，自贼者也。(《孟子·公孙丑上》)

恻隐之心，人皆有之。羞恶之心，人皆有之。恭敬之心，人皆有之。是非之心，人皆有之。恻隐之心，仁也。羞恶之心，义也。恭敬之心，礼也。是非之心，智也。仁义礼智，非由外铄我也，我固有之也，弗思耳矣。(《孟子·告子上》)

人之所不学而能者，其良能也。所不虑而知者，其良知也。孩提之童，无不知爱其亲也，及其长也，无不知敬其兄也。亲亲，仁也。敬长，义也。(《孟子·尽心上》)

从这些言论中，我们可以看出孟子性善论的主要内容有以下几个方面。

第一，人性本善是基础。孟子强调人人既然有"恻隐之心""不忍人之心"，自然人性本善。他认为，人刚一出生时人性的发展趋势是向善的，"人性之善也，犹水之就下也。人无有不善，水无有不下"(《孟子·告子上》)。

孟子解释"性善"说："乃若其情，则可以为善矣，乃所谓善也。若夫为不善，非才之罪也。"他的意思是说人性可以为善，如果不能为善，并不代表人性天生有问题，而是"弗思耳矣"。"故凡同类者举相似也，何独至于人而疑之，圣人与我同类者。"(《孟子·告子上》)孟子把所有人摆在同等位置上，探讨他们所共有的普遍的人性。

"恻隐之心，人皆有之"，在这里，孟子强调的是心的道德本性。他说，"人皆有不忍人之心"，并举例解释道："今人乍见孺子将入于井，皆有怵惕恻隐之心，非所以内交于孺子之父母也，非所以要誉于乡党朋友也，非恶其声而然也。由是观之：无恻隐之心，非人也；无羞恶之心，非人也；无辞让之心，非人也；无是非之心，非人也。"(《孟子·公孙丑上》)

第二，"四端"与"四德"说。孟子认为人性本善，并发掘人性善的依据："心"。他提出："恻隐之心，人皆有之。羞恶之心，人皆有之。恭敬之心，人皆有之。是非之心，人皆有之。"(《孟子·告子上》)每个人天生具有"恻隐之心""羞恶之心""辞让之心"和"是非之心"，这"四心"说构成了性善论的理论依据。

孟子认为，人不是自然的人，而是社会的人。社会人的最基本属性就是上述提到的"四心",这是一个不言自明的论断或道德律令。孟子以人的"四心"作为"人性善"的出发点,进一步将"人性善"归结到"仁、义、礼、智"四种德性上。

孟子认为人天生有善端,也就是:"恻隐之心,仁之端也。羞恶之心,义之端也。辞让之心,礼之端也。是非之心,智之端也。"(《孟子·公孙丑上》)孟子强调"四端"仅仅是完善人性、涵养道德的开始,只是一种"善端"的萌芽。人必须进一步在社会和实践中学习,不断扩充和培养自己的人性和道德,也就是将"四端"扩而充之,并逐渐形成"四德",即仁、义、礼、智四种道德,并逐渐提高自身的道德素质。如果只是具有善端而不加以扩充、培养,仅有的"善端"就会慢慢消失,甚至生出恶来。

第三,性善论的终极目的——行不忍人之政。在人之本性的问题上,孟子坚持人性可以向善。他的人性善理论是"行不忍人之政"的基础。《孟子·梁惠王上》记载,孟子在魏国时,梁襄王曾向孟子请教如何才能安定天下,孟子回答说:"定于一。"梁襄王紧接着又问:"孰能一之?"孟子回答说:"不嗜杀人者能一之。"意思是说,只有不喜欢杀戮、心怀仁慈的人,才能统一天下。孟子解释说:"人皆有不忍人之心。先王有不忍人之心,斯有不忍人之政矣;以不忍人之心,行不忍人之政,治天下可运之掌上。"(《孟子·公孙丑上》)即:每个人都应该有怜悯体恤别人的胸怀。古代先王正是因为有怜悯体恤百姓的慈善之心,所以才能施行怜悯体恤百姓的政治;若用怜悯体恤别人的心情,施行怜悯体恤百姓的政治,治理天下就可以像在手掌心里运转东西一样容易了。这种"怜悯体恤之心"由君主运用于其政治之中,便是"不忍人之政"。

孟子认为"不忍人之心"是天赋的,是人人都应该具有的基本人性。因而,为王者更应该具有"不忍人之心",也就是慈善之心。为王者若有了"恻隐""羞恶""辞让""是非"之四心,并以此为基础培养、扩充人的四种道德——仁、义、礼、智,就一定能推行"不忍人之政",即"仁政"。孟子认为君主具有的"不忍人之心"是制定和实施国家政策的出发点,统治者应该设身处地、将心比心地为人民的生活实际考虑，关爱体恤百姓，深入了解民情。

孟子的性善论是一个完整的以慈善之心为核心的思想体系，其逻辑是：人性的善是天赋的，所以人具有"四心"，在此基础上可以培养教育形成"四德"，具体到各级统治者就是要施行"不忍人之政"（仁政）。因此可以说，"不忍人之心"外化为"仁政"，就是施行了"王治"。从慈善角度看，这是将善心扩展、落实到了整个社会和国家治理层面上。将慈善由人性人心推及政治层面，是孟子慈善思想的典型特色，也是儒家文化慈善思想发展的又一高峰。

（三）性善论的推延——"老吾老，以及人之老；幼吾幼，以及人之幼"

孟子认为君主、父亲、兄长要想使臣下、子女、幼弟以仁义之心对待自己，自己就要以仁义之心对待他们。也就是从自我做起，将自己的"不忍人之心"推及他人。圣王明君就是因为以"不忍人之心"施行了"不忍人之政"，才以"仁政"名垂千古的。君主以"不忍人之心"而行"不忍人之政"，就是推己及人，把自己对亲人的天然之爱推及他人。《孟子·梁惠王上》中指出："老吾老，以及人之老；幼吾幼，以及人之幼：天下可运于掌。"人在社会上，自己有父母，别人也有父母；自己有儿女，别人也有儿女。自己尊敬父母，别人也尊敬父母；自己爱护儿女，别人也爱护儿女。当自己孝敬父母、疼爱儿女的时候，别人的心情和自己是相同的。敬自己的父母，也要敬别人的父母，爱自己的儿女，也要爱别人的儿女。如果对每个人都以亲爱之心相待，治理天下自然就容易了。

孟子认为，君主若由近及远地把恩惠推广开去，把这种尊尊亲亲之恩推广开去，就能保有四海，否则就连自己的妻子儿女都保不住。孟子所说的仁爱是有亲疏等级的爱，"老吾老，以及人之老；幼吾幼，以及人之幼"，也并不是说把别人的父母当作自己的父母、把别人的儿女当作自己的儿女，而是说要由己及人地体会别人的敬父母、爱子女之情。

二、民本：孟子慈善思想的实践

仁政思想的前提是仁爱或恻隐之心，而仁政得以实施的政治基础则是民本思想。民本思想也是孟子慈善观中一个极有特色的思想。

孔子提出了"百姓足,君孰与不足?百姓不足,君孰与足"(《论语·颜渊》)的论断。孟子在理解先哲们的民本思想的基础上,将其融入政治学说,提出了自己的民本思想。

(一)核心命题——民贵君轻

孟子响亮地提出了"民为贵,社稷次之,君为轻"(《孟子·尽心下》)的思想。我们从孟子对三者的排列次序上可以看出,民众、社稷和君主的位置在他这里发生了颠覆性的变化。他升华了原来的民本思想,把民众放在第一位,把社稷放在第二位,而把君主放在最后。孟子说:"是故得乎丘民而为天子,得乎天子为诸侯,得乎诸侯为大夫。诸侯危社稷,则变置。"(《孟子·尽心下》)

民心向背事关国家的兴亡、朝代的更迭、统治者的安危。因此,孟子重视民众在国家中的重要作用,他说:"桀纣之失天下也,失其民也。失其民者,失其心也。得天下有道,得其民,斯得天下矣。得其民有道,得其心,斯得民矣。得其心有道,所欲与之聚之,所恶勿施,尔也。"(《孟子·离娄上》)他指出,对民众残暴的君王会因为失去民心而失去天下,若君主善待民众就会得到民心,因而得到天下。历史上夏王桀、商纣王帝辛都是暴君,就是因为残暴不仁失去民心,最后被民众唾弃,导致政权被推翻。而商王汤、周文王因施行"仁政"得到百姓的拥护,最终得到天下。孟子由这个逻辑出发,推论出君主要对民众施行仁政。

(二)民本思想的要求

第一,孟子要求君主"与民同乐"。孟子说:"乐民之乐者,民亦乐其乐;忧民之忧者,民亦忧其忧。乐以天下,忧以天下,然而不王者,未之有也。"(《孟子·梁惠王下》)所谓"与民同乐",就是说作为统治者应该充分考察人民的实际情况,关心普通老百姓的生活。若君王只顾自己享受,忘记了天下老百姓的疾苦,这样是不对的。君主应该使普通民众丰衣足食,过上幸福快乐的生活。只有那种与百姓共享忧乐的统治者,才能够得到天下。因此,孟子说："古之人与民谐乐，故能乐也。"（《孟子·梁惠王上》）进而，"今王与百姓同乐，则王矣"（《孟子·梁惠王下》）。

我们可以看出，孟子认为君主只有做到了与民同乐，才能算是真正的快乐，并且也只有做到了与民同乐，才能最终实现"王天下"的目的。这种思想就要求君主对百姓广施爱心。君主只有做到与民同忧同乐，才能得到百姓的支持和拥护，才能使得国家安定。要做到这一点，那就要"所欲与之聚之，所恶勿施"（《孟子·离娄上》）。孟子认为，统治者不应该把自己的快乐建立在民众的痛苦之上。他说，官吏"庖有肥肉，厩有肥马，民有饥色，野有饿莩，此率兽而食人也"（《孟子·梁惠王上》）。

第二，孟子要求统治者"尊贤使能"。孟子认为君主对管理者如果能做到知人善用，根据人民的意志来选拔和任用官员，就能够真正实施仁政。因为如果只是君主贤明，但下级官员不能有效地贯彻执行相关政策，君主也很难做到以仁政治理天下，保证国家的长治久安。因此，孟子说："尊贤使能，俊杰在位，则天下之士，皆悦而愿立于其朝矣。"（《孟子·公孙丑上》）

"尊贤"的意思是说君主和各级官员要尊重贤德之人。贤德之人是道德教化的典范。孟子十分注重道德教化的作用。贤德之人的个人道德魅力对民众有教化作用。孟子认为君臣之间要互相尊重，人格平等。他说："君之视臣如手足，则臣视君如腹心；君之视臣如犬马，则臣视君如国人；君之视臣如土芥，则臣视君如寇仇。"（《孟子·离娄下》）这实际上是对孔子"君君臣臣"思想的进一步解释。君对臣的态度决定了臣对君的态度。孟子强调说，君臣之间应该有一种"手足"之情，君主只有如同对待手足一般对待臣下，臣下才能鞠躬尽瘁，死而后已。

"使能"就是任用有能力的人帮助治理国家。孟子认为，让有能力的人担任重要的职务，他们才能在各自的岗位上发挥才干，并引导天下的志士仁人汇聚到一起。即便是小国，只要"贤者在位，能者在职……明其政刑"（《孟子·公孙丑上》），也能实现政治清明、人民和顺、国家安泰，一定也会使得"虽大国必畏之矣"（《孟子·公孙丑上》）。

如何选择有能力且有仁德的人呢？孟子提出的方式是"察之"。他说："国君进贤。如不得已，将使卑逾尊，疏逾戚，可不慎与！左右皆曰贤，未可也；诸大夫皆曰贤，未可也；国人皆曰贤，然后察之；见贤焉，然后用之。左右皆曰不可，勿听；诸大夫皆曰不可，勿听；国人皆曰不可，然后察之；见不可焉，然后去之。左右皆曰可杀，勿听；诸大夫皆曰可杀，勿听；国人皆曰可杀，然后察之；见可杀焉，然后杀之。故曰国人杀之也。如此，然后可以为民父母。"（《孟子·梁惠王下》）孟子在这里强调，要推行仁政，选拔官员时就不能偏听偏信，应该全方位地考察。

因此，选拔人才，君主要慎之又慎。君主要牢记：举贤的标准不是君主的喜恶，而是民众的意向。民众的意向应是决定官员任免、升降、奖惩的主要依据。只有做到了这一点，君主才能广泛地招揽人才，达到"王天下"的目的。

第三，孟子认为君主应推恩于民，尤其是应关心弱势群体。孟子认为君主只有真正做到以民为本、推行仁政，民众才会全身心拥戴，君主才能称王于天下。"保民而王，莫之能御也。"（《孟子·梁惠王上》）要关心弱势群体的生活和疾苦，应该如何做呢？

孟子提出要帮助社会中的弱势群体，解决他们实际的生活困难。在回答齐宣王关于如何施行"王政"的问题时，孟子说："老而无妻曰鳏，老而无夫曰寡，老而无子曰独，幼而无父曰孤，此四者天下之穷民而无告者。文王发政施仁，必先斯四者。"（《孟子·梁惠王下》）孟子认为，对于鳏、寡、独、孤等社会下层的弱势群体，君主要首先考虑解决他们的困难，这是君主施行仁政的首要内容。对那些无依无靠的弱势群体给予充分的关爱和照顾，而不是放弃不管，真正做到天下人皆有所养，这是孟子王道政治的最高理想，也是孟子慈善思想的特色。

（三）"制民之产"的富民思想

孟子认为，政权的稳定，来自仁政的施行。施行仁政，首先必须关注民生。关注民生最基本的一点就是让老百姓的生活安定。只有做到了这一点，才有可能引导民众"从善"与"为仁"。

如何让民众获得基本的物质生存条件呢？首先，孟子强调要"制民之产"。因为在孟子看来，"无恒产而有恒心者，惟士为能"（《孟子·梁惠王上》），在众多的社会阶层中，民众是生活在最底层的社会的基础。"民之为道也，有恒产者有恒心，无恒产者无恒心；苟无恒心，放辟邪侈，无不为已……。"（《孟子·滕文公上》）老百姓如果没有稳定的经济收入，就会对社会缺乏信念。一旦信念缺乏，他们就有可能胡作非为，破坏社会的安定。所以，孟子提出"制民之产"，"是故明君制民之产，必使仰足以事父母，俯足以畜妻子，乐岁终身饱，凶年免于死亡"（《孟子·梁惠王上》）。君主要主动分配给老百姓一定的生产资料，使他们足以赡养父母和抚养妻儿，好年成时丰衣足食，坏年景时能保证温饱。民众衣食无忧，自然会服从君主的管理，仁政才真正能有其施行的基础。

孟子认为，除了要从制度上保证人民有必要的生产资料和生活资料外，若想让民众过上幸福的生活，还必须有适当的措施来确保富民政策的实施。

孟子也提出了一些具体的措施。如主张君主"取民有制""使民以时"。他说："食之以时，用之以礼，财不可胜用也。"（《孟子·尽心上》）还有，管理者对民众征税和征劳役要有一定的节制，还应该鼓励民众发展多样化的农业，不失时机、有计划地安排多种生产活动。总之，君主治理国家应该遵循自然规律，要做到"不违农时"，让万物各按其规律正常地生生息息。因为农业生产是有季节性的，"民事不可缓也"（《孟子·滕文公上》）。这些具体的仁政措施有利于民众的生活，从大的角度看，也是孟子慈善思想在制度方面的体现。

不仅如此，由于春秋战国时期，农业和手工业的发展使得商业有了极大发展，所以孟子认为发展商业也是富民的重要途径之一。

从社会分工的角度出发，孟子肯定了发展工商业的必要性。他提出了"或劳心，或劳力。劳心者治人，劳力者治于人"（《孟子·滕文公上》）的重要命题，主张"通功易事，以羡补不足"（《孟子·滕文公下》），即通过各行各业产品的互相交换，达到互通有无、调剂余缺的目的。他反对许行的"并耕"说，主张"一人之身而百工之所为备"（《孟子·滕文公上》），肯定了"百工"劳动的价值，也肯定了商品"交易"的价值。

孟子的性善说奠定了儒家文化慈善思想的基础，在此基础上发展成的"仁政"学说和民本思想，在中国古代政府慈善事业中发挥着主导作用。

第三节　汉唐儒家文化慈善思想的发展

一、"憯怛爱人"：董仲舒的慈善思想

董仲舒，西汉哲学家，今文经学大师，生于公元前179年，卒于公元前104年，广川（治今河北景县西南）人。

汉武帝即位后，让群臣举"贤良文学"之士。董仲舒有了向皇帝进谏的机会。在回答汉武帝的策问时，董仲舒详细阐述了自己的天人感应理论，提出了自己的建议："臣愚以为诸不在六艺之科孔子之术者，皆绝其道，勿使并进。""及仲舒对策，推明孔氏，抑黜百家。立学校之官，州郡举茂材孝廉，皆自仲舒发之。"（《汉书·董仲舒传》）成为西汉时期儒家思想的代表人物。从儒家文化慈善思想的层面看，董仲舒的慈善观念进一步发展了人性论基础上的民本思想。

（一）"性待教而为善"

董仲舒通过"中民之性说"论证了他对人性的理解。他的中民之性说是参照孔子和孟子对善的理解而提出的。董仲舒认为孔子说的善是"循三纲五纪，通八端之理，忠信而博爱，敦厚而好礼，乃可谓善"（《春秋繁露·深察名号》）。也就是说，孔子的善是圣人之善，这种善人很少见。因此，董仲舒说："观孔子言此之意，以为善甚难当。"（《春秋繁露·实性》）董仲舒认为孟子降低了善的标准，因此他说："而孟子以为万民性皆能当之，过矣。"（《春秋繁露·实性》）在此基础上，他提出了中民之性说："圣人之性不可以

名性；斗筲之性又不可以名性，名性者，中民之性。"(《春秋繁露·实性》)
这样，董仲舒就把人性分为上、中、下三品，分别称之为圣人之性、中民之性、
斗筲之性，其中中民之性最为重要。

我们可以看出，董仲舒所说的中民之性介于孔子和孟子所说之性中间，
而与孔子所说之性更为接近。为什么这么说呢？我们知道，孔子说："中人
以上，可以语上也；中人以下，不可以语上也。"(《论语·雍也》)孔子也是
把人分为三等来对待的，他们分别是上智、下愚和中人。这说明两者之间至
少有某种思想渊源。

人性有善有恶，如何才能让性为善呢？董仲舒提出："性待教而为善。"
(《春秋繁露·深察名号》)也就是说，性要想为善的话，必须通过教才能实
现。他的"性待教而为善"说主要包含以下内容。

第一，性有善质但不能为善。

董仲舒认为人性中有善质与人性已善是不能等同的："性有善质，而未
能为善也。"(《春秋繁露·实性》)在他看来，有成善的可能只是应然。也就
是说人性应当是善的，但要真正成为善的还必须通过教化。因此，他说："质
朴之谓性，性非教化不成。"(《汉书·董仲舒传》)

当然，董仲舒并不只强调教化的作用。他还说："性者，天质之朴也；善
者，王教之化也。无其质，则王教不能化；无其王教，则质朴不能善。"(《春
秋繁露·实性》)也就是说，他承认善是教化与性共同作用的结果。

第二，性必须教才能善。

人性之中有善质和恶质，如何才能使人们为善呢？董仲舒说："性待渐
于教训而后能为善。善，教训之所然也，非质朴之所能至也，故不谓性。"
(《春秋繁露·实性》)

他举例进行了论证："性者宜知名矣，无所待而起，生而所自有也。善
所自有，则教训已非性也。是以米出于粟，而粟不可谓米；玉出于璞，而璞
不可谓玉；善出于性，而性不可谓善。其比多在物者为然，在性者以为不然，
何不通于类也？卵之性未能作雏也，茧之性未能作丝也，麻之性未能为缕也，

粟之性未能为米也。"(《春秋繁露·实性》)

性是人生而自有的，善是后来才有的，"善出于性，而性不可谓善"。董仲舒强调说性和善是不同的，就像粟、卵、茧、麻、玉和米、雏、丝、缕、璞之间的关系，它们只有通过后天环境才能实现。

按此逻辑，董仲舒提出了"性禾善米说"。董仲舒说："故性比于禾，善比于米。米出禾中，而禾未可全为米也。善出性中，而性未可全为善也。善与米，人之所继天而成于外，非在天所为之内也。天之所为，有所至而止。止之内谓之天性，止之外谓之人事。事在性外，而性不得不成德。"(《春秋繁露·深察名号》)

董仲舒在性禾善米说中，一方面强调人性中有善质，使人有为善的可能性；另一方面强调人虽有善质，但要想成就善，还应有后天条件，即"人事""王教"。董仲舒的性禾善米说把性比作禾、把善比作米："禾虽出米，而禾未可谓米也。性虽出善，而性未可谓善也。米与善，人之继天而成于外也，非在天所为之内也。"(《春秋繁露·实性》)善不是自然拥有的，是通过教化实现的。

董仲舒认为，虽然人可以通过教化而为善，但是也有一部分人即使受过教化也不能为善，这部分人的性就是斗筲之性。这些人无法被教化，如同不出米的禾一样。董仲舒说的中民能达到的善，也就是通过教化所达到的善，自然不同于至善，这样善的标准就降低了，为人们向善、成善提供了更大的空间。

因为斗筲之人、中民、圣人的性不同，所以这三种人所达到的善的程度也不同。斗筲之人不能为善；中民有善质，所以可以被教化；圣人是至善，标准就是"循三纲五纪，通八端之理，忠信而博爱，敦厚而好礼，乃可谓善"(《春秋繁露·深察名号》)。董仲舒所说的中民之性和圣人之性之间具有一定的同质性。

(二) 民本德政思想的发展

董仲舒把人性分为圣人之性、中民之性、斗筲之性三种。其中中民之性中有善质，可以通过教化成就善。教化是为了维护君主统治，人的善质可以通过王的教化成就善，为施行王政提供了有力的理论基础。同时，董仲舒要求君主关心民众的疾苦，把民本作为德政的一项内容。

首先，董仲舒认为天立君的目的是为民。他说："且天之生民，非为王也，而天立王以为民也。故其德足以安乐民者，天予之；其恶足以贼害民者，天夺之。"（《春秋繁露·尧舜不擅移汤武不专杀》）君王是为民而存在的。作为君王，必须重视民生，如果能让民众过上幸福平安的生活，他的统治就可以长久，否则，他就有被推翻的危险。董仲舒还说："五帝三王之治天下，不敢有君民之心。"（《春秋繁露·王道》）古代五帝三王在治理天下时，都十分重视百姓的生活，丝毫不敢轻视民众。

其次，董仲舒强调了民众对君主的重要性。董仲舒说："君者，民之心也；民者，君之体也。"（《春秋繁露·为人者天》）"一国之君，其犹一体之心也。"（《春秋繁露·天地之行》）他将君比作心，将民比作体。董仲舒还说："王者，民之所往。君者，不失其群者也。故能使万民往之，而得天下之群者，无敌于天下。"（《春秋繁露·灭国上》）民是君之存在的条件，君不可失去民众；君若失去民众，则政权不保。君如能使万民所往，并得天下之民众，那么他将无敌于天下。

再次，董仲舒强调均输富民，不与民争利。董仲舒的均输富民思想主要来自孔子。他说："孔子曰：'不患贫而患不均。'……大富则骄，大贫则忧。忧则为盗，骄则为暴，此众人之情也。……使诸有大奉禄亦皆不得兼小利，与民争利业，乃天理也。"（《春秋繁露·度制》）董仲舒还说："孔子谓冉子曰：'治民者先富之，而后加教。'"（《春秋繁露·仁义法》）他认为"大富则骄，大贫则忧，忧则为盗，骄则为暴"，所以他主张只有民均而富才能使统治稳固。至于不与民争利的思想，董仲舒说："身宠而载高位，家温而食厚禄，因乘富贵之资力，以与民争利于下，民安能如之哉！……故受禄之家，食禄而已，不与民争业，然后利可均布，而民可家足。此上天之理，而亦太古之道……"（《汉书·董仲舒传》）

董仲舒把教化作为施行德政的主要方式之一。他是如何论证的呢？汉武帝相信古可鉴今，董仲舒就通过以古鉴今的方式提出了他的教化思想。汉武帝在策问时提出："善言天者必有征于人，善言古者必有验于今。"（《汉书·董仲舒传》）董仲舒同意汉武帝的观点，他说："夫古之天下亦今之天下，今之天下亦古之天下，共是天下，古以大治，上下和睦，习俗美盛，不令而行，不禁而止，吏亡奸邪，民亡盗贼，囹圄空虚，德润草木，泽被四海，凤皇来集，麒麟来游，以古准今，壹何不相逮之远也！安所缪盩而陵夷若是？意者有所失于古之道与？有所诡于天之理与？试迹之于古，返之于天，党可得见乎。"（《汉书·董仲舒传》）

董仲舒用历史经验提出自己的观点。董仲舒说："古者修教训之官，务以德善化民，民已大化之后，天下常亡一人之狱矣。今世废而不修，亡以化民，民以故弃行谊而死财利，是以犯法而罪多，一岁之狱以万千数。以此见古之不可不用也……"（《汉书·董仲舒传》）

董仲舒认为："凡以教化不立而万民不正也。"（《汉书·董仲舒传》）这是因为："夫万民之从利也，如水之走下，不以教化堤防之，不能止也。是故教化立而奸邪皆止者，其堤防完也；教化废而奸邪并出，刑罚不能胜者，其堤防坏也。"（《汉书·董仲舒传》）他又说："然则常玉不瑑，不成文章；君子不学，不成其德。"（《汉书·董仲舒传》）董仲舒认为，只有教化于民，才能防止他们犯错误，他说："传曰：政有三端：父子不亲，则致其爱慈；大臣不和，则敬顺其礼；百姓不安，则力其孝弟。孝弟者，所以安百姓也。力者，勉行之身以化之。天地之数，不能独以寒暑成岁，必有春夏秋冬。圣人之道，不能独以威势成政，必有教化。故曰：先之以博爱，教以仁也；难得者，君子不贵，教以义也。虽天子必有尊也，教以孝也；必有先也，教以弟也。此威势之不足独恃，而教化之功不大乎？"（《春秋繁露·为人者天》）

董仲舒对教化的作用给予高度的肯定。他说："教化流行，德泽大洽，天下之人，人有士君子之行而少过矣，亦讥二名之意也。"（《春秋繁露·俞序》）并说："道者，所繇适于治之路也，仁义礼乐皆其具也。故圣王已没，而子孙长久安宁数百岁，此皆礼乐教化之功也。王者未作乐之时，乃用先王之乐宜于世者，而以深入教化于民。教化之情不得，雅颂之乐不成，故王者功成作乐，乐其德也。乐者，所以变民风，化民俗也；其变民也易，其化人也著。"（《汉书·董仲舒传》）他认为教化有着移风易俗的作用，通过教化可以达到一种化民于无形之中的理想效果。

教化的内容是什么？他说："立大学以教于国，设庠序以化于邑，渐民以仁，摩民以谊，节民以礼，故其刑罚甚轻而禁不犯者，教化行而习俗美也。"（《汉书·董仲舒传》）这里的仁、谊、礼均属于教化的内容。他还说："先之以博爱，教以仁也；难得者，君子不贵，教以义也。虽天子必有尊也，教以孝也；必有先也，教以弟也。"（《春秋繁露·为人者天》）董仲舒认为孝悌与仁义一样，也属于教化的内容。董仲舒强调教化的作用是让民向善，所以他把善作为教化的标准："循三纲五纪，通八端之理，忠信而博爱，敦厚而好礼，乃可谓善。"（《春秋繁露·深察名号》）三纲五纪中的"五纪"就是儒家思想中的"五常"。董仲舒认为"五常"是王所必须修饬的，说："夫仁谊礼知信五常之道，王者所当修饬也；五者修饬，故受天之祐，而享鬼神之灵，德施于方外，延及群生也。"（《汉书·董仲舒传》）可见，董仲舒说的五常就是仁、义、礼、智、信。

对作为"五常"之首的"仁"，董仲舒说："仁之美者在于天。天，仁也。天覆育万物，既化而生之，有养而成之，事功无已，终而复始，凡举归之以奉人。察于天之意，无穷极之仁也。是故人之受命天之尊，父兄子弟之亲，有忠信慈惠之心，有礼义廉让之行，有是非逆顺之治，文理灿然而厚，知广大有而博，唯人道为可以参天。"（《春秋繁露·王道通三》）"臣闻天者群物之祖也，故遍覆包函而无所殊，建日月风雨以和之，经阴阳寒暑以成之。故圣人法天而立道，亦溥爱而亡私，布德施仁以厚之，设谊立礼以导之。"（《汉书·董仲舒传》）

对于"仁"的具体规定，董仲舒说："何谓仁？仁者憯怛爱人，谨翕不争，好恶敦伦，无伤恶之心，无隐忌之志，无嫉妒之气，无感愁之欲，无险诐之事，无辟违之行。故其心舒，其志平，其气和，其欲节，其事易，其行道，故能平易和理而无争也。如此者谓之仁。"（《春秋繁露·必仁且智》）

董仲舒说的"憯怛爱人"，就是要求人与世无争，做到"心舒""志平""气和""欲节""事易"。他说："仁者，爱人之名也。寓，《传》无大之之辞。自为追，则善其所恤远也。"（《春秋繁露·仁义法》）这里强调的也是仁者爱人，可见"爱人"是"仁"的主要内涵。董仲舒说："仁之法在爱人，不在爱我。……人不被其爱，虽厚自爱，不予为仁。"（《春秋繁露·仁义法》）

董仲舒强调"仁"要求爱别人，但如果别人没有接受你的爱，也谈不上是"仁"。我们看出，董仲舒的"爱人"思想显然不是完全由"亲亲"原则外推的，而是"以仁厚远。远而愈贤、近而愈不肖者，爱也。故王者爱及四夷"（《春秋繁露·仁义法》）。他认为，判断"仁"的程度要看"仁"影响范围的大小。

二、"性情三品"说：韩愈的慈善思想

韩愈（768—824），字退之，河南河阳（今河南孟州南）人，世称"韩昌黎"。死后谥曰"文"，被后人尊为"韩吏部""韩文公"。

韩愈认为，杨、墨、佛、老相互交乱，导致圣人之道不明。他试图以儒家圣人之道明于天下人，呼吁振兴儒学解决上述问题。韩愈的慈善思想正是在这种历史背景下应运而生的。韩愈的慈善观以"道"为核心，从历史、政治、宗教、伦理等各个方面出发进行论证分析，由此提出"道统"，在伦理观上，就是"性情三品"说的人性论。

韩愈在吸收前人成果的基础上，提出"性之品有三""情之品有三"，一方面是为了道德教化，突出仁义之"道"；另一方面也是为了从"性情""三品"的实有出发反对佛教对人伦关系的背离。

韩愈在《原性》中说："性之品有上中下三。上焉者，善焉而已矣；中焉者，可导而上下也；下焉者，恶焉而已矣。"这里的"性之品有三"，不同于性善之"性"有三品。"性之品有三"的逻辑前提是性善，具体到现实生活中的人则用"品"，因为现实中人的道德存在差异性。韩愈认为："上焉者"，"主

于一而行于四"，以仁德为根本，通于其他四德，即五德完备；"下焉者"，"反于一而悖于四"，违反五德，即五德缺失；"中焉者"，"一不少有焉，则少反焉，其于四也混"，对于五德含混而不清，即可善可恶。韩愈认为，与"性之品有三"相应，"情之品有三"，"上焉者之于七也，动而处其中"，即七种情感的流露"发而中节"，谐和为善；"中焉者之于七也，有所甚，有所亡，然而求合其中者也"，"中焉者"表达情感或过，或不及，但追求"合其中"；"下焉者之于七也，亡与甚，直情而行者也"，"下焉者"完全以情而动。"性之品有三""情之品有三"表达的是个体在彰显性情过程中的差异性。"与生俱生"的善的本性是普遍的类的存在，落实到具体个人的存在状态上，则表现出人性的不一。

韩愈从"与生俱生"的抽象道德理性出发，将人性划分为"三品"，凸显人性的差异。韩愈的性情论吸收了孟子的性善论，并注意到了荀子的性恶论、扬子的性善论，以性情在现实人伦生活中的体现，阐明了人性的差异。

第四节　宋明理学家的慈善思想

一、民胞物与：张载的慈善思想：

张载，字子厚，生于 1020 年，卒于 1077 年，凤翔郿县（今陕西眉县）人。张载是"关学"的创始人。因在郿县横渠镇讲学，其被称为横渠先生。在人性论问题上，张载主张"立本"。这里所说的"本"指的是人之性。张载为什么提出"立本"呢？他认为："当自立说以明性，不可以遗言附会解之。"[1] 他认为以前只是解决了人性的原则问题，并没有解决"立本"问题。针对先秦以来人性是善还是恶的争论，张载提出了"天地之性"与"气质之性"的双重人性论，进一步探究人性善恶来源的理论依据，并在此基础上发展出他的慈

---

[1] 张载著，章锡琛点校：《张载集》，中华书局 1978 年版，第 275 页。

善思想的核心——民胞物与。

（一）性帅天地——人性论的理论根据

张载在《西铭》中提出"性帅天地"，意思是说气的变化主导气之本性。"性帅天地"的前提是说"性"是天、地、人、物的共性。天地之性是包含在气中的，"合虚与气，有性之名"，"性"是存在于无形的"太虚"之中的，并由此产生推动力，在推动力下产生天地万物与人。由天地之性为人的共同本性这一出发点，张载导出了其民胞物与的社会理想。

应该说，张载的这一认识比孟子更进一步。孟子认为存心养性的目的是事天，并未对性的本质作进一步论述。张载说："性通乎气之外，命行乎气之内，气无内外，假有形而言尔。故思知人不可不知天，尽其性然后能至于命。"[1]张载在这一根本性的理论上有了新突破。

（二）天地之性与气质之性

张载的人性论是双重人性论，且与宇宙论相通。他从人与物共具的太虚出发，把天地之性与气质之性规定为人性的两大内涵。他的目的是在性善论的前提下解决性恶的来源以及如何趋善成性的问题。

张载将天地之性作为其双重人性论的逻辑起点，认为人性本质上是天地之性，万物都具有性，性是万物存在的根据。张载以冰水的比喻进行解释，指出人经过"气化"成形后，如同凝聚有形的冰也具有水的性质一样，人人都具有天地之性，天地之性让每个人具有"无不善"的天赋道德属性。

张载认为每个人都有天地之性，人性没有不善的。如果说气质之性是善恶相混的话，那么天地之性便是纯善的，是圣人所具有的性。孟子强调人性本质是至善的，张载从本体论的高度指出善的来源即太虚本性。张载认为，天地之性源于太虚本体，因而天地之性沿袭了太虚"湛一""至静"的品性，这种品性为人道德人格的形成提供了内在的依据。天赋予的人性与天道相通，从这个角度来讲人性是无不善的。

在历史中发现儒学

---

[1] 张载著，章锡琛点校：《张载集》，中华书局1978年版，第21页。

张载的气质之性是说人因禀气不同而产生不同的气质，与天地之性相比，气质之性不是完美无缺的人性。这样可以解释个体人的品质为何不同。

而且，张载认为人与物共有气质之性，在这一点上，人与物不存在区别。也正是在进行这一论证时，他提出了民胞物与思想。

(三) 民胞物与的理想境界

"为天地立心，为生民立命，为往圣继绝学，为万世开太平"，这是我们常见的四句话，张载的原文为："为天地立志，为生民立道，为去圣继绝学，为万世开太平。"[1] 可见张载深沉而强烈的社会责任感。这正是因为张载继承了儒家"平天下"的精神。

张载认为君子不可只注重对内心道德的修养，而要以心忧天下的情怀去关心民众的疾苦。张载说："如博施济众，尧舜实病诸。尧舜之心，其施直欲至于无穷，方为博施。"[2] 就博施济众而言，即使是尧舜也未必完全做得到。但张载不仅强调要有此心，更强调要真正地去做、去实践。

这种思想使得宋代儒家士人以自信的心态表现出一种"自任以天下之重"的社会责任感，他们的思想中有了忠于国家、忠于社稷的成分。张载的那四句话对于中华民族文化心理结构的塑造产生了重要的影响，也深刻地影响到儒家文化的慈善思想。

张载在《西铭》中说："故天地之塞，吾其体；天地之帅，吾其性。民吾同胞，物吾与也。"[3] 在这段话中，他从天人一气、天人同本、天人和谐三个层次出发论证了天人合一思想。这里传递了中国传统文化中人与自然和谐的观念。人都是"乾父坤母"的，所以能够使生命的内在力量、外在形态以及内在品质保持一致。人的身体靠天地万物滋养，人的品格靠天德本性决定，万民是我的同胞，万物是我的朋友。

《西铭》一文中民胞物与的思想，与墨家的兼爱思想较为相近。北宋理学

---

① 张载著，章锡琛点校：《张载集》，中华书局 1978 年版，第 320 页。

② 张载著，章锡琛点校：《张载集》，中华书局 1978 年版，第 317 页。

③ 张载著，章锡琛点校：《张载集》，中华书局 1978 年版，第 62 页。

家杨时写信向老师程颐提出质疑："《西铭》深发圣人之微意，然言体而不及用，恐其流遂至于兼爱。"(《答杨时论西铭书》)程颐用"理一分殊"和"二本无分"将两种思想区别开来。在《答杨时论西铭书》中说："横渠立言，诚有过者，乃在《正蒙》。至于《西铭》之为书，推理以存义，扩前圣所未发，与孟子性善、养气之论同功，岂墨氏之比哉？《西铭》明理一而分殊，墨氏则二本而无分。分殊之蔽，私胜而失仁。无分之罪，兼爱而无义。分立而推理一，以止私胜之流，仁之方也。无别而迷兼爱，至于无父之极，义之贼也。子比而同之，过矣。且谓言体而不及用，彼欲使人推而行之，本为用也；反谓不及，不亦异乎？"

张载的民胞物与思想强调每个人要各安其分，自觉遵守礼节而不犯上作乱，所有的人在维护自己的利益的同时，不能损害他人的利益。这实际上没有违背儒家"爱有差等"的原则。

张载在《西铭》中把宇宙比喻为一个大家庭，把人间的人伦孝道上升为宇宙的"天道"，赋予孝道以本体的地位。乾父坤母，在这个宇宙大家庭里，儿女承人伦、孝父母就是孝天地。张载说："事无大小，皆有道在其间，能安分则谓之道，不能安分谓之非道。"[1]张载的论述，超越了社会、道德的意义，展示出来的是天人一体的境界。

对于人生实践而言，《西铭》的作用是可以使人们豁然开朗，发现一切事情都可以提升到乾父坤母、民胞物与的层次。在更为宏观的大宇宙视域下，天下万物与我内化为一体，继而将作为自己生命内在价值的善推广出去，"立必俱立，知必周知，爱必兼爱，成不独成"[2]。

把天地万物生存价值的实现作为人的最高价值追求，并在实践中努力践行，为了事亲事天不计较个人得失，只有这样，一个人生命的内在价值与作为宇宙的终极价值才可以贯通，人才能最终实现个体的精神境界的升华。

---

① 张载著，章锡琛点校：《张载集》，中华书局 1978 年版，第 374 页。

② 张载著，章锡琛点校：《张载集》，中华书局 1978 年版，第 21 页。

二、理一分殊：朱熹的慈善思想

朱熹（1130—1200），字元晦，一字仲晦，祖籍徽州婺源（今属山西），生于南剑州尤溪（今属福建），南宋著名的理学大家，宋儒道学的集大成者。朱熹生平大部分时间从事著述和讲学，他所开创的学派被称为"闽学"。朱熹的著作主要有《四书章句集注》《周易本义》《诗集传》《楚辞集注》等；还有后人编纂的《朱子语类》《晦庵先生朱文公文集》等。朱熹的儒学本于"二程"，后人将"闽学"和"二程"的"洛学"合称为理学，也称"程朱理学"。宋末以后，朱熹的理学一直被视为儒学正统，影响十分深远。朱熹慈善思想的最大贡献，就是发展了"理一分殊"这一理论。

理一分殊作为一个命题，第一次明确提出来是在程颐的《答杨时论西铭书》中。后来，北宋五子（周敦颐、邵雍、张载、程颢、程颐）从不同的角度围绕这个命题进行探索，提出了一系列创新思想。到了南宋，朱熹总结了北宋五子的探索成果，建构了一个完整的理论体系。

朱熹认为宇宙万物都有公共的本体作为本性，因此，宇宙万物是没有不同的。但是人和物的不同之处在于，人依据心自觉地使"理一"分出为"分殊"，也使"分殊"具有"理一"。朱熹认为性是宇宙万物的"理一"，而心是人和物之间的差异。朱子通过儒家"仁"这一概念理解"理一"和"分殊"。

"二程"以前的儒家把情看作仁，没有区分本体和情感。"二程"首先把仁提升到了本体论的高度。朱熹通过批判"知觉为仁"和"万物一体为仁"的思想，试图确立"仁"的名义。为了确立仁的名义，朱熹从人所本来具有的恻隐之心出发来证明仁。也就是朱熹从爱的角度对仁进行了说明。朱熹说："吾之所论，以爱之理而名仁者也。盖所谓情性者，虽其分域之不同，然其脉络之通，各有攸属者，则曷尝判然离绝而不相管哉！吾方病夫学者诵程子之言而不求其意，遂至于判然离爱而言仁，故特论此以发明其遗意，而子顾以为异乎程子之说，不亦误哉！"（《仁说》）朱子不以知觉或万物一体来说仁，而是以爱来说仁。仁就是性，爱就是情，性和情有明显的不同。

朱熹说："'仁者爱之理'，只是爱之道理，犹言生之性，爱则是理之见于用者也。盖仁，性也，性只是理而已。爱是情，情则发于用。性者指其未发，故曰'仁者爱之理'。情即已发，故曰'爱者仁之用'。"（《朱子语类卷第二十》）"仁是爱之理，爱是仁之用。未发时，只唤做仁，仁却无形影；既发后，方唤做爱，爱却有形影。"（《朱子语类卷第二十》）

朱熹将仁解释为"未发"，将爱解释为"已发"，认为仁和爱的关系就是本体和作用的关系。仁是未发时的本体，爱是仁践行后的具体情感的显现，也就是用。爱是从仁中生发出来的。仁和爱虽然有区分，但二者不可相离。仁就是爱的"理一"，爱就是仁的"分殊"。朱熹说："爱是个动物事，理是个静物事。"（《朱子语类卷第二十》）"心性只是一个物事，离不得。孟子说四端处最好看。恻隐是情，恻隐之心是心，仁是性，三者相因。横渠云'心统性情'，此说极好。"（《朱子语类卷第五十三》）他在这里将"恻隐"解释为"情"，将"仁"解释为"性"。动态为爱，静态为仁，心主导仁和爱，但是这种仁是和他者感应后才能被发现的。朱熹说："孺子入井在彼，恻隐之心在我，只是一个物事，不可道孺子入井是他底，恻隐之心是我底。"（《朱子语类卷第五十三》）比如对于将要掉进井的幼子，人会产生恻隐之心，这种恻隐之心是人和孺子互相感应相通而形成的。这构成了社会成员的同一性。

朱熹说的心之发现是恻隐之心的发现。他说："孟子言'性善'，亦是就发处说，故其言曰：'乃若其情，则可以为善矣。'盖因其发处之善，是以知其本无不善。"（《朱子语类卷第九十五》）朱子引用孟子的性善说，从恻隐之情出发看到了人性善的一面。

朱熹认为虽然理一分殊强调对于万物的一视同仁，但是仁的发端必须是父子之间的血缘之情，否则就无法把握爱的内涵。他说："仁是根，恻隐是萌芽。亲亲、仁民、爱物，便是推广到枝叶处。"（《朱子语类卷第六》）"恻隐之心方是流行处，到得亲亲、仁民、爱物，方是成就处。"（《朱子语类卷第七十四》）"且如爱亲、仁民、爱物，无非仁也；但是爱亲乃是切近而真实者，乃是仁最先发去处；于仁民、爱物，乃远而大了。义之实亦然。"（《朱子语类卷第五十六》)朱熹认为仁就是情的根，恻隐就是仁的萌芽。以父子之间的血缘亲情为基础的仁之萌芽，这种恻隐之心可以说是最为真实、具体的。这种思想从孔子以来被儒家学者所一再继承。孔子也是依据血缘亲情的远近亲疏来体现恻隐之心的差别性的。到了朱熹，进一步将这种血缘亲情扩大到亲亲、仁民、爱物，使得这种恻隐之心流行于宇宙万物。

朱熹说："事他人之亲，如己之亲，则是两个一样重了，如一本有两根也。"（《朱子语类卷第五十五》）他的意思是说，如果我们对待他人的父母和对待自己的父母一样的话，就好比一本两根。那么，前面讲到的差别性的恻隐之心如何理解呢？这种差别性不是外在的，而是由内心自然流露的。如果把对他人父母的爱等同于对自己父母的爱，就会失去本根。反过来说，如果恻隐之情只限于亲亲的父母之爱，不能扩大到宇宙万物，也会陷入只为自己的自私自利之中。因此，恻隐之心具有两面性，普遍之爱和差别之爱在此是辩证统一的。"林子武问：'龟山《语录》曰："《西铭》'理一而分殊'。知其理一，所以为仁；知其分殊，所以为义。"'先生曰：'仁，只是流出来底便是仁；各自成一个物事底便是义。仁只是那流行处，义是合当做处。仁只是发出来底；及至发出来有截然不可乱处，便是义。且如爱其亲，爱兄弟，爱亲戚，爱乡里，爱宗族，推而大之，以至于天下国家，只是这一个爱流出来；而爱之中便有许多等差。'"（《朱子语类卷第九十八》）

朱熹用"理一分殊"的思想，进一步阐释说明了仁就是天理流行。当然，天理流行不能混乱，具体的事物处于各自最恰当的位置，朱熹认为这便是义。

因此，"仁"就是"理一"，"义"就是"分殊"。比如我们说的"爱"，爱首先要爱父母兄弟，其次是爱亲戚朋友，然后是爱乡亲宗族，进而推到天下国家以至宇宙万物。这种爱贯通于家、乡、宗族，天下国家、宇宙万物，也就是"理一"，但同时也是有层次差别性的。如果没有普遍的爱，亲、家、乡里、宗族、天下国家的人便不能相亲相爱；如果没有具体的有差别的爱，那么所有的爱就丧失了其存在的基础。

因此，朱熹批评杨朱、墨家时曾说："言理一而不言分殊，则为墨氏兼爱；言分殊而不言理一，则为杨氏为我。所以言分殊，而见理一底自在那里；言理一，而分殊底亦在，不相夹杂。"（《朱子语类卷第九十八》）朱熹认为，偏重于理一分殊两面中的任何一面而忽略另一面都是不对的。

朱熹认为人性的礼在和具体对象的关系中发现恭敬之情，比如晚辈对长辈恭敬时，恭敬之情自然会发现。礼就是恭敬之理一，具体的恭敬之情就是分殊。本体的礼和恭敬之情通过恭敬之心而联结在一起。朱熹说："知事亲从兄之所以然者，智之本也。'不爱其亲而爱他人者，谓之悖德……'"（《朱子语类卷第二十》）"知觉自是智之事，在四德是'贞'字。而智所以近乎仁者，便是四端循环处。"（《朱子语类卷第二十》）"仁包四端，而智居四端之末者，盖冬者藏也，所以始万物而终万物者也。智有藏之义焉，有终始之义焉：则恻隐、羞恶、恭敬，是三者皆有可为之事，而智则无事可为，但分别其为是为非尔，是以谓之藏也；又恻隐、羞恶、恭敬皆是一面底道理，而是、非则有两面，既别其所是，又别其所非，是终始万物之象。故仁为四端之首，而智则能成始、能成终。"（《答陈器之问〈玉山讲义〉》）

在这里，朱熹认为爱是由仁而发现的，从父子之爱逐渐扩大到仁民爱物。人们所具备的智使人可以认识爱的本源，即爱所具备的差别性和普遍性之统一。

朱熹的理一分殊思想作为一个完整的理论体系，对儒家慈善观的建构做出了重要贡献。从思维模式而言，朱熹将两者解释为普遍和特殊的相互蕴含关系，认为既不能以普遍取代特殊，也不能以特殊否定普遍；从价值理念看，这是一种充满现实感的人道主义的慈爱情怀，一方面强调血缘亲情的根本之爱，另一方面对社会普遍的人际关系作出各自的有序安排。

三、心性良知：王阳明的慈善思想

王阳明（1472—1529），明代著名的大儒，名守仁，字伯安，余姚（今属浙江）人。因筑室于故乡阳明洞中，世称阳明先生。他的思想是在继承思孟学派的"尽心""良知"和陆九渊的"心即理"等学说的基础上形成的。

王阳明因触犯宦官刘瑾，被贬官到贵阳西北的龙场。在那里，王阳明动心忍性："始知圣人之道，吾性自足，向之求理于事物者误也。"[①]在此基础上，王阳明提出致良知理论，成为心学的创始人，也以此构筑了其慈善思想。

（一）心性论

王阳明继承了宋明理学家对心性论的探讨。他以良知为心性本体，对人生的价值进行了解释。良知这一概念出自《孟子·尽心上》："所不虑而知者，其良知也。"这里的"良知"是指人先天具有的一种道德意识。王阳明在陆九渊心学思想的启发下，将良知概念的内涵进一步丰富充实，使其理论性大大提升。王阳明将良知提升到了本体的层面，使之成为重要的哲学概念。

王阳明认为，人与世间万物形成一个有机的统一体，彼此不能分离、割裂。因此，世间万物是一体无间的，这种一体无间处于一种本然的状态。人与世间万物也是一体无间的，并在现实生活中彰显其生命价值。

那么，人之为人的基本立足点是什么呢？王阳明认为"心即理"，这里的"心"，"不是一块血肉"。王阳明说："汝若为着耳目口鼻四肢，要非礼勿视听言动时，岂是汝之耳目口鼻四肢自能勿视听言动，须由汝心。这视听言动皆是汝心：汝心之视，发窍于目；汝心之听，发窍于耳；汝心之言，发窍于口；汝心之动，发窍于四肢。若无汝心，便无耳目口鼻。所谓汝心，亦不专是那一团血肉。若是那一团血肉，如今已死的人，那一团血肉还在，缘何不能视听言动？所谓汝心，却是那能视听言动的，这个便是性，便是天理。"[②]身体是感性的存在，耳目口鼻等五官在现实生活中各有其职责功能，然而这些功能并不是源于自己，而是源于"心"。因此说，心是人生命的根基之所在。

> 夫物理不外于吾心，外吾心而求物理，无物理矣；遗物理而求吾心，
>
> 吾心又何物邪？心之体，性也；性即理也。故有孝亲之心，即有孝之理，
>
> 无孝亲之心，即无孝之理矣。有忠君之心，即有忠之理，无忠君之心，

---

① 王守仁撰，吴光等编校：《王阳明全集》，上海古籍出版社1992年版，第1228页。

② 王守仁撰，吴光等编校：《王阳明全集》，上海古籍出版社1992年版，第36页。

即无忠之理矣。理岂外于吾心邪？①

王阳明认为天理存在于每个人的心中，这也是人之所以为人的根本，也是人行为做事的根据。人与父母相处自然会尽孝道，与兄长相处会表现出尊敬，这是因为人心中有天理，只要用心做，自然可以体现出来。

王阳明说："人的良知，就是草木瓦石的良知。若草木瓦石无人的良知，不可以为草木瓦石矣。岂惟草木瓦石为然，天地无人的良知，亦不可为天地矣。"②"人者，天地万物之心也；心者，天地万物之主也。心即天，言心则天地万物皆举之矣。"③"天下之事虽千变万化，而皆不出于此心之一理；然后知殊途而同归，百虑而一致。"④

心即理，心的本体是良知，每个人心中的良知即是天理，每个人心中的良知也是天地的良知，草木瓦石的良知。也就是说，良知是作为世间万物之所以为万物的判断依据。

王阳明认为："道即是良知。良知原是完完全全，是的还他是，非的还他非，是非只依著他，更无有不是处。这良知还是你的明师。"⑤就是说，良知构成了判断是非、规范行为的最高准则。

良知的本体意义，集中地体现在意义价值世界的建构过程中。每个生命都有属于自己的、人文价值化了的世界。只有这样，世界万物对于个人才有价值，万物的价值才能真正彰显；也只有如此，人才能够真正在生活的世界中与万物为一体。

(二) 致良知

王阳明认为要完成对心本体的认识需要"格物"，要完成对心本体的彰显则需要"致知"。通过格物，人们可以实现认识内心的天理，在一定程度上

① 王守仁撰，吴光等编校：《王阳明全集》，上海古籍出版社1992年版，第42页。
② 王守仁撰，吴光等编校：《王阳明全集》，上海古籍出版社1992年版，第107页。
③ 王守仁撰，吴光等编校：《王阳明全集》，上海古籍出版社1992年版，第214页。
④ 王守仁撰，吴光等编校：《王阳明全集》，上海古籍出版社1992年版，第267页。
⑤ 王守仁撰，吴光等编校：《王阳明全集》，上海古籍出版社1992年版，第105页。

获得一种知，但这不是认识论范围内的经验知识，而是让心中的理得以彰显。在知的基础上，人还需要有切实的行动。王阳明说的知与行不是我们平时说的认识与行为，这里的知与行是其心学体系的重要内容。由此，王阳明提出了知行合一学说。

王阳明指出："知是行的主意，行是知的功夫；知是行之始，行是知之成。若会得时，只说一个知已自有行在，只说一个行已自有知在。"①知行合一，即是心中的理。行指引着知，在行中现实地实现知的一切。比如，孟子讲的人们看见儿童将要掉入井中，就会产生恻隐之心，这是知的显现；接着人会奋不顾身地去救援，这就是知行合一。"知之真切笃实处，即是行；行之明觉精察处，即是知"②，知行并进互渗，合二为一。王阳明的致良知就是知行合一，他说："圣人之学，惟是致此良知而已。"③

何为致良知？王阳明认为，正己之心以认识心中的天理，即格物；与格物相接的致知，就是致良知。

致良知可以彰显人内在的良知。王阳明说："心之良知是谓圣。"④彰显良知是成就君子理想人格的有效途径。在王阳明看来，不是每个人都能认识心中的良知的，要识得良知，就应该反求诸己，让自己的本心被发现，这样良知才能得以彰显。

致良知还可以把良知推及宇宙中的万事万物。在知行合一的统领下，王阳明通过格物与致知的结合，来解释致良知与万事万物的关系："所谓致知格物者，致吾心之良知于事事物物也。吾心之良知，即所谓天理也。致吾心良知之天理于事事物物，则事事物物皆得其理矣。致吾心之良知者，致知也。事事物物皆得其理者，格物也。"⑤

① 王守仁撰，吴光等编校：《王阳明全集》，上海古籍出版社1992年版，第4页。
② 王守仁撰，吴光等编校：《王阳明全集》，上海古籍出版社1992年版，第42页。
③ 王守仁撰，吴光等编校：《王阳明全集》，上海古籍出版社1992年版，第280页。
④ 王守仁撰，吴光等编校：《王阳明全集》，上海古籍出版社1992年版，第280页。
⑤ 王守仁撰，吴光等编校：《王阳明全集》，上海古籍出版社1992年版，第45页。

论著摘选

在王阳明这里，良知是万物的本体，是一切事物内在价值的根据。人们只有将良知推及自身以外的一切事物，才能真正做到与天地万物一体无隔。"仁者，以天地万物为一体。"王阳明认为，只有这样，人才能达成理想人格，成为"仁者"。

把良知推行到人们在世间所做的具体事情上，从慈善角度看这种观念，更为实际和可行。毕竟，慈善不是空说，而应在行为中体现思想。事实上，王阳明知行合一的思想亦是儒家文化慈善思想理论的中心所在。

本部分内容节选自徐建设、张文科主编，中国社会出版社2013年10月出版的《儒家文化慈善思想研究》，选入此书时有改动。

《中国殡葬史 第二卷 秦汉》选录

第一章　殡葬观念

第一节　春秋战国生死观的延续

秦汉时期是中国历史发展的关键期，在思想观念特别是殡葬观念上，深受春秋战国以来各种思潮的影响。诸子百家关于生死观的讨论和传播，此时已深入社会生活之中，无论是孔孟荀儒家的"事死如事生"，还是老庄道家的自然生死观与墨家的节葬观，它们之间的相互影响和融合都是不可忽视的。

一、早期儒家生死观

（一）孔子的生死观

儒家创始人孔子对生死问题有着深刻的认识。我们对孔子所说的"未知生，焉知死"十分熟悉，但许多人并未理解孔子所表达的真实含义。孔子告诚子路的言外之意是说应先做好本分的事情，如果仍有余力再关心死后之事。在孔子看来，"物有本末，事有先后"，如果对"生"的问题都处理不好，如何考虑死后世界？因此，这并不能推出死后世界重要与否，只是说在优先顺序上，孔子认为应当以现世为先，才符合仁的精神。

而且，孔子对祭祀传统十分重视。因此他说"祭神如神在"。"祭神如神在"的关注点，就是通过礼仪的庄重来追求精神的至诚，以此来提升灵性、净化人性。《中庸》发展了孔子思想，强调"至诚若神"，也就是："唯天下至诚，为能尽其性；能尽其性，则能尽人之性；能尽人之性，则能尽物之性；能尽物之性，则可以赞天地之化育；可以赞天地之化育，则可以与天地参矣。"天地人在此是合一的。

当然，这里不是对一般鬼神的膜拜。这与孔子所讲的"敬鬼神而远之"，是一致的。孔子提倡理性主义，所以认为阴阳两隔、各有分际，人可以崇拜鬼神，但不应越过界线，所以讲"远之"，这与"未知生，焉知死"的理念是完全一致的。

(二) 孟子的生死观

孟子对生与死的终极关怀，有着自觉的体验。他说："生亦我所欲，所欲有甚于生者，故不为苟得也。死亦我所恶，所恶有甚于死者，故患有所不辟也。"（《孟子·告子上》）孟子表达了对生存的渴望和对死亡的厌恶，也设定了一个基本的限度。

孟子认为，每个人的寿命都是有定数的，无论长短，就定数来说不可变化，这一切皆因天命。但是，孟子却不是命定论者，他认为人们应该勇敢地面对天命，其原因在于命既然是定数，无法变更、无法逃避，那为什么不能直面呢？孟子传承了孔子的"死生有命"思想，明言寿限均有定数。因此，无论寿终正寝还是意外横死，都是命定的。如何面对这不可知的定数？孟子强调只有日日修身、时时修身、处处行善，若有不及，即使突然面临厄运，也可从容无憾。既然无法改变天命，就要心怀警惕，更应珍惜现在的光阴，更加充实每日的内容；一旦突然面临大限，回顾一生，便能坦然相对。孟子的这种观念，充分彰显了生命的庄严性与终极性。

(三) 荀子的生死观

荀子的生死观充满了儒家理性主义。他认为人们关于死后为鬼的看法，主要是一种心理作用在作怪。荀子说："凡观物有疑，心中不定，则外物不清，吾虑不清，则未可定然否也。"（《荀子·解蔽》）他强调说："凡人之有鬼也，必以其感忽之间、疑玄之时正之。此人之所以无有而有无之时也，而已以正事。"（《荀子·解蔽》）

荀子以举例的方式说明很多怕鬼的人，其实都是在自己吓自己。他说："夏首之南有人焉，曰涓蜀梁，其为人也，愚而善畏。明月而宵行，俯见其影，以为伏鬼也，仰见其发，以为立魅也，背而走，比至其家，失气而死，岂不哀哉！"（《荀子·解蔽》）

在荀子看来，祭祀的目的，主要在于表达思慕的心意，重在教化功能，而并非真正去侍奉鬼神。因此荀子强调："祭者，志意思慕之情也，忠信爱敬之至矣，礼节文貌之盛矣，苟非圣人，莫之能知也。……其在君子，以为人道也；其在百姓，以为鬼事也。"（《荀子·礼论》）

荀子以"三年之丧"为例，说明祭祀的意义在于"称情而立文"，也就是起到人文教化的作用。他说："三年之丧何也？曰：称情而立文，因以饰群别、亲疏、贵贱之节而不可益损也。故曰无适不易之术也。"（《荀子·礼论》）在荀子看来，守丧的根本精神在于通过外化为人文礼节的丧礼来表达心中的感情。所以，荀子认为面对亲人去世，即使悲伤也不应过度，而应有所节制。这也就是他说的"礼者，节之准也"（《荀子·致士》）。所以"礼"应恰如其分，有所节制，不可怠忽轻慢，也不可奢华浪费，以适中守分为宜。

荀子在《荀子·大略》中通过子贡之口表达了自己对死亡的看法："大哉死乎！君子息焉，小人休焉。"荀子认为，真正的君子，应该随时随地行仁，无论"事君""事亲"，或退休，都应永远以仁义自持，终身不息，唯一能使之"安息"的，只有死亡；反之，小人放纵情欲、钻营私利，只有死亡才能令其休止。所以，君子与小人的对照，就在"安息"与"休止"之分，此中区别，就是死亡的不同性质。

(四) 《易经》的生死观

儒家与《易经》关系十分密切。孔子说："加我数年，五十以学易，可以无大过矣。"（《论语·述而》）《史记·孔子世家》中记载："孔子晚而喜《易》，……读《易》，韦编三绝。"因此，《易经》中对生死的看法，对儒家生死观有着极为深刻的影响。

《易经》认为，人在平日应多养生保健，在健康时能常思病中之痛，在平安时能常思灾难之危，从而警醒自己：多加珍重，爱惜生命，善用时间。所以，《易经》以乾元为首，代表首重上天大生之德，到第六十四卦，并殿以"未济"，代表着"生生不息，绵绵未济"。也就是，儒家看重的是生生世世的绵延传承，即所谓"生生之谓易"。

《乾文言》中强调："夫'大人'者，与天地合其德，与日月合其明，与四时合其序，与鬼神合其吉凶。先天而天弗违，后天而奉天时。天且弗违，而况于人乎？况于鬼神乎？"这里的意思是，真正的大人，能效法天地生生之德，有着天人合一的精神，因而能充满干劲，与天地合德；充满智慧，与日月同明；充满条理，与四时合序；充满正理，与鬼神合吉凶。如此一来，即使先于天象行事，上天也不会违背他，如果后于天象行事，更能遵循天时。连上天都不会违背他，更何况是人，何况是鬼神呢？

因此，《易经》认为，只要合乎生生之德，效法天地大德，便可大可久，可超越个人生死。儒家强调通过积极的入世，实现建功立业或思想塑造，就是我们常说的"立功""立言"，最终实现"立德"，由此才能实现生命的永恒。这种不朽的生死观，使得儒家的人生观成为一种蓬勃向上的、积极进取的观念。

与儒家不同，道家从另外一个面向发展了《易经》的生死观念。《易经》强调，只要阴阳之道运行平衡和谐，就能生生不息。因此，人只有善于养生保健、维持阴阳和谐，才能真正长寿。后来的道教也是由此切入的。《系辞上》说："仰以观于天文，俯以察于地理，是故知幽明之故；原始反终，故知死生之说；精气为物，游魂为变，是故知鬼神之情状。"道教取"精气为物，游魂为变"的理论，形成人间鬼神之说。

二、道家自然生死观

（一）老子的生死观

老子的生死观是建立在"道"的基础之上的，认为死亡是生命发展的必然归宿，总体上是一种自然生死观。"知人者智，自知者明。胜人者有力，自胜者强。知足者富。强行者有志。不失其所者久。死而不亡者寿。"（《老子·三十三章》）这句话比较完整地概括了老子的生死观。当然，学界对"亡"字的解读不同，对这句话理解也不同。一般而言，"亡"可解读为"死亡""忘记""妄为"三个意思，而且"亡""忘""妄"三字在古代是通用的。但若将"亡"解读为死亡，则推衍出"灵魂不死说"。也有学者根据帛书甲、乙本均作"不忘"，将"亡"解读为"忘"，提出了"社会记忆说"。但这些解释与老子的基本观念相冲突。若将"亡"解读为"妄"，则"死而不亡"是说人的行为不违反礼法，这与老子一贯蔑视礼法、崇尚人性的观点相去甚远。因此，这里的"亡"理解为"丢失、丧失"更为恰当。也就是说"死而不亡者寿"的意思是到死也要守住生命的本根——"道"，这样才能称作真正的长寿。

就是说，老子生死观的最终归宿是大道，其认为万物的终极都是回归道。所以，论终极关怀，老子关怀人生的最后归宿。老子对此称"为天下母"，即天道。老子说："有物混成，先天地生。寂兮寥兮，独立而不改，周行而不殆，可以为天地母。吾不知其名，字之曰'道'，强为之名曰'大'。大曰'逝'，逝曰'远'，远曰'反'。"（《老子·二十五章》）老子认为，万物的最后归宿，都是大道，它独立于万物之上恒久不变，运行于宇宙之中，永不止息。

所以，老子认为，人首先要法地，然后才是"地法天，天法道，道法自然"（《老子·二十五章》）。人是顶天立地的，与天地同样伟大，甚至与大道同样伟大。老子的生死观就是要法天地、顺自然，一切都以自然为最高原则。

如何才能保持个体生命的长久，或者如何养生呢？老子说"动无死地"。

在老子看来，一个真正善于养生的得道之人，足以超越任何挑战与打击，因此其精神是镇定、冷静的。老子说："出生入死。生之徒，十有三；死之徒，十有三；人之生，动之于死地，亦十有三。夫何故？以其生生之厚。盖闻善摄生者，陆行不遇兕虎，入军不被甲兵；兕无所投其角，虎无所用其爪，兵无所容其刃。夫何故？以其无死地。"（《老子·五十章》）他认为，长寿的人有十分之三，短命的人也有十分之三，还有一些本来可以长寿，但自己走向死路的，这些人也占十分之三。这是过分求生，奉养太丰厚导致的。那些善于养护生命的人，在陆地上行走不会遇到犀牛和老虎，在军队里战斗不会被兵器伤害，犀牛用不上它的角，老虎用不上它的爪，兵器用不上它的刃。这是因为人没有进入可致死的地方。老子以象征式的比喻，说明了精神修养的重要性。

老子强调养生之道，相信通过自然养生可以达到长寿的目的。老子认为有些人天生长命，但也可能因不珍惜而伤身；有些人可能天生体质虚弱，但是仍可以通过养生之道及开朗精神来延长生命。

老子是自然论者，也是相对论者。因此，在他看来，生死与福祸相类似，是相依相存的。在生命的每个阶段中，都有可能隐藏着死的因素，但在死地之中，也可能出现生的机会，所以，老子才讲"置之死地而后生"。

总之，老子认为人对于生死，要顺乎自然，以平常心相对，且在平日就应注意养生，为人处世勿走极端。

（二）庄子的生死观

在继承老子生死观的基础上，庄子继续向前发展。他说："死生，命也。"（《庄子·大宗师》）。在他看来，人生有生有死，就如自然中有昼有夜一样，这是一种自然规律，不能以人的意愿为转移。人们一旦了解了这点，便能用很自然的眼光看待生死。

庄子认为，不仅生死是有命的，就是富贵、贫穷等也是有命的。他在寓言中借孔子回答鲁哀公的话，说道："死生、存亡、穷达、贫富、贤与不肖、毁誉、饥渴、寒暑，是事之变，命之行也。"（《庄子·德充符》）根据庄子的看法，从生死、存亡、穷达、贫富到毁誉，乃至饥渴、寒暑，都是事物的变化和自然规律的运行。既然这些都是自然与天命，按此逻辑推衍，得到也无需高兴，失去也无需遗憾。

庄子认为，死生是一体两面的。他说："死生有待邪？皆有所一体。"（《庄子·知北游》）生死是相通的，没有太多的差别，二者是一种承继关系，生是死的继承，死是生的开始。

因此，庄子强调对生死要超乎其外，那种因生死而忧虑的心情是不必要的。庄子甚至对死充满了赞美之情。"死，无君于上，无臣于下；亦无四时之事，纵然以天地为春秋，虽南面王乐，不能过也。"（《庄子·至乐》）庄子认为，死后的世界比南面而王都要快乐。

庄子还从人的形成因素出发考察了生死。他说："人之生，气之聚也；聚则为生，散则为死。"（《庄子·知北游》）既然如此，死生互为一体，就没有必要忧虑了。他还说："死生有待邪？皆有所一体。"（《庄子·知北游》）只有领悟了死生一体、万物一体，才能领悟"道通为一"（《庄子·齐物论》）。因此，他说："凡物无成与毁，复通为一。"（《庄子·齐物论》）由此，人面对死亡，根本不用焦虑。

"人从哪里来，又到哪里去？"对于这个根本性的哲学问题，庄子也进行了思考。他认为，将生之前推到极致，就是无；死之后，自然也是无。所以这个问题的答案就是："夫道未始有封。"（《庄子·齐物论》）他进一步解释说："有始也者，有未始有始也者，有未始有夫未始有始也者。有有也者，有无也者，有未始有无也者，有未始有夫未始有无也者。"（《庄子·齐物论》）这种无穷追溯的结果，只能是无；相反，推及未来，终极也是无。因此，人的生死，是无始无终的。庄子认为，人只有看透了这一本质问题，才能领悟"天地与我并生，而万物与我为一"（《庄子·齐物论》）的幸福感。

庄子认为万物息息相关，死生也完全相通，平等如一。"死生亦大矣，而不得与之变；虽天地覆坠，亦将不与之遗；审乎无假而不与物迁，命物之化而守其宗也。"（《庄子·德充符》）在庄子的眼中，众生都是平等的，富人与穷人平等，强人与弱人平等，残与不残平等，生与死也平等，均"如一也"。所以庄子在丧妻之后，竟然"鼓盆而歌"（《庄子·至乐》）。他的朋友惠子看不过去，认为他太过分了。庄子解释说，他刚开始也会难过，但继又想到，其妻生命原本从无到有，现在又回到无，生命变化，正如春夏秋冬运行般自然，现在她正安睡在大宇宙中，他如果还想哭，岂非太"不通乎命"？

庄子临终前，学生表示要为他厚葬。他说："吾以天地为棺椁，以日月为连璧，星辰为珠玑，万物为赍送，吾葬具岂不备邪？何以加此！"（《庄子·列御寇》）弟子不同意，道："吾恐乌鸢之食夫子也。"（《庄子·列御寇》）庄子说："在上为乌鸢食，在下为蝼蚁食，夺彼与此，何其偏也！"（《庄子·列御寇》）庄子以其自身面临生死的经历，提醒学生胸襟要豁达。他要用天地作为棺木，用星辰作为装饰，有了这种天然的厚葬，何必再讲什么人的厚葬呢？这样安葬，虽然会被天上的飞鸟吃，但被埋葬于地下，同样会被地中的蝼蚁吃，不都一样吗？

庄子强调生的执着，但认为对死也不应惧怕，要顺其自然而不违背自然。生命尚未结束时，我们应当珍惜，使生更有价值，死亡真正来临时，也应坦然处之。

三、墨家生死观

墨子是墨家的创始人。他早年生活在鲁国，曾跟着儒门弟子习儒，但后来认为儒家的礼节过于烦琐，不认同厚葬久丧等观念，创立了墨家学派。通过墨子的聚徒讲学及众多弟子的传播，墨家成为在战国时代颇有影响且可与当时的儒家相抗衡的显学。

墨子生活的战国初期，贵贱贫富、生老病死皆由命定的人生观念在当时人们的头脑中根深蒂固。墨子第一个站出来反对命定论，提出"非命"的主张，表现出积极进取的人生态度。墨子指出："命者，暴王所作，穷人所术，非仁者之言也。"（《墨子·非命下》）这是因为，人们如果相信有命，就会出现"上不听治，下不从事"（《墨子·非命上》）的局面，王公大人"则必怠乎听狱治政矣。卿大夫必怠乎治官府矣。农夫必怠乎耕稼树艺矣。妇人必怠乎纺绩织纴矣"（《墨子·非命下》）。当政者如果相信命，就不会勤勉于政事，刑政就会混乱；老百姓如果相信命，就不会积极从事各种生产，而等待命运的恩赐。因此，命定论是造成"因乱""民贫"的一个重要思想根源，是"暴王之道"。

既然一切都不是早已注定的，那么决定人命运的是什么呢？墨子把"力"和"命"联系起来，在非命的基础上提出力。力指的是主观努力。孟子认为，人之所以为贵，之所以不同于禽兽，就在于能尽其力——农夫不耕则不得食，妇女不织则不得衣，工商不用其力则不能有其货。"赖其力者生，不赖其力者不生。"（《墨子·非乐上》）墨子在一定程度上认识到劳动是人的本质，人不能等待命运的安排，而应发挥主观创造性去改变命运。墨子的死亡观与勤生论紧密联系，或者说他是在勤生论的基础上阐发死亡观的。

"节葬""明鬼"是墨子对死亡所持的基本观点。他主张死后"节葬"。他抨击了当时盛行的厚葬久丧制度，认为这是一种"非仁非义"之举。他谴责统治者丧葬时"棺椁必重，葬埋必厚，衣衾必多，文绣必繁，丘陇必巨。……然后金玉珠玑比乎身，纶组节约，车马藏乎圹，又必多为屋幕、鼎鼓……，寝而埋之"（《墨子·节葬下》），他认为这种厚葬方式要浪费大量财富。对于庶人来说，厚葬要耗尽家庭的资财；对于诸侯来说，厚葬要耗尽府库的资财。至于当时杀人殉葬的做法，更是滥杀无辜。而"计久丧，为久禁从事者也"（《墨子·节葬下》）。另外，"哭泣不秩，声翁，缞绖垂涕。处倚庐，寝苫枕凷"（《墨子·节葬下》）。长时期的身着丧衣，日夜啼哭，住茅屋，铺草苫，枕土块，强忍饥而不食，故意着单而受寒，使人眼眶下陷，面色黧黑，浑身无力，损害了健康，破坏了正常生产，影响了人口增殖。因此，"以厚葬久丧者为政，国家必贫，人民必寡，刑政必乱"（《墨子·节葬下》）。而且这种使人们"出则无衣""入则无食"的厚葬久丧制度也不代表真正的孝道，它"非孝子之事"（《墨子·节葬下》）。所以，墨子认为厚葬久丧是"贼天下之人者也"。

为此，墨子大声疾呼人们对死要薄葬短丧，提出了"节葬之法"："棺三寸，足以朽体。衣衾三领，足以覆恶。"（《墨子·节葬下》）认为给死者用三寸的棺材，穿三层衣服，埋葬时只要"下毋及泉，上毋通臭"（《墨子·节葬下》）就可以了。而且，"死者既以葬矣，生者必无久丧"（《墨子·节葬下》），即生者不必久丧不止，应该赶紧去从事正常的劳作。墨子本人死后薄葬其身，"死不服，桐棺三寸而无椁，以为法式"（《庄子·天下》）。即死后不用丧服，只备办三寸厚的桐木棺材，并以此来教育后人。

　　对于鬼神，墨子的态度不同于孔子的避而不谈，也不同于先秦其他诸子。他大谈鬼神。墨子引用一些古代传说和古籍记载中的鬼神故事以及听别人说的见过鬼的事例来证明鬼神是存在的。他指出："鬼神之有，岂可疑哉。"（《墨子·明鬼下》）墨子还将鬼分为不同的类别："古之今之为鬼，非他也，有天鬼，亦有山水鬼神者，亦有人死而为鬼者。"（《墨子·明鬼下》）墨子认为人死后变成的鬼不仅具有人的特征，还具有理想的性格，并能再现人形，具有生前的一切属性。他指出，那些生前的受害者，死后为鬼能报仇雪恨。

　　墨子认为儒家对鬼神采取暧昧态度，但却重祭祀，是一种没有客人却要大摆宴席之举。他还指出："……是以天下乱。此其故何以然也？则皆以疑惑鬼神之有与无之别，不明乎鬼神之能赏贤而罚暴也。今若使天下之人借若信鬼神之能赏贤而罚暴也，则夫天下岂乱哉。"（《墨子·明鬼下》）认为现在天下大乱，就是因为人们怀疑鬼神的存在。如果人人都相信鬼神存在，又有谁敢再行暴虐呢？可见墨子坚持鬼神存在是因为他认为鬼神有"赏贤罚暴"的作用。

　　"明鬼"是墨子推行"兼爱"天下的一种力量。他指出："尝若鬼神之能赏贤如罚暴也，盖本施之国家，施之万民，实所以治国家、利万民之道也。若以为不然是以吏治官府之不洁廉，男女之为无别者，鬼神见之。民之为淫暴寇乱盗贼，以兵刃毒药水火退无罪人乎道路，夺人车马衣裘以自利者，有鬼神见之。是以吏治官府不敢不洁廉，见善不敢不赏，见暴不敢不罪。民之为淫暴寇乱盗贼，以兵刃毒药水火退无罪人乎道路，夺车马衣裘以自利者，由此止，是以莫放。"（《墨子·明鬼下》）由此可见，墨子所尊崇的鬼神，都是能"爱利万民""赏贤罚暴"的。鬼神具有敏锐的洞察力，对于一切暴虐都一目了然，而且"罚必胜之"，这些鬼神是可以帮助墨子利人利天下、为人的今生现世服务的。所以，墨子"明鬼"的目的在于利民，而非通过承认鬼神的存在鼓励人们去追求彼岸世界的幸福。

总之，墨子的生死观即勤生薄死论对战国及秦汉时期下层社会的影响较大。汉代以后，墨子的生死观被后人所吸收，汇入中国传统生死观之中。

第二节　秦汉儒家生死观

西汉时期成书的《礼记》是秦汉以前各种礼仪论著的选集。儒家生死观的前提是灵魂信仰，在此基础上，推衍出"死而不绝"理论，其目的是推行"以死教生"的价值观念。这些理念，深刻反映并影响了秦汉时期人们的殡葬观。

一、灵魂不灭的信仰

儒家之所以强调灵魂不灭主要出于以下考虑：一是伦理学的道德原则。伦理道德的最高目标是"德福一致"，而现实生活中却并非一定如此。要论证"为善待赏，作恶必罚"的道德原则，就需要设定死后有来生，在来世的生命中，灵魂需再次接受道德评判。《礼记·大传》中讲"亲亲也，尊尊也，长长也。男女有别，此其不可得与民变革者也"，也是为了建立伦理道德社会。正是因为有着对道德公平性和正义性的追求，灵魂不灭才有其必要性。

二是人类生命演化的需要。人类生命的演化，不只是生物的，也是社会的、心理的，演化到人类的反省能力出现后，即能展开个体与群体的反省。人一旦跨进反省门槛，个体的生命即由过去的被动接受转为接受自我的安排，个体的发展进而向集体的反省迈进，促成人类社会化。也就是说，人通过初级的人化，成为个体，在此基础上，融入集体社会之中。那么，人积极进取的动机在哪里？若死亡后一切都化为乌有，这种动机则不复存在。因此，要维持人类积极进取的动机，实现社会成果的演化，就必须肯定灵魂不灭。

三是灵魂不灭寄托了人们的某种希望。从纵向上看，灵魂不灭思想在史前已出现——山顶洞人在死者身旁撒红铁矿粉，就代表着灵魂不死的观念；从横向看，世界各民族都以各种方式处理尸体，也表现了灵魂不灭的信念。这源于人们对情感的追求，寄托了人们对曾经共存、如今不复存在的生命的思念之情。各民族的礼仪都可以显示出生者与灵魂的关系。"大公封于营丘，比及五世，皆反葬于周。"（《礼记·檀弓上》）从这个记载中，可以看出当事人不但认为灵魂可以不灭，还认为灵魂希望落叶归根，返回老家与祖先团聚。

可见，《礼记》通过强调灵魂不灭，推衍出死而不绝的生命观。在儒家看来，可见的形体虽然会腐朽，但那个使形体活动、使得个体创造意义的精神体却不会死亡。

二、死而不绝的观念

死亡是一种令人感到悲哀的结果，也是一种对人影响深远的事实。要解释死亡，就必须先明白人的本质，如此，才能界定生、死。

《礼记》将"人"的观念置于大宇宙之中，根据人在宇宙中的地位而界定人的特性。"故人者，其天地之德，阴阳之交，鬼神之会，五行之秀气也。""故人者，天地之心也，五行之端也，食味、别声、被色而生者也。"（《礼记·礼运》）就是说，人是兼含物质和精神两个大不相同的质料的复杂统一体。"五行之秀气""五行之端"代表了人物质性的一面。"阴阳之交""鬼神之会"是说宇宙间有阴阳、鬼神等成对出现的异质存在。"食味""别声""被色"则为人表现于外的行为。这些组合成为一个统一的有机体。也就是说，人不仅是生物性的自然存在，也是精神意识性的存在。在儒家看来，人的价值也因此凸显。所以说人为"天地之心"，是宇宙中能思想的力量，居于主宰地位。而人也是"天地之德"，能协助天地参赞万物之化育，为宇宙稳定应有的秩序。

此即"天地生君子,君子理天地"(《荀子·王制》)的观念。这样,人就突破了自我个人的限制,进入关系的存在,进入社会的存在。这种社会性存在,基于个人均需要他人的陪伴。

人是兼有物质与精神的存在,二者产生微妙的统合作用,其中有赖以维系二者联系的媒介物,即"五行者,何谓也? 谓金木水火土也。言行者,欲言为天行气之义也"(《白虎通·五行》)。就是说,各种物质均源于天地而生,而具有气的存在。气无所不在,可以来往于物质与精神之间,使二者产生互动,即"其气发扬于上,为昭明,焄蒿凄怆,此百物之精也,神之著也"(《礼记·祭义》)。气的运行,使人通过感官的知觉作用形成意识,并与精神相互沟通,成为物质和精神相互统合的复杂机体存在。

《礼记》在界定了人的概念后,开始探究生、死的定义。"分于道谓之命,形于一谓之性,化于阴阳,象形而发谓之生,化穷数尽谓之死。故命者,性之终也,则必有终矣。"(《大戴礼记·本命》)"道"为冥化自然之道,为天地万物之本体。"命"即分享于这种宇宙的最高原理。"分"即有所不足,有所限制。因此,"命"呈现出"有限性"与"超越性"。"命"源于"道",因此有偏全、厚薄、清浊、混明之分,又因不同人所得的部分不同,于是不同人的"性"也有不同。当"道"的混沌本体运动发生变化时,阴阳对立转化、相反相生的作用便产生了。当其阳性显现而形象可见时,则为"生";当其阳消阴长时,则为"死"。所以"生"与"死"是显与隐的对立概念。因此,生与死是必然的现象。生,不必喜;死,也不必悲。生死之变化对于个体生命而言,关系到有形躯体的显隐,但若融入群体之中,就成为不可或缺的生命环节。每个生命都扮演着接续传承的中介角色,因此道长存不衰,由此衍化出死而不绝的生命观。明白了这些道理,人们便能正视生命周期的终结,能在濒临死亡时保持往日的尊严,尊敬自我过去的形象;然后,把自己的生命放置在历史发展之中,安放在人类文化传统的延续之中。这样,真正走到生命终点时,人就不会害怕、恐惧了。

儒家认为生命是死而不绝的,在冠、婚、丧、祭的礼仪中,人们可以体验生命连续性的存在。生与死是生命的两个临界点。诞生之前，为生命的酝酿期，死亡后，为生命的延续期。在这两个临界点之间，为显性的生命；在这之外，为隐性的生命。

"身也者，亲之枝也，敢不敬与？不能敬其身，是伤其亲；伤其亲，是伤其本；伤其本，枝从而亡。"（《礼记·哀公问》）亲子之间，无论是外在的容貌，还是内在的精神气质，必有其相似之处，这是生物的遗传决定的。一代代的人形成一条不间断的"链条"，上一阶段的生命，通过遗传被新的生命所保存。各代人在血脉的作用下，延续不绝。因此，个体虽然有死亡，但家族的命脉不会断绝。"身也者，父母之遗体也。行父母之遗体，敢不敬乎？""天之所生，地之所养，无人为大。父母全而生之，子全而归之，可谓孝矣。不亏其体，不辱其身，可谓全矣。"（《礼记·祭义》）

儒家将死亡的深渊转化为生存的绵延，把死的阴霾转化为生的意义。父母的形体虽然不存，但由于子女不亏其体，全而归之，犹如父母的形体长存不朽；更通过不辱其身、不羞其亲的孝道成全，使父母的精神得以发扬，使得生命向更高层级迈进。

儒家各种礼仪也体现着死而不绝的观念。冠礼在宗庙中举行，通过上告祖灵，昭示家族的命脉正茁壮成长。"冠以阼，以著代也。"（《礼记·冠义》）意味着为人子者此时已有义务和资格承继上一代的地位。可见，儒家对生命的新陈代谢早有很深的体悟。

举行婚礼时，男方须到女方家族的庙中迎亲，这是因为要结两姓之好，需要上告祖庙以表敬慎。婚礼不贺，不用乐，因为子辈长成时，父辈不可避免地衰老。婚礼成为长辈和晚辈生命接续的一个环节。

冠礼、婚礼都是显性生命中的礼仪活动。死亡是生命最大的临界点。死亡的发生，使生命由显性转为隐性。死亡是一个由有形进入无形的门槛，所以需要有一道道细致复杂的丧葬礼仪，帮助生者稳定情绪，重新审视人生的旅程。因此，丧礼中礼仪的设计，侧重以招魂的复礼彰显显性生命与隐性存在的连续性。

丧葬仪式的进行，以"生者饰死者"的方式举行，一连串的仪式，将死者的客体存在成功地转化为超越的精神意识，使他们的形象进入子孙的心灵之中，成为永恒的印象，形成死而不绝的生命观念。"凡治人之道，莫急于礼。礼有五经，莫重于祭。"（《礼记·祭统》）在吉（祭）、凶、宾、军、嘉五礼之中，祭礼为重。因为祭礼的对象为天神、人鬼等超越性的存在，代表人心灵的最高原则。把握了祭祀的精神，就能形成虔诚敬慎的德行。

祭礼中对祖先的祭祀，更将死而不绝的生命观推到了最高层次。丧礼的进行，将情感转化为意识的存在。然而，这种意识存在仍需要定期加以重温，才能历久弥笃。祭祖礼的进行，作用就是定期将这种意识存在以人世间的存在方式给予展现。祭祖礼的举行，一方面表达了生者对死者的思慕之情，另一方面也传达了死而不绝的观念。

三、以死教生的价值观

一切生命都是十分珍贵的，包括逝去的生命。逝去的生命之所以依然珍贵，在于人能凭借对过去事实的回忆，发现过去生命的意义，由因生命逝去而产生的哀伤，反省过去的错误，并时刻警醒。因此，活着的人对逝去的生命进行反思，可以为自己创造生命价值作参考。由此，死者也获得了永生。

永生与不朽，是人性的普遍追求。人由于后代子孙的延续，自然生命有了不朽的意义。相对于精神生命的间接不朽，更直接、积极的不朽方式，就是在生前能达到"大上有立德，其次有立功，其次有立言"（《左传·襄公二十四年》）的境界。所谓立德、立功、立言，是指人在死后，其道德、事功、言论仍在世上流传，对后人造成影响，获得不朽。孔子正是继承了"三不朽"的思想，认定社会群体的价值是崇高的，才提出"承礼启仁"的主张来维护社会和谐的。孟子在继承孔子思想的同时继续向前发展，希望通过行仁义而使得人群和谐，获得生命的不朽。

在汉初政治统一的情形下，亲亲、尊尊、长长、男女有别的思想，是儒家共同的诉求。因此，《礼记》中讲："立权、度、量，考文章，改正朔，易服色，殊徽号，异器械，别衣服。此其所得与民变革者也。其不可得变革者则有矣。亲亲也，尊尊也，长长也。男女有别，此其不可得与民变革者也。"(《礼记·大传》)人非仅为个体，更隶属于群体。

生命价值的意义在于"死可教生"。冠礼中，能体现以死教生价值意义的，当属冠礼之后执见于乡大夫、乡先生，听取长辈们的经验教训，获得历史教育。这一环节，通过以死教生的方式，使前人的功过得失、荣辱毁誉都成为历史教材。

最能凸显以死教生价值的是丧、祭之礼。在祭祀的背后，有其信仰系统。其所使用的"象征"与"符号"也有具体的历史文化背景，带着一定的时代特征。因此，《礼记》中所反映的社会制度和政治背景，对死后世界的描摹，仍是此岸世界的翻版。因此，礼制的设计，从招魂开始，就与死者生前所属的社会阶级相匹配。生者认为人的肉体归于尘土之后，仍能保有原有的地位、权势。因此，从贴身的衣物、陪葬的配备、棺椁的重数到墓穴兆域的设置等，凡是死者生前所拥有的，在丧礼中都有相应的表现。因为死后有着落，现世才可以更专心致力于进行各种努力，创造生命的价值。

《礼记》中强调"兵者不入兆域"，是对以死教生的贴切解答。这代表着社会意识对"不义之罪"的永远排斥，目的在于教导生者在有生之年需战战兢兢，随时保持如临深渊的心境，以防节守不保，陷先人于耻辱，令后人感到羞愧。所以，对死后的人加谥的礼法，目的也是维持团体的尊严。"幼名，冠字，五十以伯仲，死谥，周道也。"(《礼记·檀弓上》)即使是族长、王侯，如危害了整体，在其死后也应加以批判，以儆后世。谥号的美恶，即是永久的褒贬，具有以死教生的永恒价值。

第三节　秦汉社会的厚葬与薄葬

一、先秦思想中的厚葬与薄葬

从文献记载看，古人所谓的"厚葬"，应包括僭礼和奢侈两方面。《左传·成公二年》载："八月，宋文公卒。始厚葬。用蜃炭，益车马。始用殉，重器备，椁有四阿，棺有翰桧。"《春秋经》载，次年二月始葬文公。可见，文公之葬符合僭礼（如七月而葬、椁有四阿、棺有翰桧等，均为天子之制）和奢侈（用蜃炭、益车马、重器备等），故《左传》作者称之为"厚葬"。

这种僭礼厚葬的情况反映了周天子权威不断下降、封建诸侯和卿大夫势力不断膨胀的社会政治现实。厚葬风气的形成虽有宗教与政治社会等各方面因素的影响，但并不为一般知识分子所赞同。《左传》作者显然不以厚葬为然。而春秋战国之时薄葬主张也已出现。薄葬观到了汉代仍有继承者，其人数虽不多，却形成汉代思想史中特殊的一环。

要讨论汉代的薄葬思想，应先厘清这类思想在先秦时代思潮中出现的背景。以孔子为首的儒家非常重视"礼"，也就是有秩序的社会规范。孔子在论"孝"的意义时说："生，事之以礼；死，葬之以礼，祭之以礼。"（《论语·为政》）他认为，不论是在生时还是在死后，人都必须以合于其身份的礼数来对待其亲人。因此孔子弟子颜回去世后，门人想要厚葬，而孔子却反对。《论语》中记载："颜渊死，门人欲厚葬之。子曰：'不可。'门人厚葬之。子曰：'回也视予犹父也，予不得视犹子也。非我也，夫二三子也。'""颜渊死，颜路请子之车以为之椁。子曰：'才不才，亦各言其子也。鲤也死，有棺而无椁。吾不徒行以为之椁。以吾从大夫之后，不可徒行也。'"（《论语·先进》）孔子反对厚葬颜回的根据，主要是由于厚葬不合颜渊的身份，而不是考虑颜渊家贫无法负担费用。否则当门人集资厚葬颜回时，孔子没有理由反对。颜渊与孔子之间的关系虽然极近，但颜渊为一平民，故在葬礼上孔子不愿意逾越礼制。何况孔子连自己的儿子孔鲤的葬礼都没有给予椁具，似乎也没有很好的理由给颜渊椁具。孔子这种重视礼制的态度在《礼记》中也可以得到印证。《礼记·檀弓上》中记载："子贡曰：'昔者夫子之丧颜渊'若丧子而无服，丧子路亦然。"可见孔子尽管对颜渊和子路的去世感到极为悲伤，但在礼制上仍然坚持遵守一定的规范而"无服"。不过孔子也注意到，外在的礼仪文饰并非伦理的最高境界，因此他说："礼，与其奢也，宁俭；丧，与其易也，宁戚。"（《论语·八佾》）丧礼最重要的是表现出哀戚的感情，而不是使用合乎身份的礼仪，这一点为后世的薄葬论者所赞同。虽然如此，但孔子并没有放弃那些合于身份的外在仪节。

孟子在丧父时身份为士，故以三鼎随葬，而丧母时其身份已为大夫，故以五鼎随葬。鲁平公知道这件事之后，颇不以为然。鲁平公虽可以接受孟子"前三后五"的用鼎法，但是认为孟子在准备衣衾棺椁时用的材料过于奢华。乐正子认为孟子没有逾礼，因为孟子后来有财力提供较好的葬具。所谓"非所谓逾也，贫富不同也"（《孟子·梁惠王下》），就是后来他有财力提供"棺椁衣衾之美"（《孟子·梁惠王下》）。不过乐正子与鲁平公对厚葬的理解不同。鲁平公认为关键并不在孟子所提供的丧礼在制度上是否合规，而在于他所使用的材料过分奢华，这是一种逾礼行为。

在另一次谈到棺椁葬制时，孟子表示他赞成用美材为棺的态度："古者棺椁无度，中古棺七寸，椁称之，自天子达于庶人；非直为观美也，然后尽于人心。不得不可以为悦，无财不可以为悦，得之为有财，古之人皆用之，吾何为独不然？且比化者，无使土亲肤，于人心独无恔乎？吾闻之也：君子不以天下俭其亲。"（《孟子·公孙丑下》）通过这两件事，可以看出孟子似乎比较倾向于厚葬。但他所认可的"厚"仍是在一定礼制之内的"厚"，并不至于违礼。而丧葬之礼是否恰当，其实并不容易界定，奢侈厚葬之风多少与此有关。

埋葬逾制或薄葬在儒家思想中都不是被推重的，但由于儒家对礼的推行，就使得丧葬容易朝厚葬方向发展。因此，在当时的统治者眼中，以厚葬为孝道之表现已经是儒家思想的特征之一。《史记·孔子世家》中有一段晏婴的话，说儒者"崇丧遂哀，破产厚葬"，这也引起了误解，道家与墨家对此都发出了批评的声音。

事实上，我们必须考虑有关死亡的观念问题，因为人对死亡的不同想法会影响到他对丧葬之礼的态度。对于儒家而言，他们关心的主要是生者所处的社会，因而对死亡本身并没有作太多的考虑。一般而言，既然孔子强调尊崇祖先，儒者就不会完全反对世间有鬼神的观念。

孔子"未知生，焉知死"的立场到了汉代儒家基本上仍然没有改变。《说苑·辨物》中有子贡问孔子人死后有无知觉的故事："子贡问孔子：'死人有知无知也？'孔子曰：'吾欲言死人有知也，恐孝子顺孙妨生以送死也；欲言无知，恐不孝子孙弃不葬也。赐欲知死人有知将无知也，死徐自知之，犹未晚也。'"可见，儒家所重视的是生者对死者的态度，他们并不直接触及人死之后究竟有知无知的问题。

墨家强调鬼神的存在，目的是用世间有鬼神的观念慑服百姓。"今若使天下之人借若信鬼神之能赏贤而罚暴也，则夫天下岂乱哉。"（《墨子·明鬼下》）。然而他们也并未考虑这种观念与其薄葬的主张是否有冲突之处。若死者果真有知，薄葬是否会激起死者的不满？而厚葬是否又会引导死者为生者致福呢？儒墨之间虽有这样的不同，但两者基本上都主张以主动积极的态度介入世事。

道家对此持另一种观点。他们认为，如果将人的生命视为宇宙万物的一部分，则生不足喜、死不足悲，生死之间亦无绝对的分别。丧葬之礼，尤其是厚葬，都是不必要的"外物"。道家批评厚葬的理由是：厚葬的结果不但不能保全死者尸骨，还使得死者因为珠宝等身外之物成为盗墓者凌辱的对象。这也是《吕氏春秋》反对厚葬的主要原因。《节丧》与《安死》两篇都提倡薄葬，目的是保护死者，不但使他们避开狐狸蝼蚁蛇蛊的侵扰，还要使他们不受"奸邪盗贼寇乱之患"。厚葬有如立碑招人盗掘，与"葬也者藏也"的立场背道而驰。

综观先秦时代与厚薄葬有关的言论，儒墨关心的主要是葬礼对生者社会所可能造成的影响。墨家要求节葬以有利于天下。儒家虽不主张薄葬，但他们对葬礼的考虑方式与墨家并无二致：葬礼主要是一种对生者有作用的"礼"。道家崇尚自然，显然不赞同厚葬风气。这对汉代一些知识分子所持的薄葬观仍有相当的影响。

二、秦汉社会的薄葬观

一般认为，"厚葬"为汉人所崇尚。实际上，无论是官方还是民间，薄葬的呼吁一直存在。

官方材料主要是各朝皇帝的诏书。汉文帝以节俭为尚，主张与民休息。他在遗诏中说："朕闻盖天下万物之萌生，靡不有死。死者天地之理，物之自然者，奚可甚哀。当今之时，世咸嘉生而恶死，厚葬以破业，重服以伤生，吾甚不取。……今乃幸以天年，得复供养于高庙，朕之不明与嘉之，其奚哀悲之有！其令天下吏民，令到出临三日，皆释服。毋禁取妇嫁女祠祀饮酒食肉者。自当给丧事服临者，皆无践。绖带无过三寸，毋布车及兵器，毋发民男女哭临宫殿。宫殿中当临者，皆以旦夕各十五举声，礼毕罢。非旦夕临时，禁毋得擅哭。已下，服大红十五日，小红十四日，纤七日，释服。佗不在令中者，皆以此令比率从事。"（《史记·孝文本纪》）文帝此诏主要是以皇帝的身份谈葬礼，他所主张的葬制可能比前代君王节俭，"治霸陵皆以瓦器，不得以金银铜锡为饰，不治坟，欲为省，毋烦民"（《史记·孝文本纪》）。

到了东汉，光武帝对厚葬专门下诏批评。建武七年（31年）诏中记载："世以厚葬为德，薄终为鄙，至于富者奢僭，贫者单财，法令不能禁，礼义不能止，仓卒乃知其咎。其布告天下，令知忠臣、孝子、慈兄、悌弟薄葬送终之义。"（《后汉书·光武帝纪下》）不难看出，即使在战乱之中，人们仍然不肯放弃厚葬之俗。

国家稍稍得到安定后，东汉皇帝不断颁布诏书提倡薄葬，批评厚葬。如，汉明帝永平十二年（69年）的诏书说："昔曾、闵奉亲，竭欢致养；仲尼葬子，有棺无椁。丧贵致哀，礼存宁俭。今百姓送终之制，竞为奢靡。生者无担石之储,而财力尽于坟土。伏腊无糟糠,而牲牢兼于一奠。糜破积世之业,以供终朝之费,子孙饥寒,绝命于此,岂祖考之意哉!"(《后汉书·显宗孝明帝纪》)汉章帝建初二年(77年)的诏书中载:"而今贵戚近亲,奢纵无度,嫁娶送终,尤为僭侈。有司废典,莫肯举察。"(《后汉书·肃宗孝章帝纪》)汉和帝永元十一年(99年)的诏书中载:"吏民逾僭,厚死伤生,是以旧令节之制度。顷者贵戚近亲,百僚师尹,莫肯率从,有司不举,怠放日甚。"(《后汉书·孝和孝殇帝纪》)汉安帝永初元年(107年)的诏书中说:"秋九月庚午,诏三公明申旧令,禁奢侈,无作浮巧之物,殚财厚葬。"(《后汉书·孝安帝纪》)元初五年(118年)汉安帝又下诏说:"嫁娶送终,纷华靡丽,至有走卒奴婢被绮縠,著珠玑。京师尚若斯,何以示四远?"(《后汉书·孝安帝纪》)

东汉末年,曹操也主张薄葬。东汉献帝建安二十三年(218年)六月,曹操颁令:"古之葬者,必居瘠薄之地。其规西门豹祠西原上为寿陵,因高为基,不封不树。《周礼》冢人掌公墓之地,凡诸侯居左右以前,卿大夫居后,汉制亦谓之陪陵。其公卿大臣列将有功者,宜陪寿陵,其广为兆域,使足相容。"(《三国志·魏书·武帝纪》)建安二十五年(220年)春正月庚子,曹操死于洛阳,临终前颁布遗令:"天下尚未安定,未得遵古也。葬毕,皆除服。其将兵屯戍者,皆不得离屯部。有司各率乃职。敛以时服,无藏金玉珍宝。"(《三国志·魏书·武帝纪》)

汉代,不仅皇帝不断提倡薄葬,其他官员或士人提倡薄葬的言论也屡被记载或践行。墨子从经济角度出发来提倡节丧说,其这一思想在汉代仍有继承者。汉成帝时,刘向曾上书谏营昌陵延陵之事,主张薄葬。刘向认为:"德弥厚者葬弥薄,知愈深者葬愈微。"(《汉书·楚元王传》)他接着从经济方面出发劝成帝考虑天子之厚葬给人民带来的困扰:"及徙昌陵,增埤为高,积土为山,发民坟墓,积以万数,营起邑居,期日迫卒,功费大万百余。死者恨于下,生者愁于上,怨气感动阴阳,因之以饥馑,物故流离以十万数……"(《汉书·楚元王传》)东汉光武帝初期以军功封侯的祭遵"临死遗诫牛车载丧,薄葬洛阳"（《后汉书·铫期王霸祭遵列传》）。和帝时，司徒张酺有薄葬之志。其遗言为："显节陵扫地露祭，欲率天下以俭。吾为三公，既不能宣扬王化，令吏人从制，岂可不务节约乎？其无起祠堂，可作槁盖庑，施祭其下而已。"（《后汉书·袁张韩周列传》）张酺的薄葬观念仍主要是从道德性和功利性的角度出发进行思考的。

从宇宙和生死观的角度出发来提倡薄葬与道家思想有关。除《淮南子》《论衡》中有记载外，汉武帝时的薄葬论者杨王孙，也是道家信仰者。到东汉时期，具道家思想取向的薄葬论者，主要为光武帝时的樊宏。樊宏与杨王孙相似，家资巨万，而有"天道恶满而好谦，前世贵戚皆明戒也。保身全己，岂不乐哉"（《后汉书·樊宏阴识列传》）的主张，死前遗令薄葬。然而考察樊宏的生平，却可发现其经历与杨王孙相去甚远。杨王孙终生不仕，而樊宏数任官职，位至侯爵。他不但尽忠职守，而且谨言慎行，为人"谦柔畏慎"，极为光武帝欣赏。他死后，光武帝下诏尊重他薄葬的遗志。但光武帝仍然赐给他的家属"千万钱，布万匹"，并且亲自参加他的葬礼。

汉章帝时，蜀郡的张霸曾任太守、侍中。他死时留下遗言："昔延州使齐，子死嬴、博，因坎路侧，遂以葬焉。今蜀道阻远，不宜归茔，可止此葬，足藏发齿而已。务遵速朽，副我本心。"（《后汉书·郑范陈贾张列传》）张霸所引延陵季子葬子的故事为儒家赞同，他要求"务遵速朽，副我本心"的言论，表明他受到了道家思想的影响，但若考察他的政治事业以及学术成就，则可发现他应不算道家之徒。他是公羊春秋学者，曾著《严氏春秋》，后更名为《张氏学》，这说明他有着儒者性格。

赵咨是灵帝时的博士，累迁敦煌太守、东海相，为人正直。他临终时为文论薄葬："夫含气之伦，有生必终，盖天地之常期，自然之至数。是以通人达士，鉴兹性命，以存亡为晦明，死生为朝夕，故其生也不为娱，亡也不知戚。夫亡者，元气去体，贞魂游散，反素复始，归于无端。既已消仆，还合粪土。土为弃物，岂有性情，而欲制其厚薄，调其燥湿邪？但以生者之情，不忍见形之毁，乃有掩骼埋窆之制。"（《后汉书·刘赵淳于江刘周赵列传》）赵咨虽持道家生死观，但也兼顾儒家的礼制和墨家的薄葬之义。其言行反映出儒、道乃至墨三派思想的影响。与赵咨同时代或稍晚的，有张奂、范冉、赵岐、卢植等人，均以薄葬观著称于世。此外，章帝时的郑弘、和帝时的何熙、顺帝时的王堂、桓帝时的马融、灵帝时的羊续和郑玄等人均遗言薄葬。

当然，薄葬论者所主张的薄葬方式各有不同。主张无棺的有杨王孙、张奂、赵岐、卢植等，不反对有棺的为赵咨、范冉等，余者均不知其是否主张有棺。可见薄葬本身并无任何绝对标准可言，重要的是提出一种不同于当时一般流行的厚葬习俗的观念。这些薄葬论的共同基本前提应该是"人死无知"，并且否认死后世界的存在，这和两汉时代葬俗中所透露出的那种对死后世界和鬼神的信仰形成强烈的对比，也和在东汉中晚期兴起的道家对葬礼的态度有所不同。

秦汉薄葬观，无论从经济角度还是道家宇宙人生观角度出发，其用意都主要是警世抗俗。因而即使其言辞有道家洒脱之气，其薄葬之主张与事实本身却表现出一种具有"社会教育"意义的积极劝世的儒家胸怀。这一点，在薄葬论者的出身、教育背景和生平事迹等方面都有所体现。儒家主张的"丧，与其易也，宁戚"很容易被引申为薄葬的理论基础。儒道之间还是有很多融通之处。持薄葬观者的言论不涉及儒家，也许只是由于儒家学说在当时多少被支持厚葬者引为依据，以至于他们不愿意再援引儒家学说，以免造成误解。

三、秦汉社会的厚葬

秦汉时期是中国经济的大发展大繁荣时代，社会上官僚富贵之家的财富不断累积。因此，秦汉社会之所以流行厚葬风气，首先是由其经济基础决定的。

从思想因素上说，秦汉时期的厚葬风气与秦汉社会提倡孝有一定关系。尽管儒家主张的孝不支持厚葬，但汉代人认为厚葬是孝的主要表现形式，"虽无哀戚之心，而厚葬重币者，则称以为孝"，这种现象实际上正是孔子所担心的。

但若将厚葬行为完全归于对孝这一思想的曲解也是不正确的。人类厚葬行为在其他民族中也曾类似地出现过，其根本原因在于灵魂不灭信仰。当然，在秦汉时期，人们对于死后世界的想象明显比前代更为清楚。

就殡葬本身而言，秦汉社会也有两个比较突出的特色，为厚葬之风起到了推波助澜的作用。一是汉代的预作寿陵制度。《后汉书·光武帝纪下》记载："初作寿陵。将作大匠窦融上言园陵广袤，无虑所用。"李贤注："初作陵未有名，故号寿陵，盖取久长之义也。汉自文帝以后皆预作陵，今循旧制也。"《三国志·魏书·武帝纪》记载："（建安二十三年）六月，令曰：'古之葬者，必居瘠薄之地。其规西门豹祠西原上为寿陵，因高为基，不封不树。'"

二是大作丘垄。战国时代人们已将山陵比作最高统治者，把最高统治者的去世隐讳地称为"山陵崩"。因此，在预先为君王建筑坟墓的时候，为了避免不吉利，也就隐讳地把预建的坟墓称为"陵"或"寿陵"。战国时代君王坟墓被称为"陵"，见于记载的，始于赵肃侯的"起寿陵"。刘向说："及秦惠文、武、昭、严襄五王，皆大作丘垄。"（《汉书·楚元王传》）现在咸阳以北的秦惠文王墓和秦武王墓都高三丈以上，这在当时的坟墓中已算最高大的了。当时人已把高大的坟墓比作山陵，因而很自然地把君王的高大坟墓称为"陵"。秦代又把皇帝的坟墓称为"山"，后代又把帝王坟墓统称为"山陵"。

汉代除崖墓外，各类墓上均有坟丘。帝王、贵族官僚墓上的坟丘都十分高大。西汉11座帝陵，除文帝的霸陵因其山、不起坟外，其余10陵地面上都筑有覆斗形夯土坟丘。坟丘的高低大小与墓主的身份、地位、财富有关。对此，《汉律》中有规定："列侯坟高四丈，关内侯以下至庶人各有差。"

实际上，对于在上位者的丧葬行为对厚葬之风的影响，当时人就有清醒的认识。汉元帝时，贡禹曾经上书谈到汉武帝死后，"昭帝幼弱，霍光专事，不知礼正，妄多臧金钱财物，鸟兽鱼鳖牛马虎豹生禽，凡百九十物，尽瘗臧之，又皆以后宫女置于园陵，大失礼，逆天心，又未必称武帝意也。昭帝晏驾，光复行之。至孝宣皇帝时，陛下恶有所言，群臣亦随故事，甚可痛也！……及众庶葬埋，皆虚地上以实地下。其过自上生，皆在大臣循故事之罪也"（《汉书·贡禹传》）。在这里，贡禹指出，在上位者的奢侈行为激发了民间厚葬风气习俗的发展。

此外，由前面提到的汉代皇帝多次下诏书提倡薄葬、批评厚葬可知，民间社会中的厚葬之风多么兴盛，尤其是到了东汉，由于庄园经济的发展和地方豪强的崛起，加上汉代丧葬中盛行赗赠之俗，说明那些诏令的作用和影响力是极为有限的。

第四节　其他殡葬观念

一、佛教生死观念的传入

秦汉时期的鬼神信仰与灵魂不灭观念、冥界观、神仙观对道教的形成、民众对佛教思想的接受都做了思想准备。

经过先秦的百家争鸣而形成的中华文化，具有很强的包容性。有些人把佛教等同于老、庄学说，如《后汉书·西域传》："详其清心释累之训，空有兼遣之宗，道书之流也。"

从民间信仰看，佛教之前，中国没有定型的宗教。但是到了西汉末年和东汉末年，战争频繁，动乱不断，在精神世界中的六道轮回、因果报应、天堂地狱等观念普及开来，深受欢迎。

公元前1世纪，正处于西汉王朝兴盛时期，汉武帝大力开拓中外交流，派张骞"凿空"、甘英出使，开通"丝绸之路"，建立起东西方经济文化沟通交流的大动脉。

这个时候，南亚、中亚佛教兴盛，有一些佛教僧侣和信众加入来往于"丝绸之路"的商团中，将佛教文化带入中国，为秦汉文化注入了新鲜血液。《魏书·释老志》记载："及开西域，遣张骞使大夏还，传其旁有身毒国，一名天竺，始闻有浮屠之教。"

学术界普遍认可的佛教传入中国的时间是西汉哀帝时期。《三国志·魏书·乌丸鲜卑东夷传》注所引《魏略》载："昔汉哀帝元寿元年，博士弟子景卢受大月氏王使伊存口受《浮屠经》曰复立者其人也。"

到了东汉，佛教在统治阶级上层传播，主要依靠藩王和皇帝发展。楚王刘英奉佛教，《后汉书·光武十王列传》记载："英少时好游侠，交通宾客，晚节更喜黄老，学为浮屠斋戒祭祀。"《后汉书·孝桓帝纪》记载："前史称桓帝好音乐，善琴笙。饰芳林而考濯龙之宫，设华盖以祠浮图、老子。"建安年间，康孟祥、竺大力与外国沙门昙果合作译成《修行本起经》二卷和《中本起经》二卷。

传记中有关佛陀的故事不断被增饰。如，《四十二章经序》中载，汉孝明帝梦见金人后，诏遣使者张骞、羽林中郎将秦景、博士弟子王遵等十二人至大月支国写取佛经《四十二章》，他们返回洛阳后，将其藏在兰台石室第十四间中等。

东汉末，各地佛教迅速发展。如，长江中下游的扬州、徐州一带，佛教兴盛。《三国志·吴书·刘繇传》记载，笮融曾大兴佛教。

二、道教生死观的形成

道教尽管在东汉中后期形成，但作为中国本土宗教，其形成经历了一个十分漫长的过程。考察秦汉殡葬史，尤其应当注意秦汉前道教时期文化的影响。中华民族的上古宗教信仰，如天帝信仰、祖先崇拜、鬼神崇拜、"德"的观念等敬天法祖思想都构成了道教形成的文化基础。

道家为道教的形成提供了宇宙论、人生哲学和修行方法，神仙家则为道教的建构树立了理想典型。老子的"道"开拓了中国古代追求世界整体性的理论趋向。庄子更加关注个体生命的体验，其学说走向了生命哲学。稷下学宫的黄老学者发掘老子的"君人南面之术"，把早期黄老思想中的圣人政治学进一步发扬。

战国秦汉时期，老庄学派和稷下黄老学派相互靠拢。在这个过程中，《黄帝书》起到了很大作用。其将"道"看作"法"的本原，强调"时"的作用，将人的活动与天地四时关联起来，贯彻了"自然"精神。

在道家学派进行生命哲学建构的同时，神仙家则注重把人类生命理想注入传统的祖先崇拜及天帝与鬼神信仰之中。我国古代的神仙思想来源久远，至少有五个源头：山海幻景、火葬风俗、飞行动物、内炼修养、药物作用。这些在后来的道教文化中经常被发现。如秦始皇便特别热衷寻找神仙，追求长生。

对神灵的崇拜和信仰传统在秦国源远流长。《史记·封禅书》记载，秦襄公攻戎救周有功，被封为诸侯，率领族人居于汉陇西郡西县，认为应主少皞之神，于是建西畤，祠祭白帝。后来秦文公梦"黄蛇自天下属地，其口止于鄜衍"，史敦为他解梦道："这是上帝的象征，应当祠祭。"于是秦文公建了鄜畤。秦穆公大病后说他梦见了上帝，称上帝命令他帮助晋国平定内乱。后来穆公"三置晋国之君，平其乱"。秦灵公建了上畤、下畤，分别祠祀黄帝和炎帝。秦国国君还相信万物有灵论。秦文公得到一块质地像石头的东西，以为是个神物，便将其置于陈仓北阪城祠祭之。此外，史书中还有对秦国人祭河伯、山神、树神等事的记载。《史记·六国年表》记秦灵公八年（公元前417年），秦人首次取臣民之女为公主，以使其嫁给河伯。《秦会要订补》引《长安志》说，秦孝公曾在蓝田县建立了虎侯山祠，用来祠祭山神。

秦始皇也接受了这些思想，对祠祭鬼神表现出无比浓厚的兴趣。他不仅祭秦地之神，有时还大举祭祀六国之神。如，秦始皇封禅结束后，祠祭了八神。八神是古代齐国所奉祀的神祇。秦始皇马不停蹄地对八神一律用一牢具祠，表现了他对神祇的崇敬之心。在祠祭名山大川方面，秦始皇也表现出"开拓"精神，其下令命崤山以东奉祠名山五、大川二。

秦始皇祀鬼神的目的，主要是企图求得鬼神的保护，以实现其"传至万世"的理想。事实上，秦始皇是一个现实感极为强烈的帝王，他的目光始终关注现实。鬼神不能使他实现自己最根本的愿望——长生不死。因此，在奉祀鬼神的同时，秦始皇开始寻找长生之药。为了达到目的，他寄希望于一些方士，走上了求神仙、寻仙药的虚幻之路。

方士们为了讨好这位天下之主，争先恐后前来，"方士言之不可胜数"（《史记·封禅书》）。《史记集解》引用《太原真人茅盈内纪》中的记载：秦始皇三十一年（公元前216年），太原人茅濛成（字初成）升仙飞天。其故邑有这样一首歌谣："神仙得者茅初成，驾龙上升入泰清，时下玄洲戏赤城，继世而往在我盈，帝若学之腊嘉平。"秦始皇听说后询问此歌谣的来源，一些父老说：这支仙人歌谣，是劝皇帝求长生的法术。于是，秦始皇十分高兴，从此有了寻仙的志向。为了对应歌谣中的词语，他将腊月改称"嘉平"。

在诸多方士中，齐人徐市最为著名。《史记》中记载了徐市等人为秦始皇求仙的事情。《史记·秦始皇本纪》记载："（秦始皇）二十八年……齐人徐市等上书，言海中有三神山，名曰蓬莱、方丈、瀛洲，仙人居之。请得斋戒，与童男女求之。"这些话，都迎合了秦始皇的内心世界：他渴望长生不老，永保至高无上的权位。因此，他甚至不惜耗费巨资和人力，"遣徐市发童男女数千人，入海求仙人"（《史记·秦始皇本纪》）。

徐市入海寻求神药好多年，尽管耗费大量资金，但当然是不可能有结果的。他每次都以船遇到大风，无法靠近神山等谎言来欺骗秦始皇。到了秦始皇三十七年（公元前210年），为了避免被秦始皇惩治，徐市又想出新的谎言来欺骗秦始皇，他说："蓬莱药可得，然常为大鲛鱼所苦，故不得至，愿请善射与俱，见则以连弩射之。"除了徐市，卢生等人也备受秦始皇重视，"（秦始皇）三十二年，始皇之碣石，使燕人卢生求羡门、高誓"等传说中的古仙人，又派遣"韩终、侯公、石生求仙人不死之药"。

除此之外，秦始皇在平时的生活中还经常穿上望仙鞋和丛云短褐，以表达自己对神仙的仰慕，"以对隐士求神仙"。他甚至对卢生说，因为仰慕真人，他自己就自称"真人"，不再称"朕"了。

卢生认为秦始皇求仙不至的主要原因是："人主所居而人臣知之，则害于神。"（《史记·秦始皇本纪》）在他的建议下，秦始皇在咸阳方圆几百里内建了270座宫观，用复道甬道相连，其中有帷帐、钟鼓、美人，对臣下严格保密其住处，对于泄露者处以极刑。

由于最高统治者对方士的日益青睐，神仙学术得以广泛传播，并开始了它与道家的文化融合之路，且形成新的学派——黄老学派。其代表著作有《吕氏春秋》《淮南子》《道德经河上公章句》等。

　　《吕氏春秋》是一部政治理论著作。它认为，人的出生和成长是一种自然现象。"达士者，达乎死生之分。……生，性也；死，命也，……凡人物者，阴阳之化也，阴阳者，造乎天而成者也。……命也者，不知所以然而然者也。"（《吕氏春秋·知分》）这里强调了生死是一种自然现象。"凡生于天地之间，其必有死，所不免也。"（《吕氏春秋·节丧》）这是说，有生必有死，这是自然规律，非人力所能改变的。

　　生的意义各不相同。物质生活、精神生活都能得到满足，可叫"全生"；而即使物质生活相当富裕，但精神却处于屈辱之中，也只能称作"迫生"。《吕氏春秋》是赞扬前者而批评后者的。死的意义也不尽相同。"黄帝之贵而死，尧、舜之贤而死，孟贲之勇而死，人固皆死。若庆封者，可谓重死矣……"（《吕氏春秋·慎行论》）黄帝、尧、舜，乃至孟贲，都是死得其所的，而庆封却是死有余辜的。庆封原是齐国大夫，在齐国干尽坏事后逃到鲁国。他在鲁国待不住，又逃到吴国。吴王把他封在朱方，引起了楚国的进攻，庆封被俘。楚王令庆封背着"斧质"，游毕乃杀之。

　　《吕氏春秋》对厚葬是持否定态度的。它认为丧葬的作用只是表达亲子间的感情，"孝子之重其亲也，慈亲之爱其子也，痛于肌骨，性也。所重所爱，死而弃之沟壑，人之情不忍为也，故有葬死之义"（《吕氏春秋·节丧》）。

　　它认为当时厚葬之风之所以盛行，只是因为生者要夸耀和示富，并非为了死者。"今世俗大乱之主愈侈其葬，则心非为乎死者虑也，生者以相矜尚也。"（《吕氏春秋·节丧》）"以此（指厚葬）观世示富则可矣，以此为死则不可也。夫死，其视万岁犹一瞬也。"（《吕氏春秋·安死》）

　　但对于是否有鬼神，《吕氏春秋》各篇所表达的观点有所不同。有承认鬼神存在的地方。如："王者厚其德，积众善，而凤皇圣人皆来至矣。……以此言物之相应也，故曰行也成也。"（《吕氏春秋·开春论》）"贤者所聚，天地不坏，鬼神不害，人事不谋，此五常之本事也。"（《吕氏春秋·求人》）又如，《吕氏春秋·音初》载："夏后氏孔甲田于东阳荥山，天大风晦盲，孔甲迷惑，入于民室。主人方乳，或曰：'后来，是良日也，之子是必大吉。'或曰：'不胜也，之子是必有殃。'后乃取其子以归，曰：'以为余子，谁敢殃之！'子长成人，幕动坼橑，斧斫斩其足，遂为守门者。孔甲曰：'呜呼！有疾，命矣夫！'乃作为《破斧》之歌，实始为东音。"这个故事说得更是活灵活现。

但《吕氏春秋》有些章节认为人死后并无灵魂："盖闻孔丘、墨翟，昼日讽诵习业，夜亲见文王、周公旦而问焉。……故曰：'精而熟之，鬼将告之。非鬼告之也，精而熟之也。'"（《吕氏春秋·博志》）孔丘、墨翟能"夜亲见文王、周公旦而问焉"，并不是因为文王、周公旦死后灵魂不灭，而是孔、墨用心专一，习业精熟的结果。因此，对求卜筮、祷祠这类行为，《吕氏春秋》明确表示反对。"今世上卜筮祷祠，故疾病愈来。"（《吕氏春秋·尽数》）生病不求良医，而去求神问卜，这样，不但治不好病，反而延误时机，使疾病更加严重。《吕氏春秋》认识上的这种互相矛盾，正是不同思想融合初期的表现。

西汉前期的《淮南子》，继承和沿袭了道家的生死观念，从自然主义的角度对生死问题进行了探讨。

《淮南子》继承了老子"贵柔尚弱"的观念："是故柔弱者生之干也，而坚强者死之徒也。"（《淮南子·原道训》）同时，《淮南子》中也有庄子的影子："以利害为尘垢，以死生为昼夜。"（《淮南子·俶真训》）这里受庄子的影响，将生死看作一个循环的自然更替的过程。《淮南子》讨论的是宇宙生命大化流行的存在状态，而不是个体生命的存在样态。个体生命只有一次，而对于人类整体而言，生死如同更替的四季或昼夜，循环不息，循环不止。

在《淮南子》看来："夫死生同域，不可胁陵，勇武一人，为三军雄。"（《淮南子·览冥训》）既然生死同处于一个宇宙之下，那么就可以说生死无界。"故知宇宙之大，则不可劫以死生。"（《淮南子·精神训》）生死对无限的宇宙来说并没有过多的差别，只是一种相对的存在而已。在庄子"生死存亡一体"（《庄子·大宗师》）之说的基础上，《淮南子》直接而明确地提出："死之与生一体也。"（《淮南子·精神训》）从根本上解决了生死关系的对立统一问题。

《淮南子》主张"死生一体"，它认为人的寿命只是一个自然的历程，时间长短与生命自身关系不大，所以说"明死生之分则寿矣"（《淮南子·齐俗训》），而一旦明晰了生死之间的关系，人就不会因此产生困惑，就能心平气和地面对生死。

《淮南子》反对"生生之厚"的厚生观念。"夫人之所以不能终其寿命，而中道夭于刑戮者，何也？以其生生之厚。夫惟能无以生为者，则所以修得生也。"（《淮南子·精神训》）并进一步举例说，刺灸求生未必不是祸，绞经求死也未必不是福，所以不要强求生死。有形为生，无形为死，生未必可怕，死也未必是解脱，人的生命源于天地、归于天地，走完生命的过程是一个与天地共存的自然过程。《淮南子》发展了庄子"生为徭役，死为休息"的看法，认为那种对于生死的主观愿望是错误的，这种对生死超脱淡然的态度超越了庄子憎生乐死的观点。

《淮南子》作为融合的产物，其观念是多元的，其中不仅有道家的观点，也有儒家重生轻死的观点。有的篇章明显是在儒家建功立业的观念上谈论生死的，如"立是废非，明示后人，死有遗业，生有荣名"（《淮南子·修务训》），认为只有在生的时候享有功业和盛名，死后个人的事业和精神才能流传于世。这是一种强调生时积极进取作为、立功立名的观念，本质上是重生轻死的。这与道家从个体心性和生命自然的角度出发，超越世俗功名的羁绊谈论生死关系有明显的区别。

《淮南子》中的确主张薄葬，但这种观点更多是建立在儒家重民观念之上的。"古者，……非不能竭国靡民，虚府殚财，含珠鳞施，纶组节束，追送死也，以为穷民绝业而无益于槁骨腐肉也，故葬薶足以收敛盖藏而已。"（《淮南子·齐俗训》）这种站在天下和民众利益的角度考虑问题的方式，从节约的方面反对只重形式的厚葬，既展现了超脱的道家情怀，也反映了儒家的民本思想。

儒家思想与谶纬神学对道教产生了极大影响。早期道教经典《太平经》《抱朴子》等中都有着很深的儒家思想的印迹。以"仁"为核心思想和自我修养为道教的道德养生提供了精神支持和方法借鉴；以"礼"为基本框架调整人际关系的规范，对道家伦理也有启迪。儒家"忠孝仁义"等伦理成为道教神仙修行程序中的一个环节。因此，道教强调"欲修仙道，先修人道"。儒家的"神道设教"传统为道教神学伦理的建立奠定了基础。"神道设教"是沟通天道与人道的中介，以天道为法则引申出人道教化。早期儒家仪式伦理在民间有着非常广泛的影响。西汉武帝时期，董仲舒将儒学向"天人感应"的神学方向发展，使得儒学走向宗教化之路，后来加上谶纬神学的推波助澜，这种趋向更加明显，这些对道教的形成都产生了影响。

医药养生理论和术数思想对道教文化的影响也很大。药物、针灸治疗为先民所使用，导引行气行为起源颇早。《黄帝内经》中的生命养护思想对道教的影响也不容忽视。后来兵家与医家提出的"身国共治""养治顺时"等观念，也丰富发展了道教思想。

三、儒道兼容观念的发展

西汉后期，各种殡葬观念的融合日趋明显，许多思想家对此有着深刻的认识，其中的代表人物为扬雄等人。扬雄生于西汉宣帝甘露元年（公元前53年），逝于王莽新朝天凤五年（18年）。扬雄出身于一个"家产不过十金"的家庭。扬雄自少年时就好学，曾投师于一位淡泊名利、情趣沉静、人品高尚的学者严君平。严君平在哲学、自然观上主张老庄思想，但在伦理上又坚持儒家的忠孝观念，这些都对扬雄的人生观产生了重要影响。《汉书·扬雄传》载："雄少而好学，不为章句，训诂通而已，博览无所不见。为人简易佚荡，口吃不能剧谈，默而好深湛之思，清静亡为，少耆欲，不汲汲于富贵，不戚戚于贫贱，不修廉隅以徼名当世。"

扬雄生活的时代是西汉由盛转衰的西汉后期，这一时期，政治紊乱、腐败，外戚擅权，统治阶级内部斗争激烈、险象环生。"旦握权则为卿相，夕失势则为匹夫。"（《汉书·扬雄传》）面对这样的社会动荡局面，儒家的治平思想显得苍白无力。而当政治日益腐败、暴虐危及己身时，老庄的人生哲理又给人指出了一个理想的避世之所。扬雄正是在这样的背景下，自觉地将儒道学说进行融合，建立起以太玄为主干并渗透于人生领域的儒道兼有的人生哲学的。

太玄的"玄"，是扬雄哲学的最高范畴，但这并不是他首创的。《老子》中就有"玄之又玄，众妙之门"的说法。因此，玄基本等同于先秦时期道家的道，是具有哲学本体意义的宇宙生成论。玄隐藏在万物之中，它由虚无而生成万物。它贯穿了古今而区别了万物的种类，通过阴阳交互生成了气，通过气的一分一合之运动，形成天地，又通过天体的运动，形成了昼夜。性命之道就在这种运动的循环往复中，通过万物的生死变化显现出来。

扬雄接受了先秦道家"气一元论"的思想，把玄看作构成万物的物质基础和支配万物的总规律。玄类似于老子的道，但又不完全等同于道。扬雄指出老子"捶提仁义，绝灭礼学，吾无取焉耳"（《法言·问道》），肯定了"人道"，认为"夫玄也者，天道也，地道也，人道也"（《太玄》）。一方面，他将天、地、人并列为三玄，这显然是对儒家礼学思想的体现；另一方面，他将自然规律、儒家政德教化、伦理道德等相联系，形成了天地与人伦、自然与社会协调统一的观念，提出"通天地人曰儒"（《法言·君子》）。

扬雄的这种儒道融合的人生理论，对后来儒道融合的成熟起着重要作用。就儒学而言，从先秦原始儒学到董仲舒的儒学体系化，发展到扬雄这里开始了儒道合一；就道学而言，先秦道家发展到魏晋玄学的一个关键环节就在扬雄这里。道家的自然生死观和儒家的重生敬死观也进一步相互融合。这种儒道融合的人生论"结两汉思想之局，开魏晋思想之路"①。

---

① 冯友兰著：《中国哲学史（下）》，商务印书馆2011年版，第78页。

在死亡观上，扬雄从天道自然无为的观点出发，认为死是一种自然规律，反对神秘、不死之说，但赞同儒家的厚葬观念。

在秦汉时期，以秦皇、汉武为代表的统治阶级希图永享人世间的荣华富贵，从而掀起一股追求成仙以图长生不死的社会思潮。扬雄反对这种思潮，认为长生不死是不合自然之道的，成仙以求长生："非人之所及也。仙亦无益子之汇矣！"（《法言·君子》）他还指出："或曰：'圣人不师仙，厥术异也。圣人之于天下，耻一物之不知；仙人之于天下，耻一日之不生。'曰：'生乎！生乎！名生而实死也。'"（《法言·君子》）讽刺那些修仙以求长生不死的人是"名生而实死"。扬雄还从根本上否定追求长生和成仙，认为那都是无根据的幻想。他指出："或问：'人言仙者，有诸乎？'曰：'吁！吾闻虙羲、神农殁，黄帝、尧、舜殂落而死。文王，毕；孔子，鲁城之北。独子爱其死乎？非人之所及也。'"（《法言·君子》）大意是：人们说的神仙不死到底有没有呢？我所知道的伏羲、神农死了，黄帝、尧、舜也死了。文王葬于毕地，孔子也葬于鲁城之北。圣人皆有死，何况一般人？不死是人力所不能做到的。因此，人死是一种自然规律："有生者必有死，有始者必有终，自然之道也。"（《法言·君子》）

在汉代，人们讲孝道，于是厚葬成俗。当时黄老学者杨王孙反对厚葬，认为人的生死是自然的规律，临终时要求儿子对他行裸葬。对这种做法，扬雄从儒家的孝亲观念出发加以反对。他说："矫世以礼，倮乎？如矫世，则葛沟尚矣。"（《法言·重黎》）扬雄认为，人只能用儒家的礼义来矫正时弊，杨王孙的裸葬是不合乎礼义的，是不值得肯定的。扬雄强调"孝子有祭"（《法言·孝至》），认为斋戒祭祀先人，是培养一个人孝心的重要方式。"孝，至矣乎！一言而该，圣人不加焉。父母，子之天地与？……事父母自知不足者，其舜乎？……人而不祭，豺獭乎！"（《法言·孝至》）扬雄认为，每个人都应该孝敬父母，如果父母死了而不祭祀，岂不是像豺与獭等禽兽一样了吗？

对于人死后是否可为鬼神，扬雄的态度并不明确，显得十分模糊。他说：

"或问：'赵世多神，何也？'"（《法言·重黎》）神到底有没有呢？"神怪茫茫，若存若亡，圣人曼云。"（《法言·重黎》）"圣人曼云"即圣人不说，对于鬼神到底有没有，圣人不说。他还说："问也者，忠孝之问也。忠臣孝子，偟乎不偟。"（《法言·君子》）即对有无鬼神不必过问，人应该过问的是忠孝的问题，忠臣、孝子哪有时间谈鬼神呢？这也与孔子"未知生，焉知死"的思想类似。

扬雄儒道兼容的生死观，对后世特别是对汉代的王充、对魏晋玄学以至宋明理学都产生了重要影响。扬雄的人生哲学是向魏晋玄学转变的一个中间环节，学术风气由独尊儒术向儒道兼重转变。后来很多上人都走上了这种儒道融合的人生之路，而儒道互补也成了中国人的传统心态。

王充，字仲任，会稽上虞人，出身于寒门庶族。其先祖王贺在汉武帝时做过绣衣御史。其曾祖曾因军功受封于会稽阳亭，但仅一年就失去官爵，被降为庶民，"以农桑为业"（《论衡·自纪》）。他家代有任侠传统。他的祖父王泛勇武任侠，为避仇人，移居钱塘县。他的父亲王涌因性格豪侠得罪豪门，徙家避祸，迁到浙江上虞。王充自幼聪明好学，六岁开始学习写字，八岁出入书馆，学习儒家经典《论语》《尚书》，日诵千言，聪颖过人。他后来游学于京师洛阳，"受业太学"，曾拜当时的名儒班彪为师。他喜好博览群书，"不守章句"，"家贫无书，常游洛阳市肆，阅所卖书，一见辄能诵忆，遂博通众流百家之言"（《后汉书·王充王符仲长统列传》）。游学回乡后，他教过书，还先后做过短时间的郡功曹和州从事等小官，但因政治主张和生活作风与当道的权贵豪强格格不入，一生仕途艰难，很不得志。他家境贫寒，"贫无一亩庇身"，"贱无斗石之秩"（《论衡·自纪》），但他"居贫苦而志不倦"（《论衡·自纪》），终生奋斗不止，把一生的主要精力和大部分时间都用来著书立说，成为汉代杰出的哲学家。

王充生活在东汉初年，历经光武帝、明帝、章帝、和帝四朝。这一时期社会相对稳定，生产力得到恢复和发展。但是，东汉谶纬神学盛行，形成了谶纬神学泛滥成灾的局面。王充用三十年时间写成《论衡》一书，详细地驳斥了作为当时统治思想的谶纬神学的荒谬。作为"博通众流百家之言"的思想家，王充批判地吸收了儒道及其他各家的思想，系统地论述了以元气自然论为核心的哲学思想。"气一元论"是王充哲学的基石，也是人们理解他生死观念的钥匙。

王充认为，宇宙间的一切都是由气组成的，并进一步指出"元气"是天地万物得以发生的根本，"万物之生，皆禀元气"（《论衡·言毒》）。他认为宇宙之间，无时无刻不充满着气的矛盾运动，从而造就了千姿百志的自然万物，"万物之生，俱得一气"，"气合则为体，散则为始"（《论衡·齐世》），气的聚散分合导致了自然万物的生、死、存、灭。

王充从气一元论的自然观出发，指出："人，物也，万物之中有知慧者也。其受命于天，禀气于元，与物无异。"（《论衡·辨祟》）指出人是由气构成的，是由无生命之气转化而来的，是由阴阳二气的运动形成的。"夫人〔之〕所以生者，阴、阳气也。"（《论衡·订鬼》）"犹夫妇合气，子则自生也。夫妇合气，非当时欲得生子，情欲动而合，合而生子矣。"（《论衡·物势》）"人之含气，在腹肠之内，其生，十月而产，共一元气也。"（《论衡·四讳》）即人的产生，是由于夫妇情欲所动，发生性行为，而使阴阳二气结合而怀孕，胚胎在腹中经十个月的孕育而生产。因此，人是自然界中含气的有机体。

人因气而生，而且人的性、命同禀一气，王充认为，人的寿命长短、贫富贵贱、福祸吉凶即命和人的善恶、贤愚即性都是由气构成的。但王充又把命与性作了区分："夫性与命异"；"操行善恶者，性也；祸福吉凶者，命也。"（《论衡·命义》）性，即一个人的善恶，是人可以通过主观努力追求的，而命的福祸吉凶却是人的意识所无法操纵的。他强调修养对人性为善去恶的意义，强调人通过自身的修养可以督品励行、增善去恶。

在回答人们普遍关心的现实生活中诸如生死寿夭、富贵贫贱、吉凶福祸等关于命的问题时，王充提出，一切决定于命："凡人遇偶及遭累害，皆由命也。有死生寿夭之命，亦有贵贱贫富之命。自王公逮庶人，圣贤及下愚，凡有首目之类，含血之属，莫不有命。"（《论衡·命禄》）这种命定论的主张同他的自然观有共同的理论基础，就是自然无为、自然气化。"人禀元气于天，各受寿夭之命，以立长短之形……"（《论衡·无形》）人寿命的长短是与人出生时禀气的多少、厚薄相一致的。"凡人受命，在父母施气之时，已得吉凶矣。……富贵贫贱皆在初禀之时，不在长大之后随操行而至也。"（《论衡·命义》）这样，命决定人的生命现象——生死寿夭，决定人的社会地位——富贵贫贱，决定人在社会关系中所发生的种种结果——福祸吉凶。

在命定论的基础上。王充也提出过"人之行，求有为也。人道有为，故行求"（《论衡·说日》），发展了道家的天道自然观点。他认为"天道无为"而"人道有为"。但他的"人道有为"主要指那些遵自然规律而进行的春耕夏耘、秋收冬藏等活动："然虽自然，亦须有为辅助。未耜耕耘，因春播种者，人为之也。及谷入地，日夜长夫（大），人不能为也。或为之者，败之道也。宋人有闵其苗之不长者，就而揠之，明日枯死。夫欲为自然者，宋人之徒也。"（《论衡·自然》）而不是人掌握、改变和决定自己命运的活动。因此，他的"人道有为"还局限在很小的范围之内。

在元气自然论的基础上，王充针对秦汉方士所宣扬的长生不死和世俗流行的人死为鬼等问题进行了系统的批判，阐明了他的自然死亡观。

王充认为人的生死寿夭是一个客观的自然过程，每个人都有一个由出生、生长到衰老、死亡的过程。他指出："有血脉之类，无有不生，生无不死。以其生，故知其死也。天地不生，故不死；阴阳不生，故不死。死者，生之效；生者，死之验也。夫有始者必有终，有终者必有死。唯无终始者，乃长生不死。"（《论衡·道虚》）认为人终有一死，死亡是不可抗拒的自然规律。

虽然人"生无不死"，但每个人的生死寿夭之"命"却不尽相同。因此，每个人寿命的长短也不一样。王充认为，对个人而言，人的生死寿夭受"命"的支配，但"命"有两类："凡人禀命有二品，一曰所当触值之命，二曰强弱寿夭之命。所当触值,谓兵烧压溺也;强寿弱夭,谓禀气渥薄也。……夫禀气渥则其体强,体强则其命长;气薄则其体弱,体弱则命短,命短则多病寿短。"(《论衡·气寿》)这就是说,人的生死寿夭之命有两种情况:一是"所当触值之命",像"兵烧压溺"等意外的遭遇就是"触值之命",这是由人自身之外的原因造成的,也称"遭命";二是"强弱寿夭之命",这是由"禀气渥薄"决定的,是指生时禀赋所具有的年命,也称"正命"。这样,个人寿命的长短,除了一些意外的由社会原因造成的凶祸外,主要是由个人生时的"禀气渥薄"所决定的。"人禀元气于天,各受寿夭之命"(《论衡·无形》),生时禀气厚,就体强寿长;生时禀气薄,就体弱命短。

王充还认为人的一切生理现象都是由气决定的,人的寿命如同一件铜器或陶器,禀气厚薄先天已成形,不可改变,人们进食用药也只能保持或恢复固有之气,并不能增加气。但他还认为,无论人的寿命长短,是遭命还是正命,都要"年终寿尽"(《论衡·论死》)。他认为人生于气,气聚形立,死之形坏,复还于气。他还形象地用水凝为冰的例子,比喻生和死的关系。他说:"人之生,其犹冰也。水凝而为冰,气积而为人。冰极一冬而释,人竟百岁而死。人可令不死,冰可令不释乎?"(《论衡·道虚》)"隆冬之月,寒气用事,水凝为冰。逾春气温,冰释为水。人生于天地之间,其犹冰也。阴阳之气,凝而为人,年终寿尽,死还为气。"(《论衡·论死》)他认为人是含气而生的有机体,人和气的关系,如同冰和水的关系。人之生,如同水之凝为冰;人之死,如同冰之释为水。他认为人在未生之时,生的契机就存在于气之中;人死之后,形骸解体,又复归于气。生与死是自然界中自然而又必然的运动过程,是相互矛盾又相互制约的两个方面,"生无不死"是生命发展的自然规律。

从生与死是一种自然规律的观点出发,王充驳斥了当时得道成仙、长生不死和人死变鬼两种思潮。

神仙方术在王充生活的时代非常盛行。一些方士极力宣扬成仙得道之术，如飞升、寡欲、食气、辟谷、服药等，宣扬黄帝铸鼎骑龙升天、淮南王刘安举家飞升、老子逾百度世成为真人、王子乔之辈食气不食谷而成为仙人等成仙之事。王充对此予以驳斥。他指出："夫人，物也，虽贵为王侯，性不异于物。物无不死，人安能仙？"（《论衡·道虚》）认为人和世间万物一样，都是有生有死的，既然不可能长生不死，又怎么能成仙呢？而且万物由于受气禀性不同，所以气质和官能也各有不同："鸟有毛羽，能飞，不能升天。人无毛羽，何用飞升？使有毛羽，不过与鸟同，况其无有，升天如何？"（《论衡·道虚》）人既不能靠自身的条件升天，也不能乘龙以升天，因为龙主于水中，乘龙只会因落水而被淹死，怎么能升天呢？另外，对于辟谷食气，王充指出，饮食是人生存的基本条件，是人的生理本性，辟谷不食是违反生命之理的，人又怎能以此而得长寿呢？"夫人之生也，禀食饮之性，故形上有口齿，形下有孔窍。口齿以嚼食，孔窍以注泻。顺此性者，为得天正道；逆此性者，为违所禀受。失本气于天，何能得久寿？"（《论衡·道虚》）至于人靠吞风饮露即靠食气而得以长生不死，他认为更是无稽之谈。对于方士们人通过服药可长生不死的说法，王充说："夫服食药物，轻身益气，颇有其验。若夫延年度世，世无其效。"（《论衡·道虚》）服食药物可以去病，但却不能令人长生不死。

人活着不能成仙，死后是否为鬼呢？王充针对当时广泛流行的人死变鬼的观点，从气一元论出发，论述了形神关系。王充认为，人的生命是由阴阳二气形成的："夫人〔之〕所以生者，阴、阳气也。"（《论衡·订鬼》）"阴气主为骨肉，阳气主为精神。"（《论衡·订鬼》）阳气和精神都与精气相通，形成智慧等精神现象。而精神必须依赖于形体："形须气而成，气须形而知。天下无独燃之火，世间安得有无体独知之精？"（《论衡·论死》）正像没有不依赖于燃烧物而独立存在的火一样，也绝没有不依赖于形而独立存在的精神。正因为形神是不可分离的，所以："人之所以生者，精气也，死而精气灭。能为精气者，血脉也。人死血脉竭，竭而精气灭，灭而形体朽，朽而成灰土，

·205·

论著摘选

何用为鬼？"（《论衡·论死》）人靠精气而生，精气又靠血脉来维护，人死血脉竭而精气灭，朽而成灰土，怎么能为鬼呢？王充的形神观强调精神和形体的依存关系，为后来范缜的神灭论奠定了基础。

王充还指出："世谓死人〔死〕为鬼，有知，能害人。试以物类验之，死人〔死〕不为鬼，无知，不能害人。何以验之？验者以物。人，物也；物，亦物也。物死不为鬼，人死何故独能为鬼？"（《论衡·论死》）人不过是一种自然物，既然物死不为鬼，那么人死自然也不为鬼。

针对鬼都衣冠楚楚、与人无异的说法，王充指出，假定人死形体朽而精神独存，有鬼的话，那鬼就应该是裸体的。因为"衣服无精神，人死，与形体俱朽，何以得贯穿之乎"（《论衡·论死》）。而人们认为鬼穿衣服，也证明鬼是不存在的。若只见一两个鬼，而不见到处皆鬼，则人死为鬼的说法是没有根据的。对于世间所谓的见鬼者，王充认为他们是由"思念存想之所致也"（《论衡·订鬼》），即由于疾病劳累所致。人因病而畏惧，"畏惧则存想，存想则目虚见"（《论衡·订鬼》）。而且，"人病亦气倦精尽，目虽不卧，光已乱于卧也，故亦见人物象"（《论衡·订鬼》），便认为是鬼了。王充指出有三种情况使人误以为有鬼，即"卧、病及狂"。卧者是正常人因劳累在睡梦中见死人，则认为见鬼；病者因精疲气倦，昏昏沉沉，似睡非睡，精神恍惚，误以为见鬼；狂者即癫狂病人，其见鬼是由"精乱"即精神错乱引起的。所谓见鬼，是人主观的虚幻和错觉。

王充在元气论的基础上，指出鬼神现象不过是气现象，"非死人之精"（《论衡·论死》）。"鬼神，阴阳之名也。"（《论衡·论死》）鬼神是阴阳二气的运动变化过程，"阴气逆物而归，故谓之鬼；阳气导物而生，故谓之神"（《论衡·论死》）。人由生到死，精气升天，骸骨归土，复归原来的状态，称为归，就是"鬼"。"鬼者，归也。"（《论衡·论死》）

在批判鬼神观的同时，王充认为，既然"死人〔死〕不为鬼，无知"（《论衡·论死》），那么，人死就应该"薄丧葬"。他反对儒家的厚葬说，吸取了墨家的薄葬说，但反对墨家的明鬼论，把无鬼与薄葬有机地结合起来，抨击了东汉时期流行的厚葬风气。在王充生活的时期，东汉帝国经过几十年的休养生息，社会上累积了大量的物质财富，厚葬成为一种社会风气。不仅帝王贵族死后要厚葬，就是中小人家甚至贫民也不得不"破家尽业，以充死棺"，"竭财以事神，空家以送终"（《论衡·薄葬》），对死者进行厚葬。王充认为此风继续发展会引起一定的社会危机，指出："论死不悉，则奢礼不绝，不断则丧物索用。用索物丧，民贫耗乏至，危亡之道也。"（《论衡·薄葬》）而且，厚葬之举没有任何意义，因为人死后是无知觉的，人们之所以要葬死者，是因为死者与生者不能共处，"亲之生也，坐之高堂之上；其死也，葬之黄泉之下。黄泉之下，非人所居，然而葬之不疑者，以死绝异处，不可同也"（《论衡·薄葬》）。人们埋葬死者的目的，不过是使尸体迅速化为灰土而已，因此，用不着厚葬。对于当时与厚葬同样流行的祭祀风俗，王充并不完全反对，因为他认为那不过是"主人自尽恩勤"的纪念性活动，并不是希望通过祭祀来求福避祸。

到了东汉后期，王符发展了王充的思想。王符生年约在和、安之际，卒年约在桓、灵之际，是东汉后期著名的思想家。王符认为自己是一个隐藏在下位的"潜夫"，于是把他的著作定名为《潜夫论》。

王符主张元气自化论，认为元气是宇宙的终极根源。在元气自化论的基础上，王符提出了他的生死观念。

厚葬是东汉后期普遍存在的社会问题。王符面对这种社会风气，进行了揭露和批判。他指出："今京师贵戚，郡县豪家，生不极养，死乃崇丧。或至刻金镂玉，檽梓梗楠，良田造茔，黄壤致藏，多埋珍宝偶人车马，造起大冢，广种松柏，庐舍祠堂，崇侈上僭。宠臣贵戚，州郡世家，每有丧葬，都官属县，各当遣吏赍奉，车马帷帐，贷假待客之具，竞为华观。此无益于奉终，无增于孝行，但作烦搅扰，伤害吏民。"（《潜夫论·浮侈》）王符在这里针对的虽是"京师贵戚"，但"生不极养，死乃崇丧"的现象当时并非只出现在贵戚之家，而是已成为一种普遍的社会风气。王符指出："今多违志俭养，约生以待终，终没之后，乃崇饬丧纪以言孝，盛飨宾旅以求名，诬善之徒，从而称之……"（《潜夫论·务本》）即一些人在父母生前不厚养，在父母死后却大办丧事、大宴宾客，以表白自己的孝心，企图得到好的名声，使一些伪善之人对此种行为大加称赞，更加速了厚葬这种不良社会风气的蔓延。王符对这种"无益于奉终，无增于孝行"但"作烦搅扰，伤害吏民"的行为给予有力的抨击，阐明了他反对厚葬的态度。王符的生死观对后世产生了重要的影响。

本部分内容节选自李伯森主编、路则权著，社会科学文献出版社2017年6月出版的《中国殡葬史 第二卷 秦汉》，选入此书时有改动。

书评

和解纠纷：萧公权对帝制中国社会治理的历史诠释

萧公权的著作《中国政治思想史》运用政治学与历史学相结合的方法，系统叙述和分析了数千年来中国政治思想的发展，在学术界影响很大。

人们往往因萧公权在政治思想史方面的卓越成绩而忽略了他在其他方面的贡献。比如，他对中国乡村社会和解纠纷的研究，也是很有特色的。学界对他的《中国乡村——19世纪的帝国控制》一书，虽评价较高，但并未给予足够的重视。费正清（J.K. Fairbank）批评《中国乡村——19世纪的帝国控制》在思想理论方面缺乏创获。①也许他忽略了萧公权写作此书的目的。萧公权在后来的《调争解纷——帝制时代中国社会的和解》一文中，对理论和实践进行了进一步的研究。笔者试图对萧公权先生的这一思想作简要梳理。

---

①J. K. Fairbank, Review Rural China: Imperial Control in the Nineteenth Century. by Kung-chuan Hsiao, *Journal of Asian Studies*, Vol. 20, pp. 520-522.

一、和解达成的原因

一般学界探究我国古代社会和解达成的原因时，多从文化出发。如有学者从中庸思想与息讼观念的关系出发进行讨论①；也有学者认为儒家的无讼观是古代调解制度形成的思想基础②。萧公权先生则从制度方面进行了分析。

萧公权从政治学角度出发提出："在一个像中华帝国这样幅员广大、交通困难的国家里，行政上的控制工作自然十分繁剧。从统治者的观点来看，当然需要维持合理、有效的行政运作，以保持国境内每一个角落最大限度的安宁（从而增加了帝制的安全）；然而从同样的观点来看，切勿设立尾大不掉的地方政府，也不要把太多权力授予行政阶层的下层，以免威胁到中央集权的控制，自然也是很重要的。"③在广大的乡村，萧公权认为统治者首先利用了乡绅阶级的成员以及那些有希望成为乡绅的人们，以便利用正式的行政制度之外的力量加强对帝国的控制。当然，除了乡绅阶级的个别成员与拥有特殊资格的其他人物之外，某些家族也经常为政府效力。"这些乡间的官员、无官职的个人以及地方上的团体，为帝国的统治者加强对其臣民的掌握出力不小，并且也对中国社会的普遍安定有相当贡献。"④

出现这种现象的原因是什么呢？萧公权指出：

> 中国像其他拥有高等文化的社会一样，在其漫长的历史中曾发展出明确的模式与技巧，用以消弭其内部的纠纷，经由仲裁或者调停以防止纠纷当事人互趋极端，相持不下，并且也避免对社会的整体安宁显然会造成祸害的那些斗争。⑤

---

① 汤莉莉：《从儒家中庸思想看中国古代的息讼观》，载《海洋学研究》2007年第11期。

② 刘艳芳：《我国古代调解制度解析》，载《安徽大学学报（哲学社会科学版）》2006年第2期。

③ 刘梦溪主编，汪荣祖编校：《中国现代学术经典·萧公权卷》，河北教育出版社1999年版，第848页。

④ 刘梦溪主编，汪荣祖编校：《中国现代学术经典·萧公权卷》，河北教育出版社1999年版，第851页。

⑤ 刘梦溪主编，汪荣祖编校：《中国现代学术经典·萧公权卷》，河北教育出版社1999年版，第846页。

中国古代很早以来，政治家和思想家们就试图将地方社区——不分城乡——的居民，征召来协助政府维持地方秩序及执行许多地方行政当局本身无法从事的工作，里甲制度、保甲制度、乡约制度等就是为了达到这一目的而制定的制度。

二、纠纷种类

在乡村社会，纠纷可谓林林总总。萧公权指出，个人间、群体间，甚至地方居民与地方官员之间都会产生纠纷问题。[①] 只有了解了纠纷发生在哪些群体中、哪些层面上，才能更好地实现和解。关于日常生活中的纠纷，萧公权用了几个实例来加以说明，如两个邻近村落的居民为了某些妇女而发生争执，进而导致流血争斗；庙会上的杂耍艺人因争地盘发生打斗；村民为争灌溉水源的使用权而大打出手等。而家族组织，在正常时原是乡村生活的安定力量，但它一旦卷入族与族间或社区之间的矛盾就会产生大的纠纷。这些纠纷，在萧公权看来："很可能而且也经常发生于来自不同的地区或分属于不同种族团体的乡村居民之间。在方言上或语言上、习惯上、传统上、个人态度上、日常生活细节上的歧异，以及物质利益的抵触，都以不同的程度造成双方的偏见、怨恨，使得他们动辄为了微不足道的问题而寻衅争执。"[②] 纠纷有时候也发生在社会、经济地位不同，或从事不同职业的人物之间——为了自身利益。当然，萧先生也注意到，非物质性的利益也会引发冲突，从而引起地方上的斗争。此外，地方居民与官长之间的纠纷可能是帝国统治者所面临的一个严重问题。最常见的是居民不愿意缴纳他们认为的苛捐或地方官不能将诉讼案件处理得令人心服口服、甚至处理不公引发的冲突。

在无需调解的纠纷与不容和解的冲突这两个极端之间，存在着一些可以协

[①] 刘梦溪主编，汪荣祖编校：《中国现代学术经典·萧公权卷》，河北教育出版社1999年版，第858页。

[②] 刘梦溪主编，汪荣祖编校：《中国现代学术经典·萧公权卷》，河北教育出版社1999年版，第860页。

调的纠纷，这种第三空间或过渡领域是存在的。在此范围中，利用调停或仲裁的手段大致上可以达到和解纠纷的目的，而且如果状况不太坏，当事人之间还可以重建和平关系。在不同的状况下，人们可以利用不同的手段来和解纠纷。

三、和解纠纷制度的历史渊源

就和解纠纷的基本制度而言，在我国历史上很早就已经存在了。萧公权也注意到了这一点。他指出："中国在相当早的时候，就已采用和解来解决争端，以避免纠纷的人群以兵戎相见，并避免对簿公堂；整个帝制时代长达两千年以上的历史，都沿续着这种办法。文献上显示出，甚至于在中国的'封建'时代，这种观念便已为政府和统治者接受；他们将之用于调解国与国间的纠纷，同时也用以解决豪门大家内部成员间个人的龃龉。"① 这是一种高度概括的说法。

把"和解"作为解决编户齐民间争执的方法，最早的明白规定可以说见于《周礼》。当然，在《周礼》作者的心目中，圆满地调停争端主要还是政府的职责，而且调人所作的调解，其作用应该是辅助而非取代司法的裁决。萧公权判断："《周礼》所规定的这些基本概念，稍加修改后，大致上仍实施于帝制时代的大多数时期内。"② 如汉朝的"啬夫""三老""游徼"等。"不过，时代愈晚，帝制政府也愈来愈不再倚赖它所设立的专门官吏，而愈来愈倚仗正常的地方行政官员与地方居民本身来执行古代调人的工作。这样一来，仲裁和调停终于不再是非由政府官员来担当不可的强制程序了。"③

更为重要的是，在帝制中国的传统里，在纠纷发生前所做的防患于未然的措施，比起争端暴发后才去解决的方法与手段，显得更为重要。"从古老的《周

① 刘梦溪主编，汪荣祖编校：《中国现代学术经典·萧公权卷》，河北教育出版社 1999 年版，第 870 页。

② 刘梦溪主编，汪荣祖编校：《中国现代学术经典·萧公权卷》，河北教育出版社 1999 年版，第 872 页。

③ 刘梦溪主编，汪荣祖编校：《中国现代学术经典·萧公权卷》，河北教育出版社 1999 年版，第 873 页。

礼》之作者到宋、明学者及官员，都曾经提出各式各样的邻里组织的构想。"①
这些构想，本身也包含在和解制度之中，今天仍值得我们学习和借鉴。

四、和解纠纷的方式与程序

对于和解纠纷的方式与程序，近年来也有学者进行讨论。叶三方从古代
息讼角度指出了和解的几种主要方式，如官员亲临现场，借助人格魅力感化；
再如以血缘亲族为媒，唤起亲伦之情等。②其他学者论及和解方式，多数也是
从息讼角度来谈的。

萧公权则以清朝为例，提出有两种普遍的和解程序或须略加区分：

> （1）经由政府、居民或地方社区所设置的正规的、或制定化的办事员
> 促成的解决；（2）当情况需要时，由自告奋勇或者受邀的个人从中斡旋
> 所促成的和解。从另一角度来看，我们也可以区分作：（1）透过由政府
> 所任命或赞助的人员来促成的和解；（2）由与政府没有直接关联的和事
> 佬所促成的和解。③

要进行制度化下的调解，清朝统治者首先实行"一种全国性的民众训育
计划"，来向臣民灌输社会和谐的概念。如颁布"世祖六谕""康熙圣训"等。

不同的争端需要由不同的人来和解。虽然对纠纷的排解从一开始就被帝
国政府视作是与民众训育同样重要的，地方民众间的许多纠纷会由政府的法
庭来处理，但是由于通过公堂的裁决来解决纠纷有时很难令人满意，有些矛
盾双方甚至因为对簿公堂而使争端恶化而造成势不两立的局面，所以政府并
不鼓励人们诉诸法律，因此调停地方争端的工作有时候是由政府所指定或认
可的行政体系以外的人员来承担的。事实上，不具官方身份而有声望的人士

---

① 刘梦溪主编，汪荣祖编校：《中国现代学术经典·萧公权卷》，河北教育出版社1999年
版，第874页。

② 叶三方：《古代息讼经验的现代借鉴》，载《武汉大学学报（哲学社会科学版）》2008年
第2期。

③ 刘梦溪主编，汪荣祖编校：《中国现代学术经典·萧公权卷》，河北教育出版社1999年
版，第877页。

比有些官方人员更常从事调解工作。对于邻里争端，往往由不具官方身份的人，凭个人的才干，或者身为有组织的团体之领导人抑或一分子的关系，出面担任和事佬以谋求解决。

另外，萧公权还提到，家族组织也具有一定的和解纠纷的功能。在大多数例子中，家族会自动出面调解群体内个人或家庭之间的纠纷。某些组织得极完备的家族，都曾规定明确的调解或者仲裁程序。这些规定成为"宗规"——群体的成文规约——中的一部分。确实，我们可以在家族中找到一些具备制度化之和解程序的最重要的实例。例如孔氏家族就有很多这方面的规定。《福建建宁县巧洋孔氏族规十二条》规定："通族公举长而贤者一人，立为族正，而以房长、绅士佐之。族遇争角，登祠鸣鼓，族正暨房长、绅士人等毕至，是非曲直，立即秉公处分。处分不公，方许鸣官。"《江西临川孔氏支谱家规条例》规定："宗族构讼，乡邻所笑，即有不平，当先鸣众公论，公论不服，然后控告府县，众助攻之。若不先鸣族长，便行告状，是为欺族好讼，众共攻之，重责三十，罚谷二担。不遵，革除。"

制度化的和解程序不仅在农村社会中可以找到，在某些社会组织中也可以找到，如在手工业者或商人组成的行会中。"设在村落或城市中，以便利地方上学者讲授与学习的书院（学院）偶尔也主持某种制度化的和解程序。"[1]

萧公权提醒我们，虽然有组织的群体所主持的制度化程序有其效用，但私下成功的和解比制度化的和解更加常见。从量上来说，制度化之和解程序，用途极其有限；而偶然的、非正式的、由个别仲裁者所主持的和解，比正式的程序更能满足广大民众的需求。

萧公权认为：

> 非制度化的程序大致有两种方式：它们可以由纠纷当事人自身或由袒护他们的友人来寻求；也可以由自告奋勇的和事佬来提供。这类程序可能依下列两种方式进行：或由一名调停人或仲裁者来促成；或者

---

① 刘梦溪主编，汪荣祖编校：《中国现代学术经典·萧公权卷》，河北教育出版社1999年版，第887页。

也可以由一群和事佬共同努力来促成。在所有的实例中，都是依个别状况的需要而采取行动的。①

所调停之事不同，调停人或者仲裁者也大不相同。一般只有符合以下条件的人才被认为有做调停人或仲裁者的资格：受到大多数乡亲的信赖与敬重，被公认为德行卓越的人。这些人大多出身比较富裕，但财富不是必要条件，绅士地位很有用，但也不是必要条件。这些人的谈判技术是不辩自明的，他们极善于通过缩小两种原本对立的观点之间的差距，同时避免任何可能刺激到争执双方的方式，来促成和解。

在帝制中国时代，和解纠纷的主要目的，主要在于解决争执与纠纷，而不是判定孰是孰非。为判定双方各自应负的责任而做的努力，基本上只是为了寻求令人满意的解决方式的一个步骤，目的并不在对理屈者加以惩罚，或对受害者加以补偿。

因此，萧公权评论说：

> 和解，作为一种解决社区争端的方法，效用甚大，而且也确实不可或缺，不过它并不是万应灵药式的社会工具。清代的经验似乎显示出调停或仲裁也许可以成功地消弭争端，可是它并不一定能在双方之间重新建立起和谐的关系或友好的感情……在帝制中国一般的社会脉络中，和解比较适合作为阻止裂痕演变成暴力斗争或使纠纷的不利尽量减低的技术，而不适合作为维持社会和谐的积极手段。②

但在帝制中国，如果没有和解的程序，情况或许要比它实际上的情形还坏。

① 刘梦溪主编，汪荣祖编校：《中国现代学术经典·萧公权卷》，河北教育出版社1999年版，888—889页。

② 刘梦溪主编，汪荣祖编校：《中国现代学术经典·萧公权卷》，河北教育出版社1999年版，895—896页

理想与现实之间

——《孔子：喧嚣时代的孤独哲人》随感

　　古今中外，人们似乎对中国文化先师——孔子并不陌生，但对他的印象似乎又极为模糊。因为时至今日，有能力、有气魄刻画孔子的著作实在太少了。就笔者寡闻，古代有太史公司马迁写的《史记·孔子世家》，当代有钱穆先生撰的《孔子传》，国外较为著名的文艺小说有日本的井上靖写的《孔子》等。这多少让诸多文史学者感觉有些遗憾。从这一角度看，我们不得不佩服美国历史学家金安平女士的魄力。2007 年，金安平出版了英文版 *The Authentic Confucius: A Life of Thought and Politics* 一书。2011 年，广西师范大学出版社推出了黄煜文翻译的中文本，深得广大读者的喜爱。金安平女士主要依据《论语》《左传》，孔子其后年代不远的庄子、孟子与荀卿的言论以及司马迁的《史记·孔子世家》和《史记·仲尼弟子列传》，结合一些考古资料，采用"说故事"的手法，为我们描绘出极具可读性且发人深省的孔子的人生轨迹。

我们为什么如此关注孔子呢？因为："直到20世纪中叶为止，中国与孔子的观念如此密不可分，以至中国的政府与社会组织、自我与人伦概念，以及文化与历史建构似乎全发轫于孔子个人的心灵。"[1] 而西方世界，"将中国一切的好事坏事全归因于孔子"[2]。是什么造就了孔子的"卓然不群"？在金安平女士看来，是因为孔子有三项特质："学而不倦，对陶铸完美人格的渴望，以及积极在此世实践自我。"[3] 这也是她写作的主线。

金安平首先提到了她在邹城访问期间与高中生的对话。这种倒叙手法不但在讲故事时常见，也是美国一些学者常用的手法。金女士的丈夫史景迁对这种手法运用得更为娴熟。在概述了1949年以来中国政府对孔子的态度演变后，金安平开始叙述对孔子历史世界的认识。

关于孔子早年的记录实在是太少了，因此，金安平是从孔子"去鲁"的举动开始讲述的。孔子为什么突然辞官周游列国？她揭示出《论语》《孟子》《史记》记载中的相互矛盾之处，然后从《春秋》以及《左传》中记载的鲁国内乱入手，指出孔子在其中扮演了关键角色。在她看来，孔子在担任司寇前，早有和家臣合作驱逐三桓的意图，当然这一切因为他担任司寇而发生了变化。而且在齐鲁会盟期间，孔子的表现显然得罪了齐人。金安平还提到孔子个人的一些情况，如双亲离世、女儿长大等，这些因素都对孔子决心离开鲁国起到了促进作用。

金安平将孔子的这种使命感以及其与他的学说之间的关系放在春秋时代鲁国的具体社会政治现实中加以考察，指出作为卿大夫的孔子，面对礼崩乐

---

① 金安平著，黄煜文译：《孔子：喧嚣时代的孤独哲人》，广西师范大学出版社2011年版，序言。

② 金安平著，黄煜文译：《孔子：喧嚣时代的孤独哲人》，广西师范大学出版社2011年版，序言。

③ 金安平著，黄煜文译：《孔子：喧嚣时代的孤独哲人》，广西师范大学出版社2011年版，序言。

坏的社会现实，自然向往周公的礼乐秩序及和谐的社会。

　　孔子离开"鲁国"后，开始了大家熟悉的"周游列国"。在此期间，他的弟子们时刻跟随着他。孔子在与弟子们的对话中，一直坚持着自己的信念。在金安平看来，孔子经常谈话的弟子首先是宰我和子贡，因为宰我喜欢辩论，而子贡条理清晰；其次是颜回和子路。

　　对于孔子周游列国的描述，金安平尽管认为许多地方需要靠史学家的历史想象，但她还是根据现存的史料进行了自己的解说。在这些材料中，她认为《庄子》记述得较为准确，加上《论语》的记载，她分析，孔子实际到过卫、宋、陈、蔡、楚五国。金安平认为，并非孔子每次出国，都可以算周游列国。比如孔子去过齐国，但时间要晚。孔子第一站去的是卫国。因为："鲁卫之政，兄弟也。"（《论语·子路》）其中，孔子见南子是不能回避的问题。她分析了孔子之所以去见南子的心理状态，即钱穆所提出的孔子急于觅得官职。对于孔子在卫国求仕的情况，金安平用很大篇幅进行了解释，这自然也涉及孔子如何认识和评价女人的问题。金女士不赞同司马迁的说法，因为春秋时代也有远见卓识的女性，如定姜。但孔子认为，女性一旦与男性智慧相当，就不算是女性了。孔子离开卫国，在宋国遇到了众所周知的暴力事件。金安平认为，司马迁的描述显然不可信，孟子的版本相对可信，也就是："孔子已经预知有危险，于是预作提防，微服而行。"[1] 至于孔子此事与阳虎有关联，并不可信。离开宋国后，孔子在陈国住了约三年。对于陈蔡之厄，《论语》《荀子》《庄子》的记载各有不同。在此基础上，司马迁进行创作，演绎了他心中的故事，金女士对此进行了详细分析。

　　孔子返鲁是多种原因促成的。金安平认为主要是因为冉求和子贡在鲁国的努力，加上当年反对孔子的鲁定公和季桓子已经逝世等。孔子结束周游列国的生涯，返回鲁国后，与季孙氏在是否应该向封地的佃户抽取土地税这一问题上产生了分歧，这也导致了孔子对冉求的不满。金安平认为，这一时期

---

① 金安平著，黄煜文译：《孔子：喧嚣时代的孤独哲人》，广西师范大学出版社 2011 年版，第 122 页。

孔子的政治影响力是有限的。如他觐见哀公、求见三桓等基本上是徒劳无功的。也正因如此，孔子才开始将注意力转向教学。

对于孔子与教师这一职业的关系，金安平的分析很有见地。她认为，孔子喜欢教师这个职业，但并不愿意接受老师这个头衔。子贡和冉求在政治上的成功为孔子的教学事业树立了典范。"孔子所做的正是他自己认为不可能或不适切的事：他成了一个老师。"① 金安平发现，在教学中，孔子使用最多的字是"诲"，很少使用"教"，没有用过"训"。因为"教"表现出的是一种不平等的关系，而"训"则体现出研究的意味。孔子传授的内容是古老的诗书礼乐知识，但这些是经过孔子思考精炼过的。孔子认为，除礼制外，"音乐"是个能使国家"直道而行"的影响源。孔子说："乡愿，德之贼也。"（《论语·阳货》）从这个观点出发，金安平重新分析了孔子诛少正卯一事，认为"少正卯是孔子最顽强的敌人"②，以孔子对人命的重视，杀少正卯一定是再三判断后的结果。

孔子注重礼仪，尤其是生死之礼。如丧礼的各个环节："礼仪、情感以及丧礼呈现的哀悼者真实面貌。"③ 孔子很少压抑自己的情感，他为母亲服丧三年后，弹琴都不成曲调。在颜回死后，他格外哀恸。

孔子去世后，孔门弟子就谁能继承孔子的精神衣钵产生了分歧。他们把孔子提升到了崇高的地位，认为无论哪个弟子都难以超越孔子。直到孟、荀出现。孟子以孔子的继承者自居。金安平从两者的思想中看出了孟子对孔子思想的继承和发展。其中，孟子最大的发展就是人性观。孔子的另外一个追随者是荀子。他猛烈批判了孟子对孔子思想的"偏离"。金女士认为，荀子

---

① 金安平著，黄煜文译：《孔子：喧嚣时代的孤独哲人》，广西师范大学出版社2011年版，第168页。

② 金安平著，黄煜文译：《孔子：喧嚣时代的孤独哲人》，广西师范大学出版社2011年版，第184页。

③ 金安平著，黄煜文译：《孔子：喧嚣时代的孤独哲人》，广西师范大学出版社2011年版，第204页。

的学说"也让统治者与大臣能随时针对当前局势做出调整"①。荀子着重考虑心的知性潜质，而非情感潜质。他还添入了"周公"，构建了"大儒"概念。孟子和荀子在死后的命运不同。孟子在宋代理学大兴后备受喜爱，而荀子则逐渐受到贬抑。最后，金安平又回到了现代时空，通过对比今天孟庙和荀庙截然不同的景象，展示了孔子思想不同发展方向在中国历史上的不同影响。

　　读罢此书，深感金安平此书确实发人深省。她采用"去圣化"手法，考证严谨，评论公允，不为了媚俗故作惊人之语，也不诋毁曲解或盲目推崇孔子的思想，正因如此，却更凸显出孔子的伟大。

　　此书在美国获得广泛的认可。耶鲁大学人文科学史特林讲座教授哈罗德·布鲁姆（Harold Bloom）认为："金安平克服万难，使我们得以理解圣人的人生、作品与话语。……孔子留下许多语录，句句蕴含深奥微妙的智慧。金安平协助我们了解其中的微言大义，可说是前所未有的创举。"②芝加哥大学中国古史研究教授夏含夷（Edward L. Shaughnessy）说道："虽然作者惊叹于孔子思想的永恒价值，但她仍试图以人生历程的方式展现。本书阐述的虽然不是永恒而唯一的'真实'孔子，却是特定时空背景下以及我们心中的真实孔子。"③

　　最后，从翻译角度看，中文版由台湾专职译者黄煜文翻译，译文可谓优美，但也并不是完美无缺的。比如序言开始的第一段："孔子不仅对人生全力以赴，也勤力参透其中义理。他希望'加我数年，五十以学易，可以无大过矣'。学而不倦，对陶铸完美人格的渴望，以及积极在此世实践自我，正是这三项特质造就了孔子的卓然不群。或许当时还有其他人也追寻着与孔子相

---

① 金安平著，黄煜文译：《孔子：喧嚣时代的孤独哲人》，广西师范大学出版社2011年版，第233页。

② 金安平著，黄煜文译：《孔子：喧嚣时代的孤独哲人》，广西师范大学出版社2011年版，腰封。

③ 金安平著，黄煜文译：《孔子：喧嚣时代的孤独哲人》，广西师范大学出版社2011年版，腰封。

同的目标，但没有人的渴望像孔子一样强烈，也没有人像他那样决意搜罗从古到今的一切知识——历史、诗歌、礼仪与音乐，以理解人性与人类命运的本质及不变的成分，并使自己'无大过矣'。"①

若比较其原文，则不难发现有信息的遗漏问题，如"an awareness that this life was the only occasion he had"，在中文翻译中并未体现。还有一些词的翻译不够精确，使得原文的内涵未能充分体现。

显然，原文通过简词淡笔，让我们既感觉到了孔子的不凡，又感觉到了孔子与众生相通的人性，中文用词却将孔子推向了神坛。当然译者或许是为了配合摘自古籍的引文，不自觉地尽量使用现成语来制造"典雅"的效果，才造成了这一结果，但如果达意都做不到，"典雅"又有何用？这样评论对于译者或许有些苛刻了，但《春秋》责备贤者，这也算是对目前国内文史翻译者的一点激励吧。

---

① 金安平著，黄煜文译：《孔子：喧嚣时代的孤独哲人》，广西师范大学出版社 2011 年版，序言。

参考文献

许慎撰，徐铉校定：《说文解字》，中华书局 2013 年版。

阮元校刻：《十三经注疏》，中华书局 1980 年版。

陈寿撰，裴松之注：《三国志》，上海古籍出版社 2016 年版。

范晔撰，李贤等注：《后汉书》（简体字本），中华书局 1999 年版。

王运熙、周锋撰：《文心雕龙译注》，上海古籍出版社 2012 年版。

许嘉璐主编：《二十四史全译·汉书》，汉语大词典出版社 2004 年版。

郦道元著，陈桥驿校证：《水经注校证》，中华书局 2007 年版。

许维遹撰，梁运华整理：《新编诸子集成·吕氏春秋集释》，中华书局 2009 年版。

房玄龄等撰：《晋书》，中华书局 1974 年版。

萧子显撰：《南齐书》，中华书局 1972 年版。

姚思廉撰：《梁书》，中华书局 1973 年版。

魏收撰：《魏书》，中华书局 1974 年版。

魏征等撰：《隋书》，中华书局1973年版。

刘昫等撰：《旧唐书》，中华书局1975年版。

王溥撰：《唐会要》，中华书局1955年版。

杜佑撰：《通典》，中华书局1988年版。

欧阳修、宋祁撰：《新唐书》，中华书局1975年版。

杨伯峻译注：《论语译注》，中华书局1980年版。

杨朝明、宋立林主编：《孔子家语通解》，齐鲁书社2009年版。

汪荣宝撰，陈仲夫点校：《新编诸子集成（第一辑）·法言义疏》，中华书局1987年版。

黄晖撰，刘盼遂集解：《新编诸子集成（第一辑）·论衡校释》，中华书局1990年版。

王符著，汪继培笺，彭铎校正：《新编诸子集成（第一辑）·潜夫论笺校正》，中华书局1995年版。

司马迁撰，裴骃集解，司马贞索隐，张守节正义：《史记》（简体字本），中华书局1999年版。

焦循撰，沈文倬点校：《新编诸子集成（第一辑）·孟子正义》，中华书局1987年版。

何宁撰：《新编诸子集成（第一辑）·淮南子集释》，中华书局1998年版。

苏舆撰，钟哲点校：《新编诸子集成（第一辑）·春秋繁露义证》，中华书局1992年版。

黎靖德编，王星贤点校：《理学丛书·朱子语类》，中华书局1986年版。

程俊英撰：《诗经译注》，上海古籍出版社2012年版。

朱彬撰，饶钦农点校：《礼记训纂》，中华书局1996年版。

朱熹撰：《新编诸子集成（第一辑）·四书章句集注》，中华书局1983年版。

王先谦撰：《新编诸子集成（第一辑）·荀子集解》，中华书局1988

年版。

　　黄寿祺、张善文撰:《周易译注》,上海古籍出版社 2012 年版。

　　饶尚宽译注:《中华经典藏书·老子》,中华书局 2016 年版。

　　孙通海译注:《中华经典藏书·庄子》,中华书局 2016 年版。

　　郭庆藩撰,王孝鱼点校:《新编诸子集成(第一辑)·庄子集释》,中华书局 1001 年版。

　　吴毓江撰,孙启治点校:《新编诸子集成(第一辑)·墨子集释》,中华局书 1993 年版。

　　陈立撰,吴则虞点校:《新编诸子集成(第一辑)·白虎通疏证》,中华书局 1994 年版。

　　王聘珍撰,王文锦点校:《十三经清人注疏·大戴礼记解诂》,中华书局 1983 年版。

　　刘向撰,向宗鲁校证:《中国古典文学基本丛书·说苑校证》,中华书局 1987 年版。

　　胡平生、阵美兰译注:《礼记·孝经》,中华书局 2007 年版。

后 记

2011年7月，我从中国人民大学历史学院毕业，来到孔子研究院工作，转眼已十余年光景。十余年间，我从历史角度入手进行钻研，对孔子及其儒学，也渐渐的由模糊而清晰、由相识而熟知。在从事学术研究的同时，我也办学术会议、开春秋讲坛，从事学术交流工作。这从某种意义上说，是在践行儒学。实践—理论—实践，我的学术研究也在这个过程中逐渐得以深化发展。

儒学核心概念很多，若说到根本，我认为"仁""礼"是最主要的。"仁"的展开，可以在很多领域进行。现代意义上的"中国慈善"带有很强的儒家特质，这是我进行儒家思想慈善研究的初衷。

"礼"贯穿于中国社会的诸多方面，"礼"也最能体现儒学的实践性特征。探究礼学的实践性特征，是我这些年一直努力的目标。在人生礼仪中，丧礼、葬礼对中国人的影响巨大，而秦汉时期的实践奠定了其之后的发展方向。《大唐开元礼》是国家礼制的典范，整理和研究《大唐开元礼》，不仅有益于梳理礼制的流变，更有助于我们在今天对礼学的传承和转化。

儒学研究的根基在文献。曲阜是历史文化名城，孔府、孔庙、孔林等文物古迹场域有着五千多通碑刻文献，记录着孔子与历代中国的关系。碑文内容涉及对道德的追求、对天人关系的探索，体现了中国人两千多年间传承不断的价值理念，也是我们今天传承创新的基本动力。

原有的学术基础，是我切入儒学研究的出发点。在读书期间，我对美国华裔史学家的研究有过一定思考。美国华裔史学家对传统文化，对儒学有着特殊的情感。他们多数早年生活在传统转向现代时期，有一些幼年时甚至接受过私塾教育。他们有的大学时期仍在中国学习，但主要研究在海外完成，这就使得他们的研究，同时带有浓厚的中国情怀和异域视角。我也正是从这个角度出发来研究阐发他们的思想脉络的。现在的儒学研究，更多是从哲学角度或思想史角度展开的，从社会和史学角度出发研究儒学，仍值得我们给予更多的关注。

本书中个别论文主题较为接近，难免有重复的文字，选入此书时已尽量进行了删节，但为了保持思路和行文的顺畅，对个别重复之处仍然进行了保留。